COMMUNICATION DYNAMICS

コミュニケーション・ダイナミクス 1

地域づくりの
コミュニケーション研究

まちの価値を創造するために

田中秀幸 [編著]

ミネルヴァ書房

　　　　　　　　は　じ　め　に

　経済活動のグローバル化と日本の人口減少や高齢化が進む中で，経済の停滞や雇用の場の喪失，そして地域コミュニティの希薄化など，地域社会・経済は厳しい状況に直面している。他方で，こうした状況の中でも，地域に根ざして活動する人々がつながり，地域の資産をうまく活用することで，まちの魅力を引き出し，地域の価値を創造する取り組みが進められている。
　本書では，地域の人々が連携して協働することで，地域価値を創造しうることを，いくつかの事例を交えながら明らかにしていく。その上で，今後の地域社会・経済が自律的に，かつ持続可能な形で発展していくにはどうすればよいのかについて考察していこうとするものである。
　序章では，本書全体にかかわる概念，すなわち，地域価値について考察した後に，第1章以降で，まちの価値の創造につながる個別の事例の紹介や具体的なデータに基づいた知見を示す。それぞれの章に関して概観すると，次の通りとなる。
　序章の「地域価値の創造とは」（田中秀幸）では，本書の主題である地域価値創造とはどのようなものかについて扱う。アマルティア・センらによる潜在能力アプローチに沿って，地域の価値について考察する。地域社会の価値について，地域社会で暮らす人々のウェルビーイング（well-being）に焦点を当てて考え，「地域社会の人々の状態（being）をよい（well）ものにすること」を「地域価値の創造」として扱う。そして，その価値がどのような要素で構成されているかについて，国連開発計画（UNDP）や経済開発協力機構（OECD）の取り組みを参照しながら検討する。その上で，そのような地域社会の価値を生み出す根本的要素について論じる。すなわち，価値を貯蔵し，将来にわたって新たな価値を生み出すことができる根本的な要素を資本として扱い，経済的資本，

人的資本，社会関係資本，文化資本などがあることを示す。最後には，地域社会の価値とそれを生み出すさまざまな資本の関係を価値創造の姿として提示する。第1章以降の各論では，さまざまな角度から地域価値の創造を扱う。

　第1章の「自治体のブランディング政策と地域企業ネットワーク」（田中秀幸・杉山幹夫・石崎明日香）では，2000年代半ばに札幌市で始まった札幌スタイルの事例に基づいて，地域企業ネットワークのあり方を論じる。この事業は，札幌市役所の地域ブランディング事業として行われたが，2006年秋にウェブ・サイト上で新たな情報発信を始めた頃から，関係者間に新たなつながりが生まれ，商品開発や価格設定などに大きな変化が見られた。オープン・コミュニケーションとでもいうべき環境を醸成しながら，どのようにしてこうした変化がもたらされたのかについて，具体的に明らかにする。

　第2章の「地域における芸術創造のダイナミクス」（渡部春佳）では，地域の文化活動の場である公立文化施設に着目し，地域の芸術文化を通した都市アイデンティティの形成プロセスを扱っている。京都芸術センターの事例を取り上げ，地域で活動する芸術家に焦点を合わせて，継続的な芸術の創造を可能にする条件を考察し，地域における芸術を通した価値形成の課題と可能性を明らかにする。

　第3章の「新聞社とNPOの持続可能な協働の条件とは」（畑仲哲雄）では，新聞社と地元の非営利組織（NPO）とが協働して地域の価値を創造する過程を分析することで，その条件を明らかにする。新潟県上越地域の地域紙では，紙面の一部を地元のNPOに開放している。このように紙面の一部を外部に任せることは，編集権にもかかわる問題であり，新聞社内でも葛藤があった。他方で，新聞社が紙面を提供してNPOと協働することで，地域の市民参加の実践を進めることができた。第3章では，全国的に見ても珍しいこのような取り組みが，いかに持続可能になっていったのかを明らかにする。

　第4章の「地域医療とコミュニケーション」（小林伶）は，医師不足や医療機関の厳しい経営状況などの問題に直面する地域医療を対象にするものである。第4章が事例として取り上げる福島県須賀川地域では，医療機関，行政，そし

て住民が一体となって地域医療を支えている。この地域で地域医療がいかに実現したかについて，中核病院である公立岩瀬病院の取り組みを中心に調査し，病院利用者とのコミュニケーション，地域住民への情報提供活動，共感のコミュニケーションなどを通じた同病院の取り組みの可能性や，自治体・医療機関・地域住民の協働の可能性について論じる。

第5章の「ICTを活用した地域住民のつながり」（田中秀幸）では，2000年代後半に各地で活用された地域SNS（Social Networking Site）を対象として，情報通信技術（ICT）を活用して，地域の住民同士がいかにつながっていったかについて扱う。2010年頃には，全国に500前後の地域SNSが存在しており，活発に利用されていた。第5章では，その中でも，総務省実証実験とそれに関連する事業の対象となった地域SNSを対象に，これらの事業の目的であった「地域社会への住民参画」と「地方行政への住民参画」の2点で考察を行っている。

第6章の「ソーシャル・メディアと地域コミュニティ活動」（田中秀幸）では，地域でのソーシャル・メディアの利用が地域コミュニティ活動の参加に対して及ぼす影響について，ソーシャル・キャピタルに焦点を当てて考察する。2016年1月時点で継続している地域SNSの利用者を対象に定量的な調査を行い，そのデータに基づき分析を行っている。地域社会でのソーシャル・メディア利用が，ソーシャル・キャピタルの醸成につながっている可能性を示すなどしている。

第7章の「地域SNSの利用実態に関する研究」（中野邦彦・田中秀幸）では，地域SNSの利用実態を定量的に分析する。複数の地域SNSを対象とした定量的調査に基づいて比較分析を行い，利用実態のみならず，地域への関心を高める効果を検証している。

地域SNSについては，2010年代半ばまでに，その役割を終えたところも多い。しかし，第5章から第7章までの内容は，変遷する地域SNSの途中経過の状況を記録として残すことに一定の意義があるものと考える。

第8章の「自治体ウェブサイトの地域情報化施策の定量的研究」（中野邦彦・

田中秀幸）では，2000年代末の日本国内の市役所のウェブ・サイトの実情を分析する。施政方針，パブリック・コメント制度がウェブ・サイト上に設置されているか，電子掲示板や地域SNSなどの住民参加のサービスが提供されているかなどについて調査を行い，その結果について分析している。2010年代後半にかけて，自治体のウェブ・サイトのあり方も大きく変化しているが，第5章から第7章までと同様に，2000年代末の状況をスナップショットして記録する点で一定の意義があると考える。

第9章の「大災害と地域経済の自立」（田中秀幸）では，大災害が地域経済に及ぼす影響を長期的視点で考察する。具体的には，まず1995年の阪神・淡路大震災を対象に，10年程度の時間軸で地域経済への影響を統計データに基づいて検証している。そして，その検証結果を踏まえて，2011年の東日本大震災後の復旧・復興のあり方についての考察を進めている。

第10章の「自立的な地域社会存続の可能性」（田中秀幸）では，グローバル化が進展する中で厳しい経済環境に直面する地域社会のあり方を扱う。いわゆる中間層が経済面で地域社会を支えていることに着目して，地域の就業構造と中間層のあり方を分析し，地域の中間層が製造業によって支えられてきた可能性を示すとともに，福祉などの低い賃金水準のローカル型のサービス業の問題点を明らかにする。持続可能な地域経済の実現を検討するための材料を提供するものである。

以上の通り，本書ではさまざまな角度から地域価値の創造を扱う。各章で取り上げられている事例やテーマは，地域社会の人々の状態（being）を，いかにしてよい（well）ものにするかにかかわるものである。序章で紹介する地域価値を生み出す資本のうち，本書で扱う事例や対象が関係するのは，主に，経済的資本，人的資本，社会関係資本，そして文化資本となる。これらの資本は，いずれも人間が中心となるものであり，人と人のコミュニケーションなしには成立することができない。本書の内容は，一般的に用いられるコミュニケーション研究とは離れているものが多いが，地域社会の価値をいかに創造するかという点でコミュニケーションを広く捉えて，本書のタイトルを「地域づくりのコ

ミュニケーション研究」とした。

　本書は，東京大学電通コミュニケーション・ダイナミクス寄付講座等に基づく研究成果をまとめたものであり，ここに記して謝意を表したい。同寄付講座は，2007年から2010年にかけて開設されたものであり，本書の内容も2000年代後半を対象にしたものが多い。それにもかかわらず，出版の時期が遅れてしまったのは，ひとえに編者の責任である。編者以外の執筆者からは早々に原稿が提出されたにもかかわらず，編者の原稿の一部が遅れたことが大きな原因となっている。ご迷惑をおかけした関係者の皆様には心からお詫び申し上げたい。

　　2016年1月

　　　　　　　　　　　　　　　　　　　　　　　　編者　田中秀幸

地域づくりのコミュニケーション研究
――まちの価値を創造するために――
【目　次】

はじめに

序　章　地域価値の創造とは ……………………………………田中秀幸　1
　　1　地域社会の価値とウェルビーイング　1
　　2　潜在能力アプローチと地域社会の価値　3
　　3　潜在能力アプローチに基づく国際的取り組み　6
　　　　──UNDPとOECD
　　4　地域社会の価値を構成する要素　8
　　5　地域価値創造の資本　10
　　6　地域価値創造の姿　16

第1章　自治体のブランディング政策と地域企業ネットワーク
　　　　………………………………………田中秀幸・杉山幹夫・石崎明日香　21
　　1　地域ブランド政策の背景と本章のねらい　21
　　2　地域ブランドと中小企業ネットワーク論に関連する先行研究　22
　　3　札幌市の関連政策　25
　　4　札幌スタイルホームページ運営委員会による変化　29
　　5　レント分析の試み　32
　　6　地域ブランド構築におけるネットワーク形成　34
　　補論1　地域ブランド政策でのNPOの役割　35
　　補論2　価格設定の考え方資料が出来るまで，そしてその反響　38

第2章　地域における芸術創造のダイナミクス ……………渡部春佳　49
　　　　──「京都芸術センター」の演劇人の実践を事例に
　　1　地域社会の中の文化施設と芸術家　49
　　2　市民自治の観点から見た公立文化施設研究　50
　　3　京都芸術センターを対象とした事例研究　54
　　4　京都芸術センターに見られる市民自治　63

第3章　新聞社とNPOの持続可能な協働の条件とは……………畑仲哲雄　71
　　　　──新潟・上越地域における地域紙の事例から
　1　地域紙『上越タイムス』がNPOに紙面開放　71
　2　新聞社とNPOの「協働」の実像　78
　3　持続的な「協働」の前提と条件　89
　4　問題意識と目標の共有　96

第4章　地域医療とコミュニケーション………………………小林　伶　103
　　　　──福島県須賀川地域を事例として
　1　福島県須賀川地域を取り巻く医療の状況　103
　2　公立岩瀬病院の取り組み　105
　3　地域の医療機関・行政との連携　118
　4　地域住民による支援　123
　5　須賀川地域における地域医療を支える取り組みの可能性　129
　6　地域が一体となって支える地域医療　133

第5章　ICTを活用した地域住民のつながり………………田中秀幸　135
　　　　──地域SNS活用事例を中心に
　1　地域SNSをめぐる背景と本章のねらい　135
　2　総務省による地域SNS導入施策　136
　3　各自治体による地域SNS施策の状況　139
　4　地域SNS施策の検証　144
　5　地域SNSに対する事業評価の状況　154
　6　ICTを活用した住民参画にむけて　157

第6章　ソーシャル・メディアと地域コミュニティ活動 ‥田中秀幸　161
　　　　　――ソーシャル・キャピタルに着目した定量的構造分析

　1　地域社会でのソーシャル・メディア利用と本章のねらい　161
　2　本章に関連する先行研究　162
　3　この研究で用いるデータの説明　165
　4　3要素の分析　169
　5　分析結果の考察　177
　6　本章の学問的貢献と今後の課題　179

第7章　地域SNSの利用実態に関する研究 ‥‥‥‥中野邦彦・田中秀幸　183

　1　本章のねらい　183
　2　地域SNSに関する先行研究　184
　3　本章の調査概要とデータ　185
　4　地域SNS利用効果に関する分析結果　186
　5　地域SNSの利用効果　191
　補論　調査について　192

第8章　自治体ウェブサイトの地域情報化施策の定量的研究
　‥‥‥‥‥‥‥‥‥‥‥‥‥‥‥‥‥‥‥‥‥‥‥中野邦彦・田中秀幸　197

　1　本章のねらい　197
　2　自治体ウェブサイトに関する先行研究　198
　3　本章の仮説設定　198
　4　本章で用いるデータ　199
　5　分析結果　201
　6　本章の学問的意義と今後の課題　204

第9章　大災害と地域経済の自立 …………………………… 田中秀幸　207

 1 大災害による経済的影響と本章のねらい　207

 2 阪神・淡路大震災後の兵庫県経済の推移　209

 3 被災地域以外への復旧・復興需要の流出　211

 4 復旧・復興需要がその後の経済に与える影響　216

 5 東日本大震災被災地経済への含意　218

 6 大震災が地域のマクロ経済に与える影響　224

第10章　自立的な地域社会存続の可能性 …………………… 田中秀幸　227
   　──地域の就業構造と中間層の関係

 1 グローバルな経済状況の変容と本章のねらい　227

 2 地域社会の中間層の分析に用いる　229

 3 地域の就業構造と所得格差に関する検証結果と考察　232

 4 自立的な地域社会存続の可能性に対する含意　236

索　引　239

序　章

地域価値の創造とは

田中秀幸

本章では，本書の主題である地域価値創造の考え方について考察する。地域価値を創造するとはどういうことであろうか。本章では，ウェルビーイング（well-being）をテーマとして，アマルティア・センらによる潜在能力アプローチの考え方に沿って考察を進める。構成としては，まず，地域社会における価値について考察する。潜在能力アプローチに基づいて抽象的な考え方を確認した後に，国連開発計画（UNDP）や経済協力開発機構（OECD）の取り組みに基づき，ウェルビーイングの具体的な要素を整理する。次に，地域社会の価値を生み出す根本的要素として，資本の考え方に基づき論じる。最後に，地域価値創造の全体の姿をまとめる。

1　地域社会の価値とウェルビーイング

本章では，地域社会の価値として，地域社会で暮らす人々のウェルビーイングに焦点を当てて考えたい。ウェルビーイングは，福祉，幸福，福利，安寧，厚生，満足，善生などと日本語訳される（フライ 2012：11-12）。後述する潜在能力アプローチで有名な経済学者アマルティア・センは，ウェルビーイングについて，彼/彼女の「状態」（being）が「よい」（well）ものであると説明する（Sen 1985：5 = 1988：15）。「価値」とは，「広い意味では〈善いもの〉ないし〈善い〉と言われる性質のことを指す」（廣松渉ほか編『岩波哲学・思想辞典』岩波書店，1998）とされるが，本章では，「価値」をこの広い意味で捉え，地域社会

の人々の状態（being）をよい（well）ものにすることを「地域価値の創造」として扱う。

　地域社会の人々の状態がよくなるとはいかなることであろうか。ウェルビーイングは，日本語訳にも示される通り幸福に密接にかかわるものであることから，まず，幸福研究を参照して，その状態について考察する。幸福研究の中で，ダニエル・ネトル（Nettle 2006：15-20 = 2007：26-31）は，幸福を次の3つのレベルに区分している。これらはいずれも，幸福な状態を説明するものとなっている。第1は，喜びや楽しさといった感情に関するもので，望んでいたことが起きた時に意識される一時的な気持ちである。一時的に快楽を感じる状態である。第2は，生活の満足感や充足感につながるもので，ポジティブな感情とネガティブな感情のバランスを長期的な視点で捉えるものである。長期的に生活の満足感を感じる状態である。第3は，個人が潜在能力（capability）を十分に発揮させられる生活，すなわち，アリストテレスが善き生活の理想として名付けた「エウダイモニア」（eudaimonia）である（アリストテレス 1971：30）。潜在能力を発揮できる状態である。第3レベルの幸福では，第1と第2のレベルにあるポジティブな感情は必ずしも必要とされない。

　まず，第1のレベルでは，それにより地域社会の人々の状態を評価することには限界がある。一時的な快楽の状態は比較的計測しやすい。しかし，適応の原理により，人々は「快楽のトレッドミル」の上にとどまっており，一時的に喜びや楽しみがあっても，そして富を蓄えたとしても，それにより期待値が上がるだけで，以前にくらべてより幸福にはならない（Haidt 2006：84-86 = 2011：128-131）。地域社会に暮らす人々の状態を考える時，その地域で一定期間継続して生活することを考慮すると，このような特徴を持つ一時的な快楽を対象として地域価値を考察することは，必ずしも相応しいものではない。

　次に，第2のレベルであれば，引き続き適応の原理の問題は残されるものの，生活の満足感などは長期的な視点で捉えることから，地域社会の人々の生活者としての状態を把握する上では一定の意味を有する。また，生活の満足度は，意識調査などを通じて計測することも可能である。

第3のレベルについては，個人の潜在能力の考え方は，より倫理的，政治的であり，文化的規範や価値観をより多く含むために（Nettle 2006：19 = 2007：29），地域社会の価値として，どのように扱うかについてはさらなる考察が求められる。そこで，潜在能力アプローチについて，より詳しく論じていく。

2　潜在能力アプローチと地域社会の価値

　先述のアマルティア・センは，人が行いうること，または，なりうることの選択の自由度を潜在能力とする。そして，潜在能力の自由度を確保して，高めることがウェルビーイングの実現につながると説明する（Sen 1985：9-16 = 1988：21-30）。センは，数理モデルに基づきこのような考え方を示し，潜在能力をリスト化して示すことがなかったが，神島（2013）がセン（Sen 1985 = 1988；1999 = 2000）から次の4つの基本的ケイパビリティの例示を抜き出している（神島 2013：81）。これらの例示は，世界的に見て貧困に直面している国々を主な対象とした文脈で示されたものであるが，地域社会のウェルビーイング（well-being）を考える際にも，教育，健康・医療，雇用などの要素が，潜在能力の観点から必要であることが示される。

　　基礎教育，初歩的な医療，安定した雇用というような社会的，経済的要因
　　（Sen 1999：63 = 2000：70）
　　ある人が価値あると考える生活を選ぶ真の自由（Sen 1999：74 = 2000：83）
　　長生きする（こと）（Sen 1985：75 = 1988：99）
　　生存と教育（Sen 1985：76 = 1988：100）

　潜在能力アプローチでは，経済学者のセン以外の研究者も取り組んでいる。哲学者マーサ・ヌスバウムは，このアプローチに取り組むもうひとりの著名な研究者である。彼女は，人間の諸々の潜在能力，すなわち，人々が実際になしえたり，なりえたりするものに焦点を合わせて，人間の尊厳に見合った生活を

表序-1　ヌスバウムの「人間の中心的な潜在能力」（抄録）

1．生命	通常の長さの人生の終局まで生きられること。
2．身体の健康	健康でありうること。適切な住居に住みうること。
3．身体の不可侵性	場所から場所からへと自由に移動できること。暴力的な攻撃から安全でありうること。
4．感覚・想像力・思考力	感覚を用いることができること。想像し，思考し，論理的な判断を下すことができること。適切な教育を受けられること。自らが選択した宗教的・文学的・音楽的などの作品やイベントを経験したり生み出したりすることに関連して，想像力を働かせることができること。
5．感情	自分たちの外部にある物や人びとに対して愛情をもてること。
6．実践理性	善の構想を形成し，かつ，自らの人生の計画について批判的に省察できること。
7．連帯	A．他者と共に，そして，他者に向かって生きうること。さまざまな形態の社会的交流に携わりうること。 B．自尊と非屈辱の社会的基盤をもつこと。
8．ほかの種との共生	動物，植物，自然界を気遣い，それらと関わりをもって生きうること。
9．遊び	笑い，遊び，余暇活動を楽しめること。
10．自分の環境の制御	A．政治的な環境：自分の生活を治める政治的な選択に実行的に参加しうること。 B．物質的な環境：財産を維持でき，他者と平等な所有権をもちうること。

出所：Nussbaum（2006：76-78＝2012：90-92）に基づき筆者作成。

いかに実現するかについて論考している（Nussbaum 2006：69-87＝2012：83-96）。その中で，人間の中心的潜在能力として10の事項を明確にリスト化している（表序-1）。リストに示されたものは，尊厳のある人生の中心的な要求事項であり，リストにある事項は，あらゆる市民に何らかの適切な閾値レベルで保障することがすべての国に求められている。

　潜在能力アプローチのほかにも，ウェルビーイングを扱うものがある。経済学者宇沢弘文による社会的共通資本論である。この考え方は，ソースティン・ヴェブレンのいう制度主義（institutionalism）に基づくものであり，社会的共通資本によって，次に示す「ゆたかな社会」の実現を目指している。

序章　地域価値の創造とは

表序-2　社会的共通資本の「ゆたかな社会」の5つの基礎的条件

1. 美しい，ゆたかな自然環境が安定的，持続的に維持されている。
2. 快適で，清潔な生活を営むことができるような住居と生活的，文化的環境が用意されている。
3. 子どもたちが，それぞれの持っている多様な先天的ないし後天的資質と能力をできるだけ伸ばし，発展させ，調和のとれた社会的人間としての成長を可能とするような学校教育制度が用意されていて，すべての子どもたちが学校に通うことができる。
4. 疾病，障害にさいして，そのときどきにおける最高の医療を受けることができる。
5. さまざまな希少資源が，以上の目的を達成するために最も効率的，かつ衡平に配分されるような経済的，社会的制度が整備されている。

出所：宇沢（2010：20-21）の「ゆたかな社会」の基礎的諸条件の箇条書きに基づき筆者作成。

　ゆたかな社会は，各人が，その多様な夢とアスピレーションに相応しい職業につき，それぞれの私的，社会的貢献に相応しい所得を得て，幸福で，安定的な家庭を営み，安らかで，文化的水準の高い一生をおくることができるような社会を意味する。(宇沢 2010：20)

　そして，宇沢はこのように説明される「ゆたかな社会」は表序-2に示す5つの基礎的諸条件を満たす必要があるとする（宇沢 2010：20-21）。この5つの諸条件で示された考え方は，センやヌスバウムの潜在能力アプローチのものと近いものがあり，社会的共通資本で実現する「ゆたかな社会」は，本書が対象とする地域社会の価値，すなわち，「地域社会の人々の状態（being）をよい（well）ものにすること」と共通するものと考える。

　以上に示した通り，ネトル（Nettle 2006）が幸福の第3のレベルとして示す「潜在能力を十分に発揮させられる生活」は，本章が対象とする地域社会の人々のウェルビーイングの状態を表すものとして扱いうる。むしろ，中心的な主題となる。しかしながら，セン，ヌスバウムおよび宇沢の論考は，抽象性の度合いが高く，具体的な社会の状態としてどのように把握するかについて困難がともなう。この点に関して，UNDP（United Nations Development Programme，国連開発計画）と OECD（Organisation for Economic Co-operation and Development，経済協力開発機構）では，潜在能力アプローチに基づいて，ウェルビーイングを

具体的な指標などに基づき扱う取り組みが進んでいる。そこで，次節では，これらの国際的な取り組みを取り上げ，ウェルビーイングの具体的な中身について考察する。

3 潜在能力アプローチに基づく国際的取り組み
―― UNDP と OECD ――

　潜在能力アプローチから，人々のウェルビーイングを具体的な要素に基づいて扱おうとする国際的な取り組みには２つある。１つは，開発途上国を主な対象とする国連のUNDPによるもので，もう１つは，先進国を主な対象とするOECDによるものである。

　まず，国連がUNDPにおいて進めている人間開発の取り組みを取り上げる。UNDPでは，人間開発を次のように説明しており，前節で触れた潜在能力を発揮できる社会と重なるものとなっている。

　　人々が各自の可能性を十全に開花させ，それぞれの必要と関心に応じて生産的かつ創造的な人生を開拓できるような環境を創出すること[1]

　潜在能力アプローチに依拠する人間開発では，人間の可能性を高めることと，潜在能力を発揮できることの２つの観点からそれを実現するものであることがわかる。UNDP（2015）では，この人間開発を構成する要素を図序-１の通りに示している。同図では，上述の人間開発の考え方に基づいて，①人間開発の要素を直接的に人間の能力を高めるカテゴリーと②人間開発の環境を生み出すカテゴリーの２つに区分している。そして，前者のカテゴリーでは，長寿で健康な生活，知識を獲得する能力および十分な生活水準を達成する能力を掲げている。これらの３要素は定量的に把握されており，人間開発指標（HDI）を作成する際に，それぞれ出生児平均余命，平均就学年数および予測就学年数並びにひとり当たり国民総所得で計測されている。

序章　地域価値の創造とは

図序-1　人間開発の要素
出所：UNDP（2015＝2015：もくじ）

　後者のカテゴリーは，政治とコミュニティへの参加，環境の持続可能性，人間の安全保障と人権および平等と社会的公正の向上の要素で構成される。各要素について順番に見ると，第1の政治とコミュニティへの参加については，人々の生活を形成するイベントやプロセスへの参加が1990年代はじめから中心的事項として扱われてきた（UNDP 1993）。近年では，ソーシャル・メディアを通じての参加が人間開発にも寄与していると評価されている（UNDP 2015）。第2の環境の持続可能性についてみると，地球環境は人々が活動する大前提のものであり，気候変動の影響を最も受けるのは最貧国の人間開発である。また，国の豊かさのレベルにかかわらず，地球環境を損なうことは，将来のすべての人々の人間開発にかかわるものとなる（UNDP 2008）。第3の人間の安全保障は，人々の生活を苦しめる不安を減らし，可能であれば，それらを取り除くこうとする考え方である（Sen 2003）。そして，武器に関心を向けるのではなく，人間の生活や尊厳にかかわるものであることから（UNDP 1994），

人権とも相互補完的なものとして扱われる（Sen 2003）。第4の要素の社会正義は，平等を拡大し，長期にわたって好ましい結果を持続し，人権やそのほかの社会的な目的を尊重することを指す（UNDP 2010）。

　潜在能力アプローチに基づくもう1つの取り組みはOECDが進めているものである。前述の国連による人間開発で扱われる要素は，主に貧困国を対象とした発展の文脈の中で扱われるものであるが，先進国で構成されるOECDでは，2011年から生活の質を把握して政策に反映させようとする「より良い暮らしイニシアティブ」（Better Life Initiative）を開始した（OECD 2011：16 = 2016：22）。このイニシアティブでは，従来から用いられてきた指標であるGDP（Gross Domestic Product, 国内総生産）では，人々の幸福を評価する指標として重大な欠点があるとして，幸福度を測定するための枠組みを提示している。それが，Better Life Index（BLI）である（OECD 2011：13-35 = 2016：19-44）。この枠組みはセン（Sen 1985）の潜在能力アプローチに依拠し，「良い職業に就く，あるいは政治的意見を表明するなどの人々の行動（機能）と，人々がその行動を選択する自由（潜在能力）の両方を重視する点で，well-beingを多面的に定義する」ものとして指標を設定している（OECD 2013：21 = 2016：29）。

　OECDのBetter Life Indexは，現在，11の指標で構成されている。これらの指標は，物質的な生活条件と生活の質の2つの領域に区分され，表序-3に示す内容となっている。この2つの区分は，ダスグプタによる産出と投入の区分に近い。産出では健康，個人の能力の行使，市民的・政治的自由を対象とするのに対して，投入では食糧，医療，教育，飲料水，住居などを対象とする（Dasgupta 2001：33 = 2007：41）。OECDの領域と必ずしも一致するわけではないが，物資的な生活条件と投入面，生活の質と産出面において，それぞれ重なりが多い。

4　地域社会の価値を構成する要素

　潜在能力アプローチに基づくウェルビーイングの考え方について，抽象的な

表序-3　OECDより良い生活インデックスの11指標

領域	指標	説明
物質的な生活条件	所得と資産	経済的資源による基本的欲求の充足。リスクからの防御。
	仕事と報酬	能力と希望に沿い，適切な報酬の得られる仕事に就く。
	住居	物質的生活に関する基本的欲求の充足。安全，プライバシーの確保。
生活の質	健康状態	健康で，病気などなく長生きする。
	ワーク・ライフ・バランス	仕事と私生活（余暇を含む）のバランスをうまくとる。
	教育と技能	人々の基本的欲求であり，経済的・非経済的ウェルビーイングの成果達成に寄与。
	社会的つながり	他者との時間共有は本来的な喜びだけでなく，個人と社会のウェルビーイングにプラスに影響する。
	市民参加とガバナンス	政治的意見表明と社会的機能に積極的に貢献する機会を与える。
	環境の質	人々の生活に影響する。居住地の美しさや健全さにも価値を見出す。
	生活の安全	犯罪など，生活に対する幅広い脅威のリスクを軽減する。
	主観的ウェルビーイング	生活環境をどのように感じているか。

出所：OECD (2015：55-106) に基づき筆者作成。

ものから具体的に計測できる指標まで扱ってきた。本節では，これまでの考察を踏まえてウェルビーイングの要素の全体像を示す。UNDPの人間開発の要素とOECDのBLIは，それぞれ異なる要素を異なる視点で扱っているために，両者の要素をそのまま並べても全体を整理することが困難である。また，両者の関係を整理したものも，筆者の知る限りない。そこで，両者を統合して全体像を示すために図序-2を作成した。この図では，グレーの背景の図形がUNDPの人間開発の要素に関するもので，白地の背景の矩形がOECDのBLIに関するものとなっている。UNDPの「直接的に人間の能力を高める」と「能力発揮の環境を生み出す」の区分とOECDの「物質的な生活条件」と「生活の質」の区分の2つの軸で整理することで，両者の要素を相互に関連づけることができ，ウェルビーイング要素の全体が整理できることを示している。

本章では，地域社会の人々の状態（being）がよい（well）ものであることを

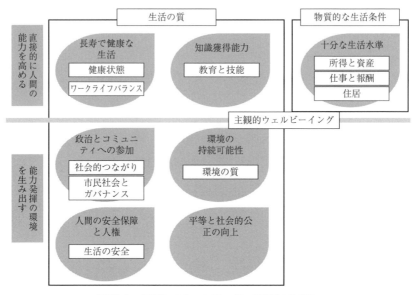

図序-2　OECDのウェルビーイング計測の枠組み
出所：UNDP (2015) およびOECD (2013) の要素を参考に筆者作成。

地域社会の価値あるものとして扱っている。地域社会であっても，そのウェルビーイングを考察するにあたっては，図序-2で示される要素がいずれも関係すると考える。これらは，国際的な取組の指標に基づくものではあるが，地域価値を構成する要素として位置づけて考えたい。

5　地域価値創造の資本

　前節までで，潜在能力アプローチに基づき，地域社会の価値とはどのようなものか，それを構成する要素としてどのようなものがあり，それらがどのような関係にあるかを示した。これを踏まえて，本節では，地域社会の価値あるものを生み出す要素について考察する。
　この点に関しては，OECDのBLIがとっている資本アプローチが参考になる（OECD 2013）。これは，現在のウェルビーイングの成果が将来も持続され

るかどうかを理解するために，ウェルビーイングを中長期的に推進する要素に焦点を当てるアプローチである。中長期的な観点からウェルビーイングを捉え，価値を貯蔵し，社会に対して長期に便益の流れを生み出すことができる要素を，資本として扱っている。本章でも，この考え方を踏襲して，地域社会のウェルビーイングを実現する要素を地域価値創造の資本として位置づけて，考察を進める。

　OECD（2013）では，4つの資本を取り上げている。経済的資本，自然資本，人的資本，社会関係資本である。本節では，まず，これら4つの資本に関して検討を加え，その後，OECD（2013）が対象としていない文化資本など他の要素も，地域価値創造の資本となり得ることを示す。

経済的資本

　OECDのBLIが扱う第1の経済的資本については，経済学の生産関数に基づき，経済学でのオーソドックスな資本とはどのようなものであるかの振り返りから始める。オーソドックスな経済学では，経済的な財・サービスなどの価値は，生産要素といわれる投入物を前提に，それを産出に変換する能力を通じて生み出されるとして扱う。典型的な生産要素としては，資本（K）と労働（L）の2つがあり，産出量をYとすると，次の生産関数で表される。

$$Y=F(K, L)$$

　ここでの資本（K）は，労働者が生産のために使用するさまざまな道具を指し，機械や建物などの有形資産のほか，ソフトウェアなどの無形資産も含まれている。資本は労働とは別物であって，人間が生産に利用する道具を客体として扱っていた。そして，生産関数の対象となる資本は，市場で交換される経済的な価値を有する財・サービスに限られていた。OECD（2013）のいう経済的資本も，経済的価値の生産を前提とするオーソドックスな生産要素としての資本が基本となる。

ただし，OECD（2013）では，経済学の生産関数で扱われてきたオーソドックスな資本以外も経済的資本に含めている。それは，現預金や借入金などの金融資産などからなる金融資本である。金融資本を含む経済的資本は，人々の物質的な生活条件（経済的ウェルビーイング）の維持に直接的な役割を果たすほか，家計にとっての価値の貯蓄として経済的安定を確保することで，人生の選択の自由度を増大して，ウェルビーイングに貢献するとしている。地域社会でも，人々の生活を経済面から支えることにより，経済的資本は OECD（2013）が説明するように，ウェルビーイングの実現に機能すると考える。

自然資本

　第2の資本は，自然資本である。自然資本とは，自然環境のさまざまな側面を指し，鉱物，土地，水，植物，動物などの個々の資産を含むとともに，森林や大気などのより広い生態系も含むものとして OECD（2013）では扱っている。自然資本の理解を助けるために，OECD の BLI をやや離れて，自然資本について論じておきたい。自然資本とは，人間が作り出す人工資本（前述のオーソドックスな資本）と対比されるもので，「天然資源のフローを生み出すストック」を指す（Daly 1996：80＝2005：115）。自然資本は人間によって作られなかったし，そうすることは不可能なものである（Daly 1996：80＝2005：116）。自然資本の考えは，地球規模で「持続可能な発展」を実現する上で重要なものとして注目されるようになった。「持続可能な発展」とは，1987年公表のいわゆるブルントラント委員会の報告書『地球の未来を守るために』で注目されるようになったもので，「将来世代が自身のニーズを満たす能力を損なうことなく，現在世代のニーズを満たすような発展」と定義されている（World commission on environment 1987：chapter2, para.1）。経済が成長する一方で，経済活動の前提となる自然環境は一定のままである。自然環境に余力がある時代は，経済成長や発展を制約する要素は，人工資本であった。この時代は，人工資本が価値を生み出す際に鍵となる要素であった。しかし，経済成長にともない，経済規模が大きくなるにしたがい，有限の自然環境が制約要因になってきている。経

済は有限な自然環境の中に開かれた下位システムとして位置づけられることが求められるようになっている（Daly 1996：45-52, 75-80 = 2005：64-73, 109-115）。自然資本の多くが人工資本と代替的ではなく補完的な関係にある中で，限られた自然資本の中での生産活動をいかに行うかが重要になっている。

　自然資本は，将来世代，とりわけ貧困国の生活の質を確保するために重要なものとして位置づけられるようになった。しかし，日本などの先進国にとっても，自然資本は，環境の持続可能性などを通じて，生活の質に直接影響するものである。また，OECD（2013）が指摘するように，人間の健康や余暇活動などにもつながるものであり，生活の質に広く影響する。地域社会においても，良好な自然環境は地域住民の生活にポジティブな影響を与えるなど，ウェルビーイングの実現に密接にかかわるものである。

人的資本

　第3の資本は，人的資本である。経済的資本と自然資本は，ウェルビーイング実現のために人間が扱う客体が対象であったのに対して，人的資本は，人間そのものを資本として扱うものである。人的資本は，オーソドックスな生産関数では労働として扱われていた部分を拡張するもので，労働者個々人に資本が内在しうるとの考え方である（Lin 2001：8 = 2008：9）。オーソドックスな生産関数では，労働力は知識をほとんど必要としないマニュアル化された仕事で，誰でも同様にできるものとの前提があった。しかし，シュルツ（Schultz 1961）は，労働者が資本家になり得た要因は知識と技能を習得したことにあると明らかにして，人的資本の重要性を示した。均質な労働を前提とするのではなく，労働において人間の知識や技能を重視することで，経済的な価値を生み出す生産要素として人的資本が扱われるようになった。

　人的資本はウェルビーイングの実現にどのように寄与するであろうか。OECD（2013）は，人的資本は経済的生産と所得創出にとって不可欠なインプットであり，健康や社会参加など他の非金銭的なウェルビーイングの成果にも貢献すると位置づけている（OECD 2013：186-187 = 2016：220）。地域社会との

関係でみても，十分な生活水準の実現に直結するばかりでなく，知識や技能の獲得，健康な生活などを通じて地域社会の人々の生活の質の向上につながるものである。

社会関係資本

　第4の資本は，社会関係資本である。人的資本と同様に，人に着目して従来の資本の考え方を拡張するものである。人的資本が個々人に焦点を当てたのに対して，社会関係資本では，人と人の関係に焦点を当てる。社会関係資本アプローチでは，資本は「行為者が属するネットワークやグループにおける成員同士のつながりと，そのネットワークやグループ内に存在する資源へのアクセスからなる社会的資産」(Lin 2001：19 = 2008：25) と扱われる。社会的ネットワークに埋め込まれた資源が価値を生み出す生産要素として機能するのである (Lin 2001：19-20 = 2008：25-26)。社会関係資本が生み出す価値は，個人に対するものと集団に対するものに大別される (Lin 2001：21-25 = 2008：26-32)。

　このような特徴を持つ社会関係資本について，OECD (2013) では社会のさまざまな集団内や集団間の協働を容易にする社会生活の規範，信頼，価値観を指すとともに，ガバナンスや公共機関に関する側面を指すこともあるとして扱っている。ウェルビーイングとのつながりについては，まず，信頼が取引コストを軽減して，経済成果を向上させる面に注目する。また，信頼や協働規範が効果的な資源の割当を促進するとともに，生活の質と人的資本の形成に影響を及ぼすものとしている。地域社会においても，社会関係資本はOECD (2013) が示すような形で，生活の質や物質的な生活条件の向上に寄与するものである。

文化資本

　OECDのBLIでは取り上げられていないが，地域社会のウェルビーイングの形成に寄与する第5の資本として，文化資本を取り上げたい。文化資本は，個人に焦点を当てるものと社会に焦点を当てるものに分かれる。個人に焦点を当てたものとしては，社会学者ブルデューによる文化資本がある。彼の文化資

本の概念は，次の通り説明される。ブルデューの文化資本は，客体化されたものも含まれるが，個人を重視する点で人的資本に近いとされる（Lin 2001：14 = 2008：17；Throsby 2001：48-49 = 2002：85）。

> 広い意味での文化にかかわる有形・無形の所有物の総体を指す。具体的には，家庭環境や学校教育を通して各個人のうちに蓄積されたもろもろの知識・教養・技能・趣味・感性など（身体化された文化資本），書物・絵画・道具・機械のように，物質として所有可能な文化的財物（客体化された文化資本），学校制度やさまざまな試験によって賦与された学歴・資格など（制度化された文化資本），以上の三種類に分けられる。（石井 1990：v）

これに対して，文化経済学者スロスビーが扱う文化資本は，社会あるいはコミュニティで成立する資本を対象にしている。スロスビーは，文化的資本を「それが有する経済的価値に加え，文化的価値を具体化し，蓄積し，供給する資産」（Throsby 2001：46 = 2002：81）と定義する。そして，文化資本は有形と無形の2つの形態で存在すると説明する。有形なものについては，建物やさまざまな規模・単位の土地，絵画や彫刻などの芸術作品・工芸品として成立する（Throsby 2001：46 = 2002：81）。無形なものは，集団によって共有されている観念や慣習，信念や価値といった形式の知的資本として成立する（Throsby 2001：46 = 2002：81-82）。音楽や文学，文化的な習俗や信念，言語なども無形の文化資本とする（Throsby 2001：47 = 2002：83）。スロスビーの議論の特徴は，文化そのものを資本として捉えている点にあり，文化資本を個々人に化体することが必ずしもできないことを示している。

地域社会には，伝統的工芸品や歴史的な建造物などが所在し，地域の財産として大切に維持されている。また，伝統芸能やお祭りなどの形で地域の中で受け継がれている。これらは，主にスロスビーのいう文化資本に該当するが，文化的な側面で，地域の人々の生活の質の向上に貢献している。それは，長寿で健康な生活であったり，技能を身につけるものであったり，社会的なつながり

を形成したりするものである。OECD（2013）では，ウェルビーイングを生み出す資本として区分されていないが，地域社会に着目する本書では，地域価値を創造する重要な資本として明記しておきたい。

制度資本

以上の5つの資本以外にも，ウェルビーイングを生み出す資本はある。例えば，宇沢のいう社会的共通資本は，自然環境，社会的インフラストラクチャーおよび制度資本の3類型を提示している（宇沢 2010：21-22）。本章で説明した5つの資本と重複するところも多いが，医療制度や司法・行政などの制度そのものを制度資本として扱っている点で，異なるところもある。ウェルビーイングを生み出す資本は，上述の5類型以外にもさまざまなものがある。そして，これらの資本が生み出す価値も，経済的なものに限らず，社会的，文化的な価値，自然の価値まで広がりを見せている。

以上の経済的資本，自然資本，人的資本，社会関係資本，文化資本，制度資本などが，地域社会の価値を創造する要素，すなわち地域価値創造の資本である。これらの資本は，地域社会の価値を構成するさまざまな要素にかかわるものであり，特定の資本と特定の価値要素の間に一対一の関係があるわけではない。また，各資本も独立しているわけではなく，相互に関係し，重なりがあるものである。

6　地域価値創造の姿

最後に，これまでの説明を要約して，本書で扱う地域価値創造の姿を簡単に示しておきたい。まず，地域社会の価値を創造するとは，地域社会のウェルビーイングをもたらすことをいう。すなわち，地域社会の人々の状態（being）をよい（well）ものにすることをいう。そのような社会を実現するには，地域社会の人々が潜在能力を十分に発揮できるようにすることが必要である。この観点から地域社会の価値を構成する要素を整理すると，「物質的な生活条件」に

序章　地域価値の創造とは

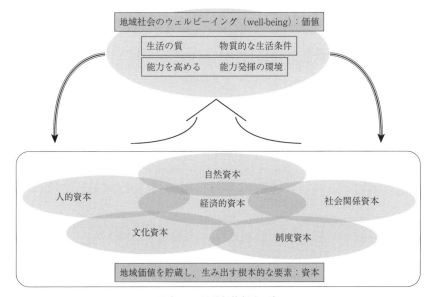

図序-3　地域価値創造の姿

出所：OECD（2015：Figure1.1）を参考に筆者作成。

かかわるものと「生活の質」にかかわるものがある。また，見方を変えると，「直接的に人間の能力を高める要素」と「能力発揮の環境を生み出す要素」にかかわるものとなる。

次に，地域社会が将来にわたって持続可能なものとなるためには，地域社会の価値を構成する要素を生み出す資本が重要となる。それを地域価値創造の資本として，本章では，経済的資本，自然資本，人的資本，社会関係資本，文化資本，制度資本などを取り上げた。これらの資本は，相互に補完しあいながら，地域社会の価値を構成するさまざまな要素に複合的に影響して，生み出していく。また，資本が価値を生み出すという一方向の関係にとどまらず，生み出されたさまざまな価値が資本に貯蔵されるというもう一方向の作用もある。新たな価値を貯蔵した資本が次の価値を生み出す，という循環を実現することで，持続可能な地域社会がもたらされる。以上が，本章が示す地域価値創造の姿である（図序-3）。

注

(1) UNDP 日本語ウェブサイト（http://www.jp.undp.org/content/tokyo/ja/home/library/human_development/human_development4/）より。
(2) UNDP（2015）の Infographic では，人間開発（human development）と記されているが，人間開発の定義にある「生産的かつ創造的な人生を開拓できる」を踏まえて，図序-2の区分では「能力発揮」とした。

文献

アリストテレス，1971，高田三郎訳『ニコマコス倫理学（上）』岩波文庫。
Daly, Herman E., 1996, *Beyond growth : the economics of sustainable development*, Boston : Beacon Press, Kindle edition.（＝2005，新田功・藏本忍・大森正之訳『持続可能な発展の経済学』みすず書房。）
Dasgupta, Partha, 2001, *Human well-being and the natural environment*, Oxford : Oxford University Press.（＝2007，植田和弘監訳『サステイナビリティの経済学——人間の福祉と自然環境』岩波書店。）
フライ，ブルーノ，2012，白石小百合訳『幸福度をはかる経済学』NTT 出版。
Haidt, Jonathan, 2006, *The happiness hypothesis : finding modern truth in ancient wisdom*, New York : Basic Books, Kindle edition.（＝2011，藤澤隆史・藤澤玲子訳『しあわせ仮説——古代の知恵と現代科学の知恵』新曜社。）
石井洋二郎，1990，「本書を読む前に——訳者まえがき」ピエール・ブルデュー『ディスタンクシオン——社会的判断力批判』(1) 石井洋二郎訳，藤原書店，pp. v-vii。
神島裕子，2013，『マーサ・ヌスバウム——人間涵養の哲学』中央公論新社。
Lin, Nan, 2001, *Social capital : a theory of social structure and action*, Cambridge : Cambridge University Press.（＝2008，筒井淳也・石田光視・桜井政成・三輪哲・土岐智賀子訳『ソーシャル・キャピタル——社会構造と行為の理論』ミネルヴァ書房。）
Nettle, Daniel, 2006, *Happiness : the science behind your smile*, Oxford : Oxford University Press, Kindle edition.（＝2007，山岡万里子訳『目からウロコの幸福学』オープンナレッジ。）
Nussbaum, Martha C., 2006, *Frontiers of justice : disability, nationality, species membership*, Cambridge, Mass : Belknap Press of Harvard University Press.（＝2012，神島裕子訳『正義のフロンティア——障碍者・外国人・動物という境界を越えて』法政大学出版局。）
OECD, 2011, *How's life? 2011 : measuring well-being*（http://www.oecd-ilibrary.org/economics/how-s-life_9789264121164-en, 2016. 1. 7）.（＝2012，徳永優子・

来田誠一郎訳『OECD幸福度白書——より良い暮らし指標：生活向上と社会進歩の国際比較』明石書店。)

OECD, 2013, *How's life? 2013 : measuring well-being* (http://www.oecd-ilibrary. org/economics/how-s-life-2013_9789264201392-en, 2016.1.7). (=2015, 西村美由起訳『OECD幸福度白書2——より良い暮らし指標：生活向上と社会進歩の国際比較』明石書店。)

OECD, 2015, *How's life? 2015 : measuring well-being* (http://www.oecd-ilibrary. org/economics/how-s-life-2015_how_life-2015-en, 2016.1.7).

Schultz, Theodore W., 1961, "Investment in Human Capital," *American economic review*, vol.51, no.1 : 1-17。

Sen, Amartya, 1985, *Commodities and capabilities*, New York : North-Holland. (=1988, 鈴村興太郎訳『福祉の経済学——財と潜在能力』岩波書店。)

Sen, Amartya, 1999, *Development as freedom*, Oxford : Oxford University Press. (=2000, 石塚雅彦訳『自由と経済開発』日本経済新聞社。)

Sen, Amartya, 2003, "Development, rights and human security," in Commission on human security, *Human security now* (http: //reliefweb. int/report/world/ human-security-now-protecting-and-empowering-people, 2016.1.7).

Throsby, David, 2001, *Economics and culture*, Cambridge : Cambridge University Press. (=2002, 中谷武雄・後藤和子監訳『文化経済学入門——創造性の探究から都市再生まで』日本経済新聞社。)

UNDP, 1993, *Human development report 1993 : people's participation* (http://hdr. undp.org/en/reports/global/hdr1993, 2016.1.7).

UNDP, 1994, *Human development report 1994* (http://hdr.undp.org/sites/default/files/reports/255/hdr_1994_en_complete_nostats.pdf, 2016.1.7). (= 1994『人間開発報告書1994』〔http://www.undp.or.jp/HDR_J/HDR_light_1994_Japanese_Version.pdf, 2016.1.7〕。)

UNDP, 2008, *Human development report 2007/2008 : fighting climate change-human solidarity in a divided world* (http://hdr.undp.org/sites/default/files/reports/268/hdr_20072008_en_complete.pdf, 2016.1.7). (= 2008『人間開発報告書2007/2008——気候変動との戦い：分断された世界で試される人類の団結』〔http://www.jp.undp.org/content/tokyo/ja/home/library/human_development/human_development1/hdr_20072008.html, 2016.1.7〕。)

UNDP, 2010, *Human development report 2010 : the real wealth of nations-pathways to human development* (http: //hdr. undp. org/en/content/human-development-report-2010, 2016.1.7). (=『人間開発報告書2010——国家の真の豊かさ：人間開発への道筋』〔http://www.jp.undp.org/content/tokyo/ja/home/library/

human_development/human_development1/hdr_2010.html, 2016. 1. 7〕。)

UNDP, 2015, *Human development report 2015 : work for human development*（http://hdr.undp.org/en/2015-report, 2016. 1. 7）.（＝2015『概要 人間開発報告書 2015 ――人間開発のための仕事』〔http://www.jp.undp.org/content/tokyo/ja/home/library/human_development/human_development1/hdr_2015.html, 2016. 1. 7〕。)

宇沢弘文，2010，「社会的共通資本としての医療を考える」宇沢弘文・鴨下重彦編『社会的共通資本としての医療』東京大学出版会，17-36。

World commission on environment, 1987, *Our common future*（http://www.un-documents.net/our-common-future.pdf, 2016. 1. 7）.

第1章
自治体のブランディング政策と地域企業ネットワーク

田中秀幸・杉山幹夫・石崎明日香

1 地域ブランド政策の背景と本章のねらい

　本章は，地域の中小企業ネットワーク形成に地方自治体の産業振興策がどのようにかかわるかについて，札幌市が行う地域ブランディング政策（地域ブランド化政策）に関する事例研究に基づき明らかにすることを目的とする[1]。

　国から地方への税源移譲，補助金削減，地方交付税の見直しが進められるとともに，高齢社会の到来によって，地域の自立が求められるようになっている。地域の自立に当たっては，産業の活性化は，「地域が持続的に経済・社会活動を営む力の源泉」（地域活性化統合本部会合 2008）として重要である。ただ，従来の地域経済の支援策であった，補助金，交付金，税制優遇および工場誘致の典型的な4つの政策にあまり期待できない現状に直面している（島田・NTTデータ経営研究所 2006）。そこで，地域資源をもう一度見直し，ブランド力のある新産業を創出することで，雇用の拡充，域外への移出，新たな人の流入を意図した地域ブランドの育成が，進められるようになってきた（関 2006）。実際，地域ブランドづくりのマニュアルの中にも，地域経済活性化が目的の1つとして示されている（中小企業基盤整備機構 2005）。

　2000年代半ばから後半にかけて，地域ブランドに関する国の支援策が講じられるようになっているが[2]，地方自治体による取り組みは国よりも先行しており，後述するように，いくつもの事例研究が報告されるようになってきている。

そして，地域ブランドの育成においては，従来の地場産業が「モノ」中心であったのに対し，「ひと」が中心であり，そのつながりが重要であることがわかりつつある（関 2006）。

そこで，本章では，地域ブランドの形成における「ひと」の重要性に着目して，地域企業，NPO，市民，そして市役所職員のネットワークがどのように構築されるかについて，中小企業ネットワーク研究の枠組みを用いて，考察を進めていく。

以下，本章は次のように構成される。第2節では，関連する先行文献として地域ブランドおよび中小企業ネットワークに関する研究などに言及して，本章の学問的な位置づけおよび枠組みを明らかにする。第3節では，事例研究の対象である札幌市の関連する政策，具体的には，札幌スタイル事業および市民による情報発信事業「ウェブシティさっぽろ」と「ようこそさっぽろ」について紹介する。第4節では，2007年に札幌スタイルホームページ運営委員会が設置された後，札幌スタイルをめぐる地域企業間等のネットワークにどのような変化があったかを説明する。第5節では，中小企業ネットワークに関するレント分析に基づき，札幌スタイルによって構築された地域企業等のネットワークを分析する。第6節では，以上の議論をまとめるとともに，今後の研究課題について述べる。

2　地域ブランドと中小企業ネットワーク論に関連する先行研究

地域ブランドに関する先行研究

まず，地域ブランドとは何かについて，簡単に整理しておきたい。その前提となるブランドは，「ある売り手あるいは売り手のグループからの財又はサービスを識別し，競争業者のそれから差別化しようとする特有の（ロゴ，トレードマーク，包装デザインのような）名前かつまたはシンボル」（アーカー 1994：9）と定義される。ブランドは製造元を顧客に伝え，同じように見えるような製品を提供する競争業者から顧客や製造業者を守るという機能を有する（同書）。

ブランドの定義を地域に当てはめるには，2つの用法がある（中小企業基盤整備機構 2005，村山 2007）。1つは，地域の産品を対象とするもので，地域の特徴を活かした商品・サービス・ブランドを指す。もう1つは，地域そのもののイメージを対象とするものである。地域ブランドとは，商品・サービス・ブランドと地域そのもののブランドの双方から有機的に構成されるものである。

日本における地域ブランド研究は，事例研究が多くなされている（島田・NTT データ経営研究所 2006，関・及川編 2006，北村ほか 2006，小西 2006，斉藤 2007，関・遠山編 2007，関・財団法人日本都市センター編 2007）[3]。議論を進める上で，われわれは，関満博らの事例研究から明らかにされた次の点に注目している。それは，近年の地域ブランドの取り組みが目指しているのは，「従来型の『特産品』や『観光』の開発ではなく，……私たちの身の回りにある多様な資源を見つめ直し，『モノ』や『空間』，そして『人びと』の深い交流の中から，新たな可能性を模索し続けていく」（関 2006）という点である。従来の地場産業が「同質的かつ低付加価値の日用消費財の繰り返し生産，産地全体の大量生産」（関 2002）の仕組みであったのに対し，これからは「個別的かつ高付加価値の日用消費財の個別生産，産地全体の多品種少量生産」（同書）が求められている。そして，こうした新しい生産システムを実現するには，従来の分業に基づく産業構造を見直し，「地域内の異なる要素の自律融合」（及川 2006）が必要となっている。

関らの研究からは，地域ブランドの形成に当たっては，従来とは異なる地域内の人々，そして要素のつながりがいかに構築されるか，すなわち，地域内の企業，市民，行政等のネットワークが重要な論点になる。そこで，筆者らは，地域ブランドに関するネットワーク構築に着目して，本章の事例研究を進めることにした。

中小企業ネットワーク論に関する先行研究

本章では，西口編著（2003）によるレント分析に基づいて，前述のネットワーク構築に関する事例研究を進める[4]。レント分析を用いる主な理由は，後述す

る4つのレントを同時に適用できる点にある（粂野 2005）。地域ブランドに関しては，個々の企業では獲得困難な評判を地域イメージによって補う利点が指摘されることがあるが（斉藤 2007：48），それ以外にどのような利便を参加者が得ることができるかを，比較的多様な視点で記述することが可能になる。なお，西口編著（2003：50）では，ネットワークを「共通目的のために，『組織』の境界を越えて，公式・非公式を問わず，メンバーシップが限られた中で，意識的に調整された2人以上の人間の活動や諸力の体系」と定義している。後述する通り，本章の事例は，地域ブランドの構築という共通の目的に向けて，当該地域内の地域企業，市民，自治体等が協働するものであり，レント分析を適用するのは妥当と考える。

　さて，西口編著（2003：10-13）のレント分析の枠組みを本章への適用に必要な範囲で簡単に紹介しつつ，地域ブランドへの適用を考察する。レント分析は，コグーが提唱した2つのタイプのレントから出発している（Kogut 2000）。第1は，バート等の議論に基づくもので，構造的な穴（structural holes）を埋めることによって得られるレント（バート・レント）を指す（Burt 1992）。すなわち，従来遮断されたグループの間で，新たに情報の流れにアクセスできるようになり，ネットワークのメンバーが，それらの情報を有効に活用できた場合に発生するレントである。第2のレントは，コールマンに依拠するもので，固定的なメンバーからなるネットワークから得られるレント（コールマン・レント）を指す（Coleman 1990）。信頼をベースにしたレントで，機密性の高い情報や暗黙知的なノウハウの共有，協力的行動による学習などが例となる。

　西口敏宏は2つのレントをさらに2つに分けて，4つの具体的なレントを設定している。バート・レントに関しては，①評判のレント，②中央からの公式な調整のレント，コールマン・レントに関しては，③社会的埋め込みのレント，④情報共有と学習のレントとなる（西口編著 2003）。

　第1の，評判のレントは，外部の人々が，あるネットワーク自体を評価し，信用しているような場合に，そのネットワークのメンバーは，そこに属しているという事実によって評価されることで得るレントである。地域ブランドに当

てはめた場合，個々の企業ではブランドの確立が困難でも，地域イメージとしての地域ブランドによって得られるレントが想定される。

第2の，中央からの公式な調整のレントは，中核機関や中核的企業が，メンバーのために，サービスや諸設備を一元管理し調整するあり方と関連するものである。地域ブランドの場合，地元自治体や商工会議所等が中心となることが多く，また，具体的には，見本市への共同出展や通信販売ルートの共通化などの事例があり，こうしたレントが発生することが見込まれる。

第3の，社会的埋め込みのレントは，地域社会の共同体がベースとなり，ある主体がそこに社会的に埋め込まれていることから発生するレントである。信頼関係を背景として，取引相手との契約費用や不正行為を監視する費用という取引費用が相対的に低くなることや，仕事の回し合いなどが例となる。地域ブランドの場合，企業等が所在する地域が出発点となっているために，社会的埋め込みのレントが生じる可能性は高いと見込まれる。

第4の，情報共有と学習のレントは，メンバーが自分たちの持つ情報や知識を共有し学習することから生じるレントである。濃密なコミュニケーションを通じて相互学習が進んでいく。地域ブランドのケースも，こうしたレントが可能となる素地はあると見込まれるが，具体的にどのようなコミュニケーションが行われるかは，事例によってまちまちであると見込まれる。

以下では，これまでの地域ブランド研究で重要性が明らかになりつつある関係者ネットワークに着目し，札幌市が行う事例を対象として，西口編著(2003)のレント分析の枠組みを用いて，地域の企業間ネットワークを具体的に分析していく。

3 札幌市の関連政策

この節では，事例研究の対象となる札幌市のブランディング政策である札幌スタイル事業および，それに関連する市民による情報発信政策（「ウェブシティさっぽろ」と「ようこそさっぽろ」）について説明する。

札幌スタイル事業

　札幌スタイル事業は，2004年度から札幌市が取り組んでいる政策で，札幌市が有する高い都市イメージとデザインを積極的に活用して，市内中小企業が北国ならではの新しいライフスタイルやビジネススタイルを提案する活動を支援するものである。札幌市経済局がこの事業を担当している。札幌地域の商品のブランド化と商品を通じて札幌の地域イメージを札幌スタイルとして発信していこうとしている点で，地域ブランディング政策と位置づけることができる。

　札幌スタイルには，過去にいくつかの前身となる事業がある。1つめは，全国から優れたデザインを募る札幌国際デザイン賞である。1992年度から実施されていた。2つめは，Made in 札幌グランプリ事業である。2001年度から実施され，製造業支援を目的とする顕彰制度で，市内企業から3年間で延べ108社・130製品の応募があり，14点が札幌市長からの表彰を受けた。受賞した製品は，市の広報誌・刊行物・ホームページ（HP）への掲載や，見本市への出典等の支援が受けられた。3つめは，福祉用具開発プロジェクトである。この事業は，産業界，教育機関および行政の協働による福祉用具の開発を目的として，2000年度から行われた。これらの個別に実施されていた事業を1つにまとめ，札幌のライフスタイル等を背景に，デザインを手段として活用したブランディング事業としてスタートしたのが札幌スタイル事業である。本章が考察の対象とする2008年時点で，札幌スタイル事業は，①札幌スタイル認証制度，②デザインコンペティション，③デザイン開発プロジェクト，④デザインギャラリー等の運営などから構成されていた。

　①札幌スタイル認証制度とは，「札幌スタイル」のブランドを形作る，札幌ならではの完成製品を公募し，認証する事業である。認証された商品（2007年度までに56点認証）は，札幌市役所が出展する東京インターナショナルギフトショーなどへの参加，市役所によるPR活動などの支援が受けられる。ギフトショーへの参加により，実際に商談がまとまるなどの具体的な成果を上げているほか，市長自らによるPRなど行われていた。

　②デザインコンペティションとは，札幌のよさなどを伝える商品企画の提案

をコンペティションとして行うものである。全国の個人，団体や企業が応募できるもので，入賞者に対しては，市役所等による紹介などによる事業化支援が受けられる。例えば，2004年度受賞作品の1つは，山形県在住の個人からの雪の結晶の形をした紙石けんの提案であった。それに対して，北海道の企業間連携を応援する財団法人北海道科学技術総合振興センター（ノーステック財団），市内企業の株式会社プラウシップ，株式会GEL-Design，北海道大学の参加により，最終的に「初雪」として商品化し，2007年2月には札幌市の雪まつり会場で販売して完売した。さらに，2007年度には札幌市からの助成金（新産業育成推進事業費補助金）を受けて，製造過程の量産化体制を整えるまでにいたった。このほかにも，2点の入賞作品が商品化されるなどの具体的な成果を上げた。

③デザイン開発プロジェクトとは，札幌から次代のライフスタイルを提案できる商品（製品）を共同で開発し，市場に発信することを目的とする産官学連携プロジェクトである。応募資格は，札幌市内に事業所を有する中小企業で，年間3件程度の採択を予定していた。産学官からなるプロジェクト委員が構成され，採択された商品については，商品コンセプトの検討・アドバイス，デザイン面でのサポートなどの支援が行われるほか，前述のような商品PRの対象となった。2008年時点で3点が商品化され，うち2点は日本グッドデザイン賞を受賞した。

④デザインギャラリー等の運営としては，2007年度までは「札幌スタイルデザインギャラリー＋8111」が札幌市内の大型店舗（丸井今井）に開設され，認証商品などの販売が行われていた。2008年度からは，場所を札幌駅JRタワー展望エントランスの好立地に移して，「札幌スタイルショップ」として発展している。また，地下鉄大通駅コンコース内には，「札幌スタイルショーケース」を開設し，認証商品を中心に展示している。さらに，札幌スタイル商品のマーケティング等などをテーマとする札幌スタイル・セミナーも開催された。

以上の通り，札幌スタイル事業は，2004年度から2008年度にいたるまでにいくつもの成果を上げており，デザインコンペティションの商品化に見られる

ように，地域企業間のネットワークが形成された例も見られる。しかしながら，2006年頃までは，札幌スタイルを構成する個別の事業内でのネットワーク形成にとどまっており，地域ブランドという観点からの個別商品の地域ブランド化の段階にとどまっていた。それが，2007年度に札幌スタイルHP運営委員会がスタートしたあたりから，個別商品の枠を超えて札幌スタイル全体を対象としたブランド化が動きだした。

市民による情報発信事業——「ウェブシティさっぽろ」「ようこそさっぽろ」

　ここでは，札幌スタイルホームページ運営委員会が立ち上がる背景にある，市民による情報発信事業「ウェブシティさっぽろ」と「ようこそさっぽろ」について説明する。2008年時点で，札幌市では，「まちづくりは，市民が主体であることを基本とする」（札幌市自治基本条例第4条第1項）という基本的な考え方に基づき，市民の日常生活に必要な情報や観光情報についても，市民が主体的に発信するような事業を進めていた。

　具体的には，札幌に住む人が，自分たちに必要な情報を取材・編集して発信するためのインターネット上の地域サイト（以下，HP）として「ウェブシティさっぽろ」[12]が2002年度から2009年度まで提供され，インターネット上の観光情報サイト（HP）として「ようこそさっぽろ」[13]が2003年度に開設された。どちらのサイトも札幌市役所が設置し，運営をNPO法人シビックメディア（当時）が2009年度まで受託していた。2006年度の月平均のアクセス数（トップページビュー）は，前者が約9万件，後者が約18万件（日本語分のみ）となっており，同時期の札幌市役所のHPの約10万件と比較しても，その存在は大きかったことが確認される[14]。

　両者に共通する特徴の第1は，民間と行政の協働によってサイトを運営し，常に市民の目線に立って情報を伝えた点である。そして，それを可能にするものとして，第2の特徴である，運営委員会方式がある。各サイトに，ウェブシティさっぽろ運営委員会とようこそさっぽろ運営委員会がそれぞれ設置されていた。市役所と受託者であるNPO法人などが対等の立場で運営委員会を構成

し，市民みんなでサイトを育てていくという基本的な考え方の下，サイトの運営，編集方針を定期的に検討した。特に，観光情報を発信する「ようこそさっぽろ」の運営委員会は構成メンバーの多様性に特徴があり，市役所内では観光文化局のみならず，経済局産業振興部，総務局国際部が参加するほか，市役所外では，観光協会，商工会議所，青年会議所，バス会社のほか，北海道庁の観光担当部局まで参加した。次節で説明する通り，札幌スタイル事業担当の市役所職員が，こうした特徴を持つようこそさっぽろ運営委員会に参加することで，札幌スタイルホームページ運営委員会の設置に結びついていった。

4　札幌スタイルホームページ運営委員会による変化

札幌スタイルホームページ運営委員会立ち上げまで

　札幌スタイル事業の情報発信は，2006年10月までは他の経済局の事業と同様に，市役所職員による市役所公式HPからのものにとどまっていた。他方で，2006年頃には，過去の事業からの経緯もあり，多様な札幌スタイル事業の全体像の把握が難しいと同時に（望月氏へのインタビュー 2008），事業の浸透が低いという問題に直面していた（石崎氏へのインタビュー 2007）。こうした状況の中，2006年11月から「ウェブシティさっぽろ」内に札幌スタイル事業のコーナーを設けて，情報発信することになった。そして，新たな情報発信が，札幌スタイル事業をめぐるネットワークに変化をもたらしはじめた。

　最初の変化は，市役所内の異なる部局の連携である。具体的には，札幌市役所内の部局でもある円山動物園（環境局）と札幌スタイル事業（経済局）の間での協働が実現した。2007年2月の雪まつりの円山動物園会場において，札幌スタイル認証商品である「折りたたみ木のそり」のプロモーションとアンケートを，上田市長（当時）の参加も得て行うことができた。

　次の変化は，札幌スタイルホームページ運営委員会の立ち上げである。2007年3月には札幌スタイル事業のHPを現行の内容にリニューアルさせ，同年5月には，「ウェブシティさっぽろ」や「ようこそさっぽろ」と同様の運営委員

会を立ち上げた。札幌スタイルホームページ運営委員会要綱第2条第1項には、「委員会は、札幌市と札幌スタイルの活動にかかわる事業者や市民との協働を推進し、情報の共有を図り、新たな連携のきっかけの場となる札幌スタイルホームページの管理運営等を円滑に進めるための連絡調整組織として設置するものである」と規定され、「新たな連携」という文言に見られるように、同委員会が新たなネットワーク形成につながることが念頭におかれていたことがわかる。実際に、運営委員会準備委員会が4月に開催されると、そもそも札幌スタイルとは何か、その上でHPはどう位置づけられるのかということについて、相当つっこんだ議論が行われ、その中で関係者間の共通認識が醸成されるようになった。

札幌スタイルホームページ運営委員会立ち上げ後の変化

　この運営委員会をきっかけとして、新たな協働が次々と生まれることになった。その第1の事例は、認証商品の保冷剤入り弁当箱 GEL-COOL[16]を使った、円山動物園の応援である。GEL-COOL 製造元の株式会社 GEL-Design では、弁当箱の蓋に円山動物園生まれの子グマ「ピリカ」の顔のイラストを印刷したものを「GEL-COO ま」として商品開発し、円山動物園への応援となるような企画・ストーリーを立てていった。例えば、ホッキョクグマが絶滅危惧種であることを踏まえて製造個数を限定したり、1個売れるごとに GEL-Design 社から円山動物園のホッキョクグマに1匹の魚をプレゼントする企画をセットした。この企画は好評で、2007年5月22日の発売から2ヶ月後の7月28日には限定2000個を完売したほか、6月30日に円山動物園で開催したお魚プレゼントイベントには、約100名の観客が集まり盛況であった。こうした取り組みは、環境保全、企業の社会的責任という点からも注目され、2008年8月に開催された環境省主催「環境広場さっぽろ2007」では「COOL に環境CSR──シロクマさんとのパートナーシップ」というタイトルで紹介された。

　「GEL-COO ま」の取り組みは、いくつものネットワークを形成した。1つめは、株式会社 GEL-Design と円山動物園のネットワークである。2つめは、

第1章　自治体のブランディング政策と地域企業ネットワーク

札幌スタイル事業の内外の企業のネットワーク形成である。「ピリカ」イラストの版権を持つ株式会社パル・コーポレーションは，これまで札幌スタイル事業とは特に関係がなかったが，この企画がきっかけとなって，株式会社GEL-Design とのネットワークが形成された。株式会社 GEL-Design の附柴社長の次のコメントからも，札幌スタイル事業が新たなネットワークを生み出しはじめていることがわかる。

　　この企画実現は札幌市経済局の方々の力なくしては実現できなかったと思います。札幌スタイル認証を受けてから1年あまり，様々なシーンで支援をいただいたことはもちろん，GEL-COO まの一件においては無理難題も決して少なくなかったにもかかわらず，期待をはるかに上回る形でご協力をいただくことができました。その結果，事業としての成功はもちろん，周囲に多くの魅力的な方々が集まり，だんだん人と人がつながり，それが新たな活動を生み，活動の結果が次の何かの原動力になるような好循環が出来つつあると思います。この起点となった「札幌スタイル」は，これからますます有益な何かを成し遂げる可能性にあふれたキーワードだと実感している今日この頃です。[17]

第2の事例は，トークショーやセミナーの開催である。2007年6月には，札幌スタイル認証商品である「さくらシート」を題材に，商品開発から製造，販売にいたる苦労話などを語るセミナーを一般向けに開催した。参加した市民からは，「『勝手に宣伝部隊』しておきますので，これからもステキな商品を生みだしていってください！[18]」といった応援メッセージが届くなど，地域企業と市民の関係が構築されつつあるのがわかる。また，2007年8月には，GEL-COOL に関するエピソードを附柴社長らの関係者が語るトークショーが開催され，札幌を中心とする企業関係者との情報共有が図られた。さらに，2007年12月と2008年1月には，「さくらシート」を題材としてマーケティングを考えるセミナーが，連続して開催された。12月には，マーケティングの

31

専門家が，開発者も参加する中で徹底的に分析するとともに，参加者からも数多くのコメントが寄せられた。1月には，大手百貨店の小売のプロも参加して，値付けの問題点などが引き続き徹底的に検討された。このセミナーで販売リスク管理の重要性が明らかになったところ，セミナーをきっかけに，早速，札幌市内企業の中から販売パートナーが見つかり，デザイン，製造，そして販売にいたるまで，地域企業のネットワークが構築された。

　第3の事例は，市民と企業や行政のネットワーク形成である。運営委員会に参加する市民が，札幌市の農業体験施設や円山動物園を利用したイベントなどの際に札幌スタイル認証商品を販売するほか，2008年2月の札幌雪まつりでは，急遽利用可能となった雪まつり会場ブースの活用方法として，自主的に札幌スタイル商品の販売や展示を提案して，実現した。ヒアリングでは，「運営委員会に参加して，それまで，行政は自分とかけはなれたものだったけど，札幌市の営業をする感覚が新鮮だった」「消費者の立場ではまだ札幌スタイルは遠い存在。……母親の立場で，お母さん向けや子供向けの商品開発に参加できるといいなと思った。認証とれるような商品を作ってみたい」と答えられている。市民が，単に消費者としてだけではなく，生産や販売にもかかわる立場で，札幌スタイル事業と近づきつつあることがわかる。

　ほかにも，市内中学校の総合学習の時間に，附柴社長らが職業教育の一環として講演を行うなど，運営委員会発足後の1年間で数多くの変化が見られた。

5　レント分析の試み

　本節では，札幌スタイルホームページ運営委員会発足後の最近の動向を主な対象として，4つのレントに基づき分析を試みる。

評判のレント

　第2節で述べた通り，地域ブランドの場合，個別企業ではブランド確立が困難なところ，地域イメージを高めることで評判のレントを得ようとする可能性

が指摘されている。しかしながら，ホームページ運営委員へのヒアリングからは，必ずしもそのようなレントを得ようとしていることは確認できなかった。

ある企業では，グッドデザイン賞の場合には，その評判を販売に直接活かすことを考えた一方で，札幌スタイルの場合には，運営委員会に参加することで，自分たちがこのブランドを育てなければならないという意識が強くなったと答えている。結果的には，札幌スタイルのブランドが確立してイメージが高まることで，個別の企業のブランド力向上につながることにはなろうが，そうしたことを意識して札幌スタイルのネットワークに参加しているわけではなさそうであった。

中央からの公式な調整のレント

このカテゴリーのレントとしては，第1に，見本市への出展があげられる。札幌スタイル事業の支援策で触れた通り，東京インターナショナルギフトショーに札幌スタイルブースとして出展することが可能となった。こうした出展は，具体的な商談等に結びつくなど，参加企業にとって得るところが大きい。

また，販売ルートの共有もあげられる。その1つめは，札幌スタイルショップである。人気観光スポットに販売拠点を確保できたことのメリットは大きい。2つめは，通信販売ルートの共有である。GEL-Design社は，楽天市場に北海道発信ライフスタイルショップを開設しており，自社製品のみならず，札幌スタイル関連企業の商品も扱っている。公式かどうかという点には留意を要するが，一参加企業であっても，中央からの調整のレントを提供できる可能性があることがわかる。

さらに，運営委員会で中核的な役割を果たしているNPO法人が，行政と企業，企業と市民，企業と企業を結びつける立場にたつことで，中央からの調整のレントを提供している可能性もある。この場合，一般的には中央に立つはずの行政が，中央からの調整のレントを受ける立場になり得るのが興味深い点である。

社会的な埋め込みのレント

　札幌スタイルホームページ運営委員会に参加している企業には，創業3年（当時）の株式会社 GEL-Design から創業45年（当時）の株式会社佐藤デザイン室や株式会社山内ビニールまで，幅が広い。長期の取引関係に基づく信頼は，地域での活動実績の長い一部の参加企業の中ではすでに醸成されている。新規参入企業については，濃密な情報共有を活動実績の長い企業と行うことで，比較的短期間のうちに社会的な埋め込みのレントを獲得できている可能性がある。

情報共有と学習のレント

　札幌スタイルホームページ運営委員会の活動は，基本的に HP 上でオープンにされていた。セミナーも公開で行われており，非メンバーを排除するものとはなっていない。このため，コールマン・レントにカテゴライズされる情報共有と学習のレントの発生は難しいものと見込まれる。しかしながら，実際には，地域の企業や市民と非排他的に情報を共有しながら学習が進んでいる。例えば，「さくらシート」を題材としたマーケティングのセミナーがそうである。一般的には，関係者間の閉じた関係の中で検討されるようなマーケティング戦略が議論されているにもかかわらず，それが単に机上の練習に終わることなく，実際の販売パートナーとの関係構築という結果にいたっている。

　本章の事例からは，情報共有と学習のレントは閉じた形のコールマン・レントに限られない可能性があることがわかった。

6　地域ブランド構築におけるネットワーク形成

　本章では，札幌市が行っている地域ブランディング政策を対象に，2008年度当時に，それが地域の企業間ネットワーク構築にどのようにかかわるかを，西口編著（2003）のレント分析の枠組みを用いて分析した。その結果，これまでの地域ブランド研究でその重要性が確認されつつあった，地域企業間のネットワーク形成に結びついていることを確認することができた。

本章の学問的な貢献としては，第1に，これまでの地域ブランド研究では必ずしも明らかにされていなかった地域ブランド構築におけるネットワーク形成を詳しく分析した点にある。第2に，西口編著（2003）のレント分析が必ずしも当てはまらない可能性があることを示した。具体的には，情報共有と学習のレントが，開かれたネットワークでも機能している点である。

本章の経済政策的な含意としては，地域ブランド政策の立案・実行に際しての，地域企業等のネットワークに着目することの有用性を示したとともに，地域ブランドに関するネットワーク分析においても，レント分析の枠組みを用いることで，ネットワークのあり方や特徴を把握できる例を示した点にある。

本章で，上述の通り一定の成果を上げることができたが，残された研究課題も多い。例えば，地域ブランドを構築することによって地方自治体が得るレントに関する分析である。本章では，地域企業ネットワークへの参加者として，地方自治体を主に位置づけていた。しかしながら，地域ブランドが形成されることで，参入企業の増加等によって土地代の上昇等がもたらされる場合には，地方税収増などにより，地方自治体がレントを得ることが可能となる。地域ブランド構築と地方自治体のレントの関係については，本章が依拠した4つのレント以外にも，経済的なモデルの検討を含めて，さらに検討することが必要である。また，札幌スタイル事業は継続しているが，分析を行った2008年度時点から進化している。その後の変化も考慮した分析が求められる。

補論1　地域ブランド政策でのNPOの役割

第1章本論で取り上げた札幌スタイル事業においては，市役所から独立したNPO法人が関与することで，市役所内の連携，地域企業間の新たな連携構築が進んだ。補論では，このようなNPO法人が関与することで，札幌スタイルをめぐるネットワークがどのように変容したかについて論じる。図1-1が関係主体の従来のネットワークを示し，図1-2は変容後のネットワークを示す。

従来から，札幌スタイルに関する情報発信は，市役所の公式HPで行われて

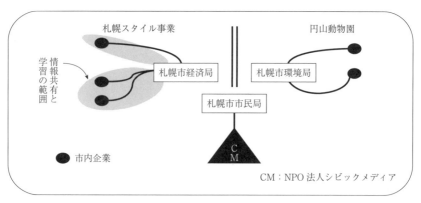

図1-1　従来の札幌スタイルを巡るネットワークと情報共有

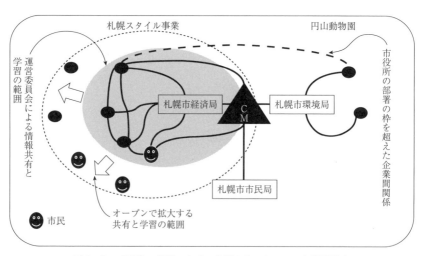

図1-2　変容後の札幌スタイルを巡るネットワークと情報共有

いたが，市役所担当職員の手による，他の経済局事業と同様のものにとどまっていた。これに対して，2006年には，札幌スタイル事業の全体像の把握が難しいと同時に，事業の浸透が低いという問題に対応するために，「ウェブシティさっぽろ」内でも同事業のコーナーを設けて，市民による情報発信を開始した。

当時，「ウェブシティさっぽろ」では円山動物園に関する情報発信を行って

いることもあって，2007年2月には，同園において，札幌スタイル認証商品「折りたたみ木のそり」のプロモーションを行い，動物園の集客増を図るイベントが開催された。外部のNPOが異なる部署の事業に関与することで，市役所内にある構造的空隙を埋めた例として見ることができる。

同年5月には，札幌スタイル事業の新たなHPを運営する委員会（札幌スタイルホームページ運営委員会）が市役所に設置された。同委員会は，市役所，事業者，NPO法人シビックメディアおよび市民で構成され，関係者の協働，情報共有，新たな連携を目指した。新たなHPによる情報発信および同委員会が札幌スタイル事業をめぐるネットワークに及ぼした影響を4点指摘する。

第1に，市役所，事業者および市民の間で，札幌スタイル事業の目的などについて情報共有と学習が進んだ。以前は，経済局と企業の間で個別に情報共有されていたが，異なる企業や市民との間にもネットワークが構築され，個別の商品を超え，札幌スタイルそのもののブランド形成に結びつくようになった。

第2に，「ウェブシティさっぽろ」，「札幌スタイル」HPで公開することを前提に情報共有と学習がオープンな形で進んだ。西口編著（2003）では，コールマン・レントとして位置づけられているが，ここでは，オープンな参加者によって進められた。具体的には，前述の委員会への退出・参加が比較的柔軟に行われたほか，広く事業者や一般市民に開放されたトークショーやセミナーの形で，札幌スタイルやその商品についての検討が行われた。

第3に，新たな企業間ネットワークが構築された。以前は，個々の商品に関連する企業のネットワークは独立していた。しかし，新たな情報発信に取り組む中，ある企業（株式会社Gel-Design）のインターネット販売サイトを，他の企業も共有するようになった。また，円山動物園にのみに関係していた企業が，市役所を介在して札幌スタイルの企業の新商品開発「Gel-Cooま」に協力した。市役所の異なる部署が連携することで，新たな地域企業間連携が実現した（図1-2の点線部分）。

第4は，市民と企業の間のネットワーク形成である。2008年2月の札幌雪まつりで急遽利用可能となったブースで，市民が自主的に札幌スタイル商品の

販売・展示を行ったほか，札幌スタイル関係企業が市内中学校の総合学習で職業教育の一環として講演を行うなど，市民と地域企業の間にも新たなネットワークが形成された。

　第2節で述べた4つのレントに則して，札幌スタイル事業に関する地域企業，市役所，市民によるネットワークの特徴を整理する。第1の評判のレントでは，先行研究とは異なり，個別企業で確立困難なブランド力を札幌スタイルに依存するようなことは確認できなかった。第2の中央からの公式な調整レントでは，従来，経済局のみが中央機関として機能していたが，新たな情報発信に取り組み出した頃から，NPOが中核機関として機能することがわかった。NPOが市役所内の構造的空隙を埋め，それにより，地域の企業間ネットワークがさらに発展した。第3の社会的埋め込みや第4の情報共有と学習のレントに関しては，HPでの情報発信，公開での議論，参入退出が容易な運営委員会などを通じることで，先行研究とは異なり，オープンな形で進められた点に特徴がある。

　第1章では，自治体のブランディング政策である札幌スタイル事業について事例研究を行い，市役所外部のNPO法人が関与することで，地域企業等のネットワークおよび情報共有のあり方がいかに変容するかを明らかにした。具体的には，地域ブランド研究分野にネットワークのレント分析を適用することで，評判のレント以外にも多様なレントが実現することを示した。政策的含意としては，情報共有・発信に際して，市役所外部のNPOが構造的空隙を埋めるように機能することで，市役所内の部局間連携を促進することや，オープンな情報共有がネットワークの拡大につながりうることを示した。

補論2　価格設定の考え方資料が出来るまで，そしてその反響

　札幌スタイルHPには，価格設定の考え方を紹介するページが掲載されている（図1-3）。この資料は，これから商品を企画開発したい人やすでにつくった人に特に一度は見て欲しいポイントとして，作り手から送り手，買い手に届くまでの各過程に係るコストを説明しているものだ。製造や販売部分に係る原

第**1**章　自治体のブランディング政策と地域企業ネットワーク

販売価格の内訳例

一般的な雑貨の販売価格に含まれる費用内訳を、わかりやすく単価1,000円の商品を例にみてみます。価格設定の参考としてください。

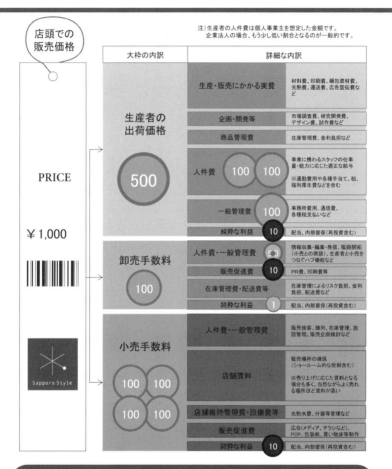

図1-3　札幌スタイルでの価格設定の考え方

出所：札幌スタイルHP掲載「価格設定の考え方」より転載。(http://www.city.sapporo.jp/keizai/sapporo-style/info/price-setting.html)

価計算については詳しい解説書があり，プロがいると思うが，俯瞰的に見ることが出来る資料というのは意外となかったように思われる。小売価格1000円で想定したときの販売価格の内訳をまとめた絵も載せ視覚的にも理解してもらえるようになっている。この補論2では，この資料が出来るまでの経緯とその反響について，筆者が札幌市役所で札幌スタイル事業を担当した経験から紹介する。

この資料をつくるきっかけは，さくらシートという製品だった。さくらシートというのは，花見にブルーシートの「青」が許せなかったデザイナーの実際の景色から色を分析して配色するレジャーシートというアイデアに共感したメーカー担当者が，実際に仕上げ製造した「景観に溶け込むレジャーシート」である。ブルーシートに対抗して新しい考え方を提案する製品なので，万人受けはしないかもしれないが，それでも全国各地で販売の輪が広がっている製品である。

さくらシートは，札幌市経済局がセミナーやワークショップの場で，企画から発売に至った背景や，販売後に何が起こったのかをすべて公開した。その場において，関係者は「価格設定」が失敗していたことを認め，価格設定の見直しに踏み切ったというエピソードがある。

価格設定の失敗の背景には次の事情があった。一般流通に載せる製品開発を一度もしたことがなかったメーカーとデザイナーは，「流通」の存在をまったく忘れてしまい，流通に流したくても流通関係者に一切手数料を払えない金額に設定してしまった。また，企画意図としてブルーシートに対抗したいあまり，ブルーシートと価格面でも戦えるよう，低く抑えてしまった。さらに，消費者にいくらなら買うと聞いてまわったら，タダか安い価格しか言われなかったという経験もしていた（ここから消費者には値段を聞くなという学習もできた）。さらに，メーカーは既存の営業ルートは持っていたものの，さくらシートを売るのにふさわしい流通との取引口座をまったく持っておらず，既存の仕事に加え，新規の営業開拓をすることに無理が出ていた。そのため，ワークショップに参加していた仕事の取引先でもある仲間が，さくらシートの販売代理店を担うこ

とを決意したこともあり，流通関係者に手数料を払えるよう値上げに踏み切った。実際に，1300円から2100円に値上げ後，さくらシートは値上げ前より売上が伸びた。ただ，値上げに勇気を持てず，本当にしたかった金額にしなかったため，さらに1年後再値上げを行い，オープン価格で実勢価格としては2500円前後になった。

　このさくらシートの価格をめぐる一連の動きをずっと観察してきた私たちは，「さくらシート」が特殊な事例とは思えず，札幌スタイルの関係者や市内の企業は同じような状態じゃなかろうかと推測していたし，事実，実際にそういう事例があることが情報として入ってきていた。また一方で，いわゆる「作家」のなかには，本人がかけた手間ひまの割には生活していけるような収入をちゃんと得ている人が少ないらしいということもわかってきた。

　せっかく苦労して作ったのに売っても利益が出ない，売れる可能性があるけれども，まったく流通関係者に手数料を払う感覚がないから販路が広がらないなんて，もったいない。きちんと売って儲けを得て生活していけるように，または新たな開発をする余裕や雇用が生まれるように，理解してもらえるような資料を作れないだろうかというところから，価格設定の考え方をまとめる勉強会を始めた。

　勉強会では最初に，さくらシートの関係者に製造開発販売の関係書類を全部提供していただき，その内容を中小企業診断士がすべて項目を整理した上で抽出し，計算しなおすところから始まった。その結果，実勢価格の2500円だと，商品在庫の利息やさくらシート再生産のための費用がまだ計上されきれておらず，本当であれば3000円という価格が適正だという結果が出た。この経験から，つい見逃されがちなコストも積み重なれば無視できないことを実感するとともに，必要項目の抽出と項目間のバランス決めを，ヒアリングしながら進めていった。

　当時NPO法人シビックメディアの専務理事で，札幌スタイルホームページ運営委員会で編集長をしていた杉山幹夫さんは，一連の学習会の企画をし，生産と流通の経費がすべて入った価格表を作るように提案した。そして，勉強会

の進行と併せ、杉山さんは何度も何度もその内容を、札幌スタイル認証製品を持つ企業等に語り続けた。そうするとそれに呼応するように、価格改定を行う事例が続出したのだ。

　最初に反応したのは、フェルトバッグの作家の丹治久美子さんだった。彼女は2万9800円を5万8800円に上げた。それでも最初は値上げ幅をもっと小幅に設定していたが、杉山さんが彼女に再度ヒアリングを丁寧に行い、5万8800円に踏み切った。杉山さんが彼女に聞いた項目は次のようなものだった。「あなたは月収いくら手取りで欲しいのか」「そのバッグを作るのにかかる日数は何日か」「原材料価格はいくらか」あとは足し算割り算をしてみせて、割に合わない価格であることを実感させたのだった。彼女は約2倍に上げることに相当勇気を使ったが、改定後に望んだデパートとの商談も無事決まり、その後も人気セレクトショップでも扱われるなど、商談自体がきちんとまとまるようになった。ただ、後日あらためて原価の再計算をすると、本当はもっと高くしなくてはならないことが判明したが、すべてひとりの手仕事で仕上げるバッグとは別に、量産できるデザインのラインを考えようとしていた彼女は、逆に確信を持って量産ラインを検討できるようになったのだった。

　一番面白く変化した事例が、フロストピラーというキャンドルを作る作家の福井優子さんだ。フロストピラーは凛とした冬のイメージで作られるキャンドルのシリーズ。青白い四角錐型で中に小さなキャンドルのかけらが入ったり、絵付けがされるなどひとつひとつ表情が違う。札幌スタイル認証製品となって以降、メディアで紹介される機会も多く、その人気は年々高まってきている。ところが、フロストピラーは福井さんの手でないと絶対作れないデザインで、制作に手間がかかる。注文は増えていく一方で、1日20本しか作れないし売上もあまり伸びないため、作ることに疲れ果てていた。そんな折に杉山さんの語りをしっかり聞いた彼女は、自分でコスト等を再計算し、2週間後には価格を改定すると宣言した。ただ、改定価格を小売や卸と相談しないで自分だけで決めてしまったため、最初混乱が起こり、価格が二転したが、無事2ヶ月後から1300円から1890円に値上げを行った。彼女は改定にともない、お客様への

メッセージポストカードを用意し，パッケージにおいてもどういう想いでこのキャンドルを作っているのか伝わるよう改善した。改定以降，お客様から一度も値上げについて不満を言われることはなく，むしろ売上が伸びたのだ。

さらに彼女は次の手を打っていた。フロストピラーの原価を計算したときに，自分しか作れないフロストピラーの売上だけで生活していくのは厳しいことを実感し，生産を外注できるデザインのキャンドルを2種類新たに企画したのだ。1種類めの氷の蝶はフロストピラーと同じ1890円，もう1種類めのフロストフラワーは525円と，価格帯に差をつけた。その一方で，完全受注生産型の3万円台の高級キャンドルも企画し，一気に彼女のブランドの中に「高級ライン」「定番ライン」「廉価ライン」が出来上がった。販売する立場の人に聞くと，製品のデザインだけでなく価格帯にバリエーションがあると，ものは売れやすいというが，事実，フロストピラーに氷の蝶とフロストフラワーが加わったことで，お客さんの選ぶ選択肢が増え，売上が伸びている。また，生産を外注できるということは，新たに雇用を生む可能性があるということで，彼女は原価計算の見直しによって，彼女だけの個人活動からマニュファクチュアへの転換を目指す第一歩を踏み出したのだった。

この一連の過程を見守ってきて最も痛感したのは，立場が異なると，お互いに常識だと思っていることが，相手にとっては違うということだ。送り手，届け手の企業は，手数料を受け取って物を流し販売するのは，生きていくために当然と考えているが，作り手は「手数料」が発生するということ自体を知らなかったり，手数料を払うなんてバカらしい，もしくは手数料は「とられるもの」と思っていたりする（私自身，恥ずかしながらそうだった）。あとから自分自身でいろいろな企業の方のお話を聞き，勉強するにつれて，作ることにもプロがいるように，在庫管理や小売への企画提案のプロ，販売のプロがいるとわかっていくと，ものがたくさんの人の手を経由していくことでお金も廻るようになり，波及効果を生み出すと，身をもって理解できるようになった。そうなると，手数料はとられるものではなくて，払うことで煩雑な業務を代わりにやってもらうことが出来たり，コストを負担してもらうために必要なものだと，考

え方を転換することが出来た。原価計算の勉強をすることで，どうして経済がうごくのかという基本的な概念を実際の体験で身をもって理解してもらえるきっかけが眠っている。

　そして「さくらシートの一番最初の価格設定」事件を引き起こした原因である考え方として，値段を安くすればモノは売れる，もしくはなるべく安くなくてはならないと，強迫観念のように思っている作り手が多いということを実感させられた（自分の原価に見合っていなくても）。札幌スタイル認証製品に限って言えば，札幌で企画され，地元の材料などを使いながら道内で作られていることが多いため，どうしても生産に係るコストがかかるのは当然の話だと思われる。手間ひまかかった製品だからこそ，ストーリーを売る努力，その労力ゆえにその価格になることを納得させるようなプロモーションを相当していかないと売れていかないと思うが，ストーリーを売る努力よりはまず価格で勝負してしまうようだ。そして流通できない製品になったり，流通はしていても，売れば売るほど利益がまったく出ない製品になってしまったりする。地元百貨店の企画担当者に聞くと「道内の作り手は物の値段を安くしすぎて損している人が多い」という。だからこそ，価格を改定してもきちんと商談が出来たり，売上が落ちなかった札幌スタイル認証製品の事例は，似たような課題を持つ人の背中を後押し出来る力があると思うのだ。

謝辞
　本章本文と補論1の執筆に当たっては，石崎氏をはじめ札幌市役所経済局職員（当時）の方や札幌スタイルホームページ運営委員会委員の方には，多忙な中，ヒアリングにお答えいただくなどご対応いただいた。ここに記して感謝申し上げる（田中・杉山）。

第1章　自治体のブランディング政策と地域企業ネットワーク

注

(1) 本章の本論は，2008年5月に開催された日本経済政策学会全国大会での報告に基づいて田中秀幸と杉山幹夫が執筆したものである。なお補論1は田中秀幸と杉山幹夫が田中・杉山（2009）に加筆修正して執筆，補論2は石崎明日香執筆。

(2) 地域ブランドに関する国の政策としては，中小企業施策として，2007〜08年度にかけて，地域ブランドアドバイザー派遣事業や地域ブランドフォーラム開催事業が進められたほか，JAPANブランド育成支援事業が2004年度以降進められ，事業者への補助金交付等の支援策が講じられている。また，最近の地域ブランドには，食と暮らしに注目されることが多いこともあり（関 2007），農林水産施策として，2007年から「食と農林水産業の地域ブランド協議会」が立ち上げられ情報交換・交流の場が設けられるようになっているほか，2008年度には農林水産物・食品地域ブランド化支援事業などが講じられるようになっている。また，2006年4月から施行された地域団体商標制度（商標法の一部を改正する法律）によって，地域名と商品名からなる商標が早い段階で商標登録を受けられるようになったことも，近年の動向に影響を与えている（清水 2007）。

(3) 事例研究に基づき，中嶋（2005）は，地域ブランドに関する新しい学問領域を打ち立てようと論考するほか，斉藤（2007）は，フードシステム論の視点から，食品産業と農業の連携について論じている。

(4) 日本の中小企業のネットワークに関連する議論としては，ここで取り上げるレント分析以外にも，固いネットワークとゆるやかなネットワークの共存の視点（小川 2000），同業者間ネットワークと異業種間ネットワークの視点（前田 2005）のほか，企業間信頼関係の視点（若林 2006）などをここでの事例研究に適用することで，より分析を深化させる可能性のあるものがある。

(5) 札幌スタイル事業の概要（2008年度）については，2008年当時の札幌スタイルホームページのほか，札幌市経済局産業企画課ブランド推進担当係からのヒアリングによる。

(6) 参考：Made in 札幌グランプリ事業HP（当時）による。

(7) 2013年11月時点では，札幌スタイルの目的は，「札幌のまちのブランド力を活かし，さまざまな企業や人材が連携してビジネスを生み出していく，ネットワーク型の産業を育て」るとしている。また，同時点で札幌スタイルを構成する事業は，①札幌スタイル認証，②札幌スタイルショップ，③札幌スタイル・ショーケース，④ホームページによる情報発信，メディア露出を活用したPR支援となる。札幌スタイル・デザインコンペティションおよび札幌スタイル・デザイン開発プロジェクトは終了している（以上，札幌市ウェブサイト，札幌スタイルの「事業の目的と概要」https://www.city.sapporo.jp/keizai/sapporo-style/gaiyou.html, 2013.11.）。

(8) 参考：札幌スタイルHP記事（当時）。

⑼　例えば，2007年12月には，認証企業社長からの提案により，クリスマスキャンペーンの際，上田市長（当時）がサンタクロースの格好をして，積極的にPRしている。参考：「ウェブシティさっぽろ」記事（当時）。
⑽　参考：札幌スタイルHP記事（当時）。
⑾　参考：札幌スタイルHP記事（当時）。
⑿　「ウェブシティさっぽろ」のURL：http://web.city.sapporo.jp/（当時）。
⒀　「ようこそさっぽろ」のURL：http://www.welcome.city.sapporo.jp/，2016.12.1。
⒁　「ウェブシティさっぽろ」及び「ようこそさっぽろ」のアクセス数は事業評価調書（http://www.city.sapporo.jp/somu/hyoka/kekka/index.html，2016.12.1），市役所のアクセス数については市役所サイト（バナー広告募集案内，当時）のデータに基づく。
⒂　参考：「ようこそさっぽろ」記事（当時）。
⒃　2007年5月時点で4万個以上の発売実績を持つ，札幌スタイル認証商品。
⒄　「ウェブシティさっぽろ」記事（2007年8月31日）。
⒅　「ウェブシティさっぽろ」記事（2007年7月12日）。

文献

アーカー，D. A., 1994, 陶山計介・尾崎久仁博・中田善啓・小林哲訳『ブランド・エクイティ戦略――競争優位をつくりだす名前，シンボル，スローガン』ダイヤモンド社。

Burt, Ronald S., 1992, *Structural Holes : The Social Structure of Competition*, Harvard University Press.（＝2006, 安田雪訳『競争の社会的構造――構造的空隙の理論』新曜社。）

地域活性化統合本部会合, 2008,『地方再生戦略』。

中小企業基盤整備機構, 2005,『地域ブランドマニュアル』。

Coleman, James S., 1990, *Foundations of Social Theory*, Harvard University Press.

北村大治・林靖人・高砂進一郎・金田茂裕・中嶋聞多, 2006,「地域ブランド構築の実践的事例：塩尻地域のブランド化への取り組み」『地域ブランド研究』vol. 2：75-96。

Kogut, Bruce, 2000, "The Network as Knowledge : Generative Rules and the Emergence of Structure," *Strategic Management Journal*, 21：405-425.

湖中齋・前田啓一・粂野博行編, 2005,『多様化する中小企業ネットワーク――事業連携と地域産業の再生』ナカニシヤ出版。

小西勝, 2006,「小布施ブランド戦略の概要」『地域ブランド研究』vol. 2：57-74。

粂野博行, 2005,「中小企業の『ネットワーキング』」湖中齋ほか編『多様化する中小企業ネットワーク』ナカニシヤ出版, 29-48。

第1章　自治体のブランディング政策と地域企業ネットワーク

前田啓一，2005，「地場産業の新たなネットワーク形成——異業種コラボレーションの模索」湖中齋・前田啓一・粂野博行編『多様化する中小企業ネットワーク——事業連携と地域産業の再生』ナカニシヤ出版，49-72。

村山研一，2007，「地域ブランド戦略と地域ブランド政策」『地域ブランド研究』vol. 3：1-25。

中嶋聞多，2005，「地域ブランド学序説」『地域ブランド研究』vol. 2：33-49。

西口敏宏編著，2003，『中小企業ネットワーク——レント分析と国際比較』有斐閣。

小川正博，2000，『企業のネットワーク革新——多様な関係による生存と創造』同文館。

及川孝信，2006，「新しい時代に向けた地域産業マーケティング——九つの地域にみる共通要因とロングセラー戦略」関満博・及川孝信編『地域ブランドと産業振興』新評論，209-245。

斉藤修，2007，『食料産業クラスターと地域ブランド——食農連携と新しいフードビジネス』農文協。

札幌スタイル・デザイン会議，2007，『札幌スタイル推進戦略——札幌のクリエイティブな資源活用による産業振興に向けた提言』。

関満博，2002，「新しい時代の地場産業」関満博・佐藤日出海編『21世紀型地場産業の発展戦略』新評論，231-239。

関満博，2006，「地域ブランドの時代」関満博・及川孝信編『地域ブランドと産業振興』新評論，11-24。

関満博，2007，「地域産業おこしと『食』」関満博・遠山浩編『「食」の地域ブランド戦略』新評論，11-22。

関満博・足利亮太郎編，2007，『『村』が地域ブランドになる時代』新評論。

関満博・及川孝信編，2006，『地域ブランドと産業振興——自慢の銘柄づくりで飛躍した9つの市町村』新評論。

関満博・遠山浩編，2007，『「食」の地域ブランド戦略』新評論。

関満博・財団法人日本都市センター編，2007，『新「地域」ブランド戦略——合併後の市町村の取り組み』日本経済新聞出版社。

島田晴雄・NTTデータ経営研究所，2006，『成功する！「地方発ビジネス」の進め方』かんき出版。

清水浩和，2007，「合併市町村を取り巻く環境と課題」関満博・財団法人日本都市センター編著『新「地域」ブランド戦略』日本経済出版社，12-33。

田中秀幸・杉山幹夫，2009，「自治体のブランディング政策と地域企業ネットワーク」『経済政策ジャーナル』vol. 6, no. 2：72-75。

若林直樹，2006，『日本企業のネットワークと信頼——企業間関係の新しい経済社会学的分析』有斐閣。

インタビュー一覧（ヒアリング等）

組織名	役職等	人名（敬称略）	日付	聞き手
札幌市役所	経済局産業振興部産業企画課	石崎明日香	2007/7/19	田中秀幸, 杉山幹夫
			2008/3/29	杉山幹夫
	（前）産業企画課	望月澄輝	2008/3/29	杉山幹夫
(株)佐藤デザイン室	デザイナー	佐藤ゆうこ	2008/3/8	杉山幹夫
(株)GEL-design	代表取締役社長	附柴裕之	2008/4/11	杉山幹夫
山内ビニール加工(株)	営業部部長	山内浩二	2008/4/24	杉山幹夫
北海道子連れプロジェクト		平島美紀江	2008/4/18	杉山幹夫

第2章

地域における芸術創造のダイナミクス
――「京都芸術センター」の演劇人の実践を事例に――

渡部春佳

1 地域社会の中の文化施設と芸術家

　日本の地域における，人々の文化芸術活動の鑑賞・制作にとって，自治体の提供する文化施設は重要な位置を占めてきた。本章は，そのような地域の文化活動の場である公立文化施設に注目し，市民自治という観点から，地域の芸術文化を通じた価値形成のプロセスを明らかにしたい。具体的には，事例研究という方法をとり，地域で活動する芸術家が公立文化施設をどのように活用することで継続的な芸術の創造が可能になっているか考察し，地域における芸術家や芸術活動を活用した都市アイデンティティ形成の条件を明らかにする。公立文化施設に関しては，これまでに「市民自治」の観点から見た規範的・実証的研究がなされてきた。市民自治とは，自律的な市民の自治により市民文化を形成すべきとする理念である。それに基づくと，市民文化の実現された社会に生きる芸術家の文化的に生きる権利は，「市民の文化的に生きる権利の最先端に存在する」と指摘されている（中川 2001：33）。しかし，芸術家の自治に焦点を当てた実証的研究は多くない。

　そこで，本章では京都市の文化施設「京都芸術センター」を事例に，地元芸術家に焦点を当て，その実践を描き出すこととする[1]。京都芸術センターは，若い芸術家の活動拠点となることを目指し，芸術家の制作を支える京都市の公立文化施設である。同施設は，総合的な芸術の振興を目的としているが，演劇の

分野に目を向けると，設立時から全国的に著名な演劇人を輩出していることがわかる。[2]

　ここで，以下の本章の構成を示す。まず，第2節で対象とする公立文化施設の定義の確認を行う。そして先行研究のレビューを行い，本章の研究方法を示す。続いて第3節で事例研究の結果を示す。まず対象とする京都芸術センターの概要を確認した後に，京都芸術センターの設立から，その後10年の間に，どのように地元演劇人が自治を達成していったかを描き出す。最後に第4節で，京都芸術センターにおいて芸術文化の創造が可能になった条件をまとめ，本事例から得られた知見を生かすための今後の課題を述べる。

2　市民自治の観点から見た公立文化施設研究

公立文化施設をめぐる問題

　本章で対象とする公立文化施設について，定義と，その問題の所在を示す。公立文化施設は，地方自治法第244条に記載された「公の施設」すなわち「住民の福祉を増進する目的をもってその利用に供するための施設」のうちの，特に芸術文化の振興を目的とした施設である。そして，公立文化施設は，芸術文化の中でも特に，舞台芸術の公演・鑑賞を目的とするものを指している。同じ「公の施設」である自治体の所有する博物館・美術館には，「博物館法」のような根拠となる法律があるが，公立文化施設には長らく存在せず，その機能については，各自治体が条例で制定してきた。

　公立文化施設は，1970年代に開始した全国的な文化行政運動の動きと並行して，70年代から80年代にかけて数多く設置された。しかし，文化行政は，自治体にしばしば感性重視と捉えられ，運動が理念としていた市民自治と総合行政を目指す「行政の文化化」という視点を見落とされることとなった。それを如実に表していたのが公立文化施設であり，それらは，演劇人にとって使いづらい設備や規則，専門知識を持つ職員の不足といった問題を抱え，「ハコモノ」と呼ばれていた（森1991）。そのため公立文化施設は，地域のニーズに沿

った自主事業を展開する力を持たず,大都市部で制作された舞台芸術を専ら鑑賞する場となり,結果的に芸術の中央偏在を塗り替えられずにいた。そのような状況に対し,昨今では,地方分権の推進,指定管理者制度の導入や劇場法の制定を受け,公立文化施設の運営主体や基本方針の見直しが図られている。実際,いくつかの文化施設では,独自の事業展開により,施設を拠点とした芸術の発信を行っている様子が報告されている。

市民自治の観点から見た公立文化施設研究

　上記のような公立文化施設の抱える問題に応え,政治学者の松下圭一や行政学者の森啓は,早い段階から中央集権的な地方統制スタイルを問題視し,行政のすべての分野に文化の視点を投入するという観点から,文化行政が踏まえるべき市民自治の理念を発展させてきた（松下 1981；1987；森 1988 など）。中川幾郎は,その流れを受け,現在までの文化政策研究の蓄積を踏まえ政策体系モデルを提示している（中川 2001）。中川によると,文化行政の次元は,「市民文化の活性化」「都市文化の創造」「行政の文化化」の3つの次元に分類される（表2-1）。これは,順に文化行政にかかわる3つの主体である市民,都市,行政に対応し,さらにそれぞれが文化的営みの表現,コミュニケーション,学習・開発・蓄積という3つの側面を組み合わせた,自治体文化政策の9つの戦略視点である。中川のマトリスクは,あまりに都市型生活の理想形を先取りしたものではあるが,いずれの戦略分野においても,「表現→コミュニケーション→学習・開発・蓄積」のサイクルが意識されるべきだという点は,公立文化施設の活用においてもあてはまるだろう。

　このような規範研究の他に,個々の公立文化施設を対象とした実証的研究は,特に市民という主体に焦点を当て,他の主体とのかかわりを見ながら,市民自治のありようを描きだしている。研究は,その着眼する時期から,設立以前の理念形成,設立後の運営,さらに事業展開の3つに大別することができる。

　まず,理念形成に焦点を当てた研究は,文化施設のそもそもの存在意義を決定する過程に,市民が参加することの意義を明らかにした。例えば,清水・加

表2-1　自治体文化行政の基本戦略マトリクス

文化活動 戦略分野	表現（あらわす）	交流（まじわる）	蓄積（ふかめる）
	表現, 演劇, 発表, 発信, パフォーマンス	参加, 交流, 批評, 交換, コミュニケーション	学習, 開発, 鑑賞, 研究, 蓄積, 受信, ストック
市民文化の活性化	市民の表現の機会・場の提供	市民交流, 市民参加の場・機会の提供	市民の研究, 学習, 鑑賞機会・場の提供
地域・都市文化の創造	地域の都市情報の発信	地域間交流の推進, 都市間交流の推進, 国際交流の推進	水・緑の保全, 都市デザイン・景観の整備, 地域・都市の文化財, 文化・学術情報, 文化・学術装置の蓄積
行政の文化化	行政風土, 行政表現の改革, 情報公開	自治体間交流の推進, 職員と市民の交流, 行政部局間交流の推進	政策研究蓄積, 技術開発研究推進, 職員研修の推進

出所：中川（2001：39）。

藤裕之や龍元らのような定量的な研究，松本茂章をはじめとした定性的な研究が見られる（清水・加藤 2006；龍ら 2006；松本 2005；2011）。清水・加藤や松本が，意思決定への参加の重要性を実証している一方で，龍らは，意思決定への円滑な参加を妨げる行政と市民間の情報の不均衡といった問題についても言及している。次に，運営形態に関しては，民営化や指定管理者制度の導入といった制度上の改変が，事業の効率性重視の傾向をもたらし，必ずしも地域内外での連携や積極的な事業展開を生み出さないことが指摘されていることの実証が求められている（中川 2004；2005）。古賀弥生は，行政・民間組織・NPO等多様なアクターが，それぞれに持つ機能を発揮することや，アクター間の連携の効果や可能性を指摘している（古賀 2004）。最後に，事業展開に関しては，従来の鑑賞型事業に対して，市民の積極的な参加を促す創造型事業が地域にネットワークをもたらす効果を実証する河口淑子・多治見佐近の研究や，創造地域に新しい対話や価値をもたらす可能性を指摘する曽田修司の研究がある（河口・多治見 1999；曽田 2006）。これらの研究は，文化施設が，事業展開において「顕在的なディマンド」に留まらず，「潜在的な市民のニーズ」を発掘することの意味を実証している（中川 2001：134）。

このように，先行研究では，文化施設の設立・運営の段階に応じて，広く市民自治の観点からの研究がなされている。特に，創造に着眼した研究では，市民に「共感」をもたらす芸術に可能性を見出し，市民の創造型事業への参加や連携を促す意義を指摘するものが見られる。しかし，創造の担い手である芸術家に焦点を当て，その参加や連携が市民文化の形成に対して与える効果を実証する研究はほとんど見当たらない。今後の課題は，市民のうち特に芸術家の参加や連携，さらには表現や交流，蓄積といった活動が，市民文化の形成に対してどのような意義を持っているのかを実証することだといえる。

本章の視座と研究方法

以上の問題意識を受け，本章では，特定の公立文化施設を対象に，事例研究を行う。ここで対象とする「京都芸術センター」は，閉校した元明倫小学校の校舎を利用して 2000 年に開館した，京都市の公立文化施設である（図 2 – 1）。京都芸術センターは，芸術を通したまちづくりの成功例として，国に表彰されたり，メディアに取り上げられたりするなど，各方面の注目を集めている[3]。また，特に現代演劇の分野では，受賞者を輩出するなど演劇人の自律化をある程度実現しているといえる[4]。京都芸術センターを対象にした松本茂章の研究は，主に設立以前の政策策定段階の，市民と行政の協働の様子を明らかにし，ハコモノ行政とは異なる文化行政を描き出したが，その設立前後に見られる芸術家のアイデンティティの変化に焦点を当てたものではなかった（松本 2005：2011）。そこで，本章では，なぜ京都芸術センターが 10 年以上もの間，芸術家の自律化を促す場として機能してきたのかを，設立から現在までの施設の運営方式や事業展開，施設への芸術家の関与のあり方を見ることで明らかにしていく。

その方法として，本章は，芸術を「制度」や「組織」，「技術」の中で，組織間で共有される「価値」や「意味」の影響を受けながら，社会的に構築されていくものとして捉える[5]。以降では，このような視座に立ち，演劇に関する政策や整備に動員された資源やアクターを整理していくこととする。調査方法は，主に松本茂章の先行研究をはじめとする文献調査および筆者が 2011〜2012 年

図2-1　京都芸術センター
出所：筆者撮影。

に行ったインタビュー調査による。具体的には，京都市・京都芸術センター内の資料の収集と京都市・京都芸術センター・京都舞台芸術協会の職員への半構造化インタビューにより，芸術センターの設立の経緯および概要を把握し，メディアで報道された演劇人の発言および，京都市を活動拠点とする演劇人への半構造化インタビューによって，演劇人の参加や創作の動向を整理した。[6]

3　京都芸術センターを対象とした事例研究

都市と文化行政の中での京都芸術センター

　京都芸術センターの所在する京都市は，人口138万7264人の政令指定都市である。[7] 同市は，関西大都市圏に位置し，大学数は37校と政令指定都市内では最も多い。また同様に芸術系大学も10校と最も多く，学生の文化活動のさかんな都市といえる。さらに京都造形芸術大学には舞台芸術学科が存在し，大学内にも劇場が整備されており，このような環境は全国的に見ても珍しい。

　京都芸術センターが位置するのは，京都市の産業や交通の中心である中京区であり，阪急電車烏丸駅と地下鉄四条駅に近くアクセスもよい。また京都芸術

表 2-2　京都芸術センター略年表

年月	出来事
1993年　3月	明倫小学校閉校
1995年　5月	元明倫小学校を「芸術祭典・京」で使用する
1996年　6月	京都芸術文化振興計画策定
1997年　2月 　　　　10月	京都市都心部小学校跡地活用審議会 芸術センターの試行事業として， 元明倫小学校で「アートアクション京都」実施
1998年　10月 　　　　11月	京都アートセンター検討委員会報告書提出 アートセンター整備計画策定
1999年　1月 　　　　5月	整備工事着工 京都芸術センター条例制定
2000年　4月	開設
2008年　4月	指定管理者制度導入，財団法人京都市芸術文化協会が管理運営受託

出所：京都芸術センター（2011）より筆者作成。

センターのある地域は，実質的な自治単位である学区区分では元明倫学区に位置している。元明倫学区は，祇園祭を受けつぎ，芸術・文化への造詣が深いまちと評されている。同施設は，その学区の自治と教育の中心であった明倫小学校を改装して設立された。

次に，京都芸術センターの市の自治体文化政策上での位置づけを確認しておこう。同施設は，1996年からその具体的機能を盛り込んだ「京都市芸術文化振興計画」の策定が開始し，1997年，元明倫小学校を文化事業に使用する試みを経て，2000年に開館した（表 2-2）。元明倫学区は，2008年時点において人口2777人で年々増加傾向にあるが，設立以前は，人口流出やそれにともなう廃校の増加が問題視されていた（京都市 2007）。

そのような中で設立された京都芸術センターは，即時的には都心部の形骸化に歯止めをかけ，長期計画的には「文化首都」としての京都市のイメージを向上させるという意図を持っていた（京都市 1996；2007）。もちろん，学区民にとっては，京都芸術センターの設立によって思い出深い学び舎を残すという側面も持っていた。

京都芸術センターの目的は，条例によると，「京都市，芸術家その他芸術に関する活動を行う者が連携し，京都市における芸術の総合的な振興を目指して，多様な芸術に関する活動を支援し，芸術に関する情報を広く発信するとともに，芸術を通じた市民と芸術家等の交流を図るため」とある（京都市 1999）。近年の文化政策の対象とされる文化芸術はかなり広がりを持っているが，同施設は，日常生活を含むより広義の「文化」ではなく，狭義の文化としての「芸術」の創造や発信に力を入れていることがわかる。[10]

運営方式・事業内容に見られる特徴

　京都芸術センターの運営は，京都市からの委託を受けた財団法人京都市芸術文化協会が運営を行っている。年間経費は，1億5769万2000円（2010年度）で京都市がその9割以上を負担している（京都市 2011a）。自主財源率の低い京都市ではあるが，同予算には，国庫・府支出金は含まれていない。収支のバランスは，財団の経理で助成金を得たり，入場料収入を実施したりするなどしてとられている。

　内部組織は，運営の総理を行う「館長」，その諮問を受けてセンターの事業を承認する20名程からなる「評議会」（2011年度からアドバイザリーボード），より実務的なこと，例えば運営方針の策定，制作室の使用申請の選考など，センターの活動に関して総括指揮を行う10名程からなる「運営委員会」（任期は3年制で，市長から委託），そして，建物管理・事業実施受託を任う「事務局」からなる。事務局メンバーのうち，理事長，専務理事，事務局次長は，京都市から職員が派遣され，事務職員は，京都市芸術文化協会のプロパー職員3名が務める。アートコーディネーターは3年任期で，6名から8名が担当している。2012年現在はアートコーディネーターの他にプログラムディレクターが，3年という任期を超えて，任命されている。

　このように，施設には専門知識を持つ職員が駐在し，運営にあたっている。このうち，直接事業内容の決定に携わるのは，アートコーディネーター，プログラムディレクターと運営委員会，そして主に企画提案という形でかかわる芸

術関係者である。最終的にはアートコーディネーターが，さまざまな意見を反映させて案を作成する(11)（演劇部門に関しては表2-3を参照）。事業内容は，分野では造形，伝統，音楽，ダンス，演劇に大別され，各分野とも，展示や鑑賞にとどまらず，体験型事業や制作支援といった市民の参加を促す試みがなされている。芸術鑑賞・育成事業の他にも，フォーラムや，元明倫小学校の茶室跡を使った談話会「明倫茶会」を開き，市民や芸術関係者が，講演や対話への参加から，自らの制作や鑑賞体験にフィードバックをさせる仕組みづくりがなされている。

　なかでも他の文化施設と比べて特徴的な事業は，芸術家への支援である，「制作室」の提供と「京都市芸術文化奨励制度」である。「制作室」とは，朝11時から夜22時まで，最長3ヶ月連続使用可能な無償の稽古場である。数は12室と限られているものの，京都市を活動拠点とする芸術家なら誰でも申請することができる。ただしこれらは審査制で，公共施設によく見られる順番制とは異なり，誰もが使用できるわけではない。制作室は，2000年度の設立時から2009年度までの10年間で，京都市の100以上の劇団が利用していることが確認できる(12)。一方，「京都市芸術文化奨励制度」は，金銭的支援であり，京都市を活動拠点とする芸術家のうち特に優れた者に対し300万円を給付する制度である。後者は，厳密には京都芸術センターの事業ではないが，事務局をそこに移した京都芸術文化協会が窓口となっており，2012年度までに5名の演劇人が対象となっている(13)。

　以上から，京都芸術センターでは，地元芸術家に対して支援を行い，地元芸術家がセンターの運営や事業に関与するための仕組みが整っていることがわかる。さらに，京都芸術センターによる芸術家の支援は，審査・評価をともなうものであり，芸術家にとってある種の「不平等さ」や「敷居の高さ」を感じさせるものでもある(14)。

　それでは，なぜ小劇場演劇が，「文化首都」を目指す京都市の支援対象となる「芸術」として脚光を浴びたのだろう。京都市において，小劇場演劇は，京都市や委託運営を行う京都芸術文化協会の文化事業記録を見ても，市による継

続的な事業展開はなされていなかった。次節からは，京都市を活動拠点とする演劇人の，特に制作や評価における準拠集団に注目して，京都芸術センターの設立までを確認していくこととする。

地域の演劇活動と文化行政との出会い

　東京で小劇場ブームが起こっていた1980年代の京都市では，民間小劇場の設置が進み，アマチュアの演劇人が民間小劇場を中心に活動していた（表2-3）。演劇人は稽古場には，大学に忍び込んだり，市の施設である「青少年活動センター」を利用したりするなど金銭的に負担のない方法を採っていたが，稽古場不足は慢性的な問題であった。[15]

　そのような中で，若い演劇人にとって制作や評価を受ける上で大きな存在であったのが，民間小劇場「アートスペース無門館」の女性プロデューサー遠藤寿美子氏であった。彼女は，彼女自身の「好み」で，特定の劇団に対して資金的援助を行っていた。[16]当時の「アートスペース無門館」は，その後身である「アトリエ劇研」のような明確なコンセプトや運営の方針はなかったが，彼女を中心とする若い演劇人が実験的な作品の公演を行っていた。[17]アートスペース無門館は，決してアクセスがよいとはいえない場所にあったが，京都市外の人々にとっても「わざわざ訪れる場所」であった。[18]このような環境下で，京都の小劇場演劇は次第に隆盛していくこととなった。

　1991年から開始された，京都市主管の「芸術祭典・京」は，遠藤氏というプロデューサーを介し，演劇人たちと京都市を結ぶきっかけとなった。「芸術祭典・京」とは，文化の先細りを案じた京都市がはじめた市民参加・創造型の文化事業である。事業は京都市文化課が事務局を務め，実行委員会が運営する形で進められ，ふるさと創生1億円事業の資金をもとに約1億1500万円が費やされた。事業内容は，大きく分けて「市民からの表現部門」，「芸術家部門」の2つからなるが，これは，「市民の草の根文化」が「芸術家による優れた一輪文化」を支え，一輪文化が草の根文化を刺激するという，相互作用から都市文化を発展させるという考えから生まれたものである。[19]

第2章 地域における芸術創造のダイナミクス

表2-3 戦後の関西主要都市における劇場整備

	小ホール （客席数299名以下）	中ホール （客席数300〜999名）	大ホール （客席数1000名以上）
1960年代以前		阪神ファイブオレンジルーム（大阪市）	＊京都会館（京都市）
1970年代		＊京都府立文化芸術会館（京都市） ＊ピッコロシアター（尼崎市）	
1980年代	アートスペース無門館（京都市） 扇町ミュージアムスクエア（大阪市，2003年閉館） ウイングフィールド（大阪市） ＊AI・HALL（伊丹市）	＊京都市子ども文化会館（京都市） ＊京都市東部文化会館（京都市）	＊京都市アバンティホール（京都市）（現・龍谷大学アバンティ響都ホール）
1990年代	アトリエ劇研（アートスペース無門館が改称） ART COMPLEX1928（京都市）	HEP HALL（オレンジルームが改称）	
2000年代	＊京都芸術センター（京都市） in→dependent theatre 1st（大阪市） 一心シアター倶楽部（大阪市） ＊京都芸術劇場（京都市） ＊精華小劇場（大阪市）		

注：劇場は，1980年代から2012年現在までの京都市の劇団の公演情報，および京都舞台芸術協会メールマガジンから，筆者がリストアップし，複数劇団から使用されている主要なものを選択した。公設のものには＊を付した。京都子ども文化会館と京都市東部文化会館は小ホールも，京都芸術劇場は中ホールの設備も有する。
出所：各劇場のホームページの情報から筆者作成。各劇場のホームページは，以下の通り。
京都府立文化芸術会館（http://www.bungei.jp/index.shtml），ピッコロシアター（http://hyogo-arts.or.jp/piccolo/about/facilities/），ART COMPLEX1928（http://www.artcomplex.net/ac1928/about.html），In→dependent theatre 1st（http://itheatre.jp/concept.html），一心シアター倶楽部（http://www.officeb1.net/kura/home.htm），京都芸術劇場（http://www.k-pac.org/about.html）。ただし，京都会館については，京都市のホームページ（http://www.city.kyoto.lg.jp/bunshi/page/0000099247.html）を，扇町ミュージアムスクエアについては，ぴあ2003『OMSとその時代——柱のある劇場』を，ウイングフィールドについては，CTT大阪事務局公式 blog（http://cttosk.blogspot.jp/2012/04/blog-post.html），AI・HALLについては伊丹市ホームページ（http://www.city.itami.lg.jp/SHISETSU/_8117/0003884.html）を参照した。URL はすべて2012年5月10日取得。

第5回目となった1995年の「芸術祭典・京」での芸術家部門の演劇部門には，計13の劇団（うち関西の劇団は6劇団）が参加し，創作や公演を通して演劇人同士，演劇人と住民間での交流がなされた。例えば，閉校が予定されていた地元の春日小学校を舞台とする事業では，閉校までに，学区自治連合会や住民福祉協議会のさまざまな行事に演劇関係者が参画した[20]。そこでの公演準備に際しては，春日住民に，「演劇が社会と生活に不可欠なものであることを理解してもらえるように，舞台を創る」ということを目的として，学区民と演劇人の懇談会を行ったという（遠藤 1996a）。また，現在の現代演劇を牽引する劇作家の平田オリザらの東京の演劇人との，演劇を通じた交流を可能にし，若い演劇人たちには刺激を与えた。1995年当時はまだ，1990年代後半と比べ，公的基金を受けていた劇団は少なかったことを考えると，当事業は演劇人たちにとって重要な機会を提供していたことがわかる[21]。

　しかし，演劇人らが公演を進めるにつれ，民間プロデューサーひとりに事業や資金に関する情報や権力が集中していくことも事実であった。このような状況に疑問を抱いた若手演劇人が，1997年，「プロもアマもすべて」の演劇人に声をかけ，京都舞台芸術協会（以下，「協会」）を設立した[22]。京都芸術センターの設立にも，協会で意見をまとめ，代表に依存する方法ではなくひとりひとりの「自治」を信念とし，稽古場利用を求めた[23]。協会の設立により，演劇人の間で，従来の支援方法では不透明であった資金の分配や運営に関する情報が共有されることとなった。また，演劇人らは京都芸術センターの設立に際して，『「アートセンターについて話し合う会」への提案』を提出し，「24時間使用可能の稽古場」「使用団体にはワークショップ開催や日を限っての稽古・作業の見学を義務づけさせる」「専門家養成のワークショップを開催する」「アートセンターがプロデュースする作品を作り支援する」などが提案されている（松本2005：93-94）。このうち，稽古場の24時間使用ということは叶わなかったが，通常の文化施設と比べれば随分と遅い，22時までの使用が可能となった。

第2章　地域における芸術創造のダイナミクス

表2-4　京都芸術センターの事業内容（演劇部門）

事業名（実施年月）	対象者・対象作品数	事業内容
現代演劇俳優セミナー（2000年6月〜2003年1月）	32名	演技力技能の向上を目指す俳優を対象に，オーディションによる選抜後，無料セミナーを開催する。
現代演劇試演プログラム（2000年5月〜）	7劇団	劇団の作品を，本公演前に，観客・マスコミ関係者に対して紹介公演する。
京都芸術センターセレクション（2003年4月〜2006年12月）	25作品	優れた演出家を選出し，賞を授与し，受賞公演の機会を与える。
New Produce Project（2003年1月〜2004年2月）	12名	演出家，俳優，制作，舞台スタッフなど，広く舞台芸術にかかわる人材の交流を図る。
演劇計画（2004年7月〜）	5名	演出家を選出し，2年に及ぶ作品制作と上演を支援し，演出家の育成を図る。

注：人数は，設立から2009年度までの事業記録から計算した。対象者数は，「現代演劇俳優セミナー」は俳優の人数，「New Produce Project」は制作者の人数，「演劇計画」は演出家の人数を表しており，「New Produce Project」や「演劇計画」のように，作品制作をともなう事業の場合，かかわった演劇人の人数はこれよりも多い。
出所：京都芸術センター（2011）より筆者作成。

演劇作品の制作とプロデューサーの育成

現在，京都芸術センターでは，演劇人による自治的な運営が続けられ，設立から 2016 年度現在まで，京都芸術センターの事業企画には，演劇人の代替わりの関与がなされている。[24] これには設立前の演劇人間の話し合いの中であがった，京都芸術センターを「芸術監督制にし，同時に監督に任期を設けある一定年数で必ず退く」という案が反映されている（杉山 2005）。それによれば，芸術性の判断には監督の主観が大きくかかわり，それを評価することも難しい。そのため，一定年数毎に違う主観を持った監督が就任し，その都度方針が変わる仕組みを作ることで作風の固定化を防ぎながら，専門家による審査をともなう，いわば優遇度には差を残した「不平等な」支援を行うことを可能としているという。

2009 年度までに具体的に実施された事業は，すべて演劇人の自律化を意識した内容となっている（表2-4）。すなわち具体的な事業内容を見ると，従来の劇団制では劇団内で完結されていた職能（演出，俳優，制作，舞台スタッフがそ

れぞれに持つ専門的技術）を分化し，職能ごとの育成を行うものとなっている[25]。さらには次世代の事業企画を担うプロデューサーの育成も試みられているのである。このような事業への参加には，京都芸術センターで審査による選抜が行われる。そのため，京都芸術センターの事業参加や表彰制度をめぐって，劇団間の競合が起こっていることが予測される。

さらには2010～2012年度には日本内外の演劇人たちが公演しあう，いわば演劇人の国際的「見本市」となる「京都国際舞台芸術祭」を開催するまでになった[26]。京都市によるこのような大規模な事業開催は，小劇場演劇が，世界の中での京都市の魅力をアピールするものとして機能するまでになったことを表している。

また，京都芸術センターの外でも，ウェブサイト「Interview from Kyoto Fringe」（2003年～），メールマガジン「京都舞台芸術協会メールマガジン」（2006年～），また全国版サイト「Fringe blog」（2001年～）といったサイトで，演劇人らは，地域内外の小劇場演劇に関する情報交換や意見交換を活発に行っている[27]。これらの発言からは，地域内外の演劇人同士の交流によって，「演劇人」という劇団を超えたアイデンティティが芽生え始めていることが示唆されている[28]。

都市文化の中での芸術へ

以上より，本章は，京都芸術センターの設立をめぐる演劇人の連携の様子を時系列で描き出してきた。京都市には，京都芸術センターの設立以前から演劇人の交流を経た準拠集団の拡大が見られ，その動きの中に京都芸術センターの設立を位置づけることができる。すなわち，制作や評価において演劇人の準拠する集団は，個々の劇団から，京都市を活動拠点とする劇団からなる協会，さらには京都市と他の都市間にまたがる演劇人というアイデンティティへと広がりを見せていた。そして，ここで重要なのは，劇団ごとに活動していた演劇人により設立された協会の存在が，設立時や設立後の演劇人の意見をまとめ，行政や京都芸術センターへ要望を伝える際に機能していたという事実である。

第2章 地域における芸術創造のダイナミクス

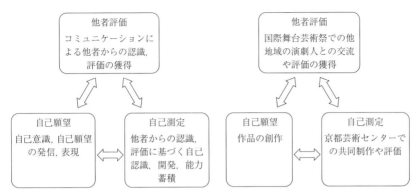

図2-2 都市アイデンティティの形成サイクルと京都芸術センターにおける演劇人を通した都市アイデンティティの形成
出所:左=中川 (2001:67) に加筆,右=筆者作成。

さらに,事業展開に見られる演劇人の実践を,都市文化のアイデンティティ形成サイクルと重ねて考えてみたい。中川幾郎によると,都市文化のアイデンティティは,自己願望・自己測定・他者評価の3つのサイクルで形成される(図2-2左)。都市のアイデンティティは,強いエネルギーを持った自己願望を抱く都市が,冷徹な自己測定と,他者からの絶えざる認識や評価を受けながら獲得されるということである。それを,京都芸術センターの演劇人の創作状況において適応させると,右図のようになる(図2-2右)。

すなわち,京都芸術センターにおいて,演劇人は,自己の作品の創作という願望に対して,京都市の演劇人同士の交流の中で自己測定を行い,さらには京都市,国,世界の評価基準に基づいた他者評価にさらされることで,自らのアイデンティティを形成しながら,結果的に,「見て,見られる」関係を楽しむ都市文化の発展にも寄与しているのである(中川 2001:67)。

4 京都芸術センターに見られる市民自治

本章は,市民自治の観点から見た公立文化施設の研究の一端に位置づけられる。本章は,京都芸術センターを対象に,特に創造を担う芸術家に焦点を当て,

その参加や連携が市民文化の形成に寄与することを明らかにした。

京都芸術センターの設立が，地元の小劇場演劇の組織化と連動して起こったことを確認し，さらに，設立やそこでの事業を契機として，演劇人たちの劇団を超えた交流や連携が活発になされていることがわかった。特に演劇人ら自身による演劇人と行政を結びつけた中間集団の形成は，京都市が稽古場の不足という「潜在的な市民のニーズ」を発掘するために重要なものであった。設立後の演劇人の連携は，演劇というジャンルを通じた国際交流，そして施設における事業展開にとどまらず，劇団や劇場を超えたネットワークの形成をもたらした。そして，これらは結果的に都市文化の発信に寄与するものであり，市民自治の観点から見て評価しうるものであることが明らかになった。

このように，京都芸術センターの演劇の分野における事業の開始と継続は，芸術家の自律が自治体に支援されるかわりに，都市アイデンティティの形成に活用される過程であり，これは1つの市民自治のあり方を示しているといえる。さらに，この事実は，公立文化施設が体現していた芸術の中央偏在という課題に対しても示唆に富むものといえるのである。

以上より，京都市において小劇場演劇が，「芸術」として継続的に助成され，創造されていくためには，いくつかの条件があったことを確認した。最後に，京都市のような芸術家や芸術活動を核とした市民自治が，他の地域でも見られるのか考察していくために，取り組むべき課題を述べる。

まず，本事例の持つ特異性に関するものである。京都市において小劇場演劇が盛んとなった背景には，1980年代の関西圏全域での都市文化の隆盛や，京都市の民間小劇場「アートスペース無門館」の存在が大きいといえる。そこでの活動が，どのような地域の人的資本や文化資本に支えられていたのかを考察する必要があるだろう。さらに，京都芸術センターの設立を可能にした「京都市芸術文化振興計画」に携わった委員は，著名な知識人・芸術家たちである[29]。それに加え，彼らが計画を遂行する中ではたらいた，京都市や元明倫学区が持っていた芸術に対する理解や寛容性が，どのようなメカニズムで支えられているのかを確認する必要がある[30]。このように，京都芸術センターの事例には，京

第2章 地域における芸術創造のダイナミクス

都市のような人員や資源の確保が可能なのか，関西の小劇場演劇に見られるような，官民の別に限られない創造や鑑賞のためのインフラが整っているかなどの地域固有の特性があり，同様のケースが他の地域でも可能であるとは必ずしもいえないだろう。最後に，芸術文化を通した地域社会の価値形成は，京都芸術センターにみられるような，専門化による自律性の獲得とは異なる方向でも見られていることも付言しておく。

今後は，地域における芸術の創造を可能にする条件を，文化的資源の蓄積や教育制度といったより広い観点から考察し，継続的な芸術の創造に必要とされる条件を明らかにしていくことが求められるだろう。

謝辞
本章を執筆するにあたり，関係者の方々には，お忙しい中インタビュー調査，資料提供に応じていただきました。ここに記して謝意を表します。

注
(1) 本章は，渡部（2012）に加筆修正したものである。
(2) 例えば，2004年に，京都芸術センターを利用した鈴江俊郎作の「宇宙の旅，セミが鳴いて」は，文化庁第58回文化芸術祭演劇部門大賞を受賞している。また，2004〜2005年に京都芸術センターの主催事業「演劇計画」に参加した演出家の三浦基は，2007年より〈地点によるチェーホフ四大戯曲連続上演〉に取り組み，第3作『桜の園』で文化庁芸術祭新人賞を受賞した。さらに，2007年には，「演劇計画」で公演された前田司郎作「誰か生きているものはいないのか」が，第52回岸田國士戯曲賞を受賞している。京都芸術センター（2011）などを参照。
(3) 例えば，京都芸術センターは，文化庁によって，2003年に「多様な施設の文化芸術活動における利用活用事例集」や2005年に「地域文化を振興するために地域の『文化力』をいかに結集するか」に事例として取り上げられている（文化庁2003；文化審議会文化政策部会 2005）。
(4) ここでいう演劇人の自律化とは，第一義には，プロ化や受賞化により，作品の公演・制作といった創作活動を通して資金を得て継続的に活動していくこと，さらに第二義には，演劇を享受する住民が増え，地域住民によって芸術として広く受容されるようになることを指す。本章では第二義の自律化にいたるための前段階として，第一義の自律化を可能とする社会的インフラの整備に焦点を当て論じている。
(5) 例えば，社会学者ベッカーは，芸術活動を人々の相互作用からなる集合的行為と

して捉えようとし，文化生産論者のピーターソンは制度や組織の作用の中で，文化生産を捉えようとしている（Becker 1964；Peterson 2004）。
(6) 京都芸術センター設立前後の演劇人の活動の状況については，松本（2005；2011）の先行研究や，筆者の行ったインタビュー資料を，さらに，2006年度以降の活動については，京都舞台芸術協会が配信している「京都舞台芸術協会メールマガジン」第1号～20号を参照した。
(7) 人口は2000年度『住民基本台帳』より。以下の文章にある大学数は，文部科学省『平成22年度学校基本調査』より，芸術系大学数は，旺文社調べ（2012年度4月現在）。
(8) 明倫学区の紹介文にも，その旨が記されている（京都市 2010）。
(9) 京都芸術センターが，毎年度7日間，施設訪問者500人程度に対して実施しているアンケート調査（平成13年度～平成22年度）の結果を見ると，市内の訪問者は5割強から6割弱，市外からの訪問者が半数程度を占め，市外の人々にとっても足を運ぶ場所として認知されているといえる。
(10) ウイリアムズの文化の定義に基づく（Williams 1981 = 1985：12）。
(11) 事業企画の方法については，京都芸術センターでシニアコーディネーターを務める山本麻友美氏へのインタビューによる（2011年11月4日於京都市）。また，山本氏によると，設立後から2011年度現在までの間に変化したこととしては，以下の4点である。1点目は，2010年度から，プログラムディレクターが設置されたことである。新たな試みである。これは，専門知識を要するアートコーディネーターの任期が3年では短すぎるのではないかという懸念から設置された。2点目は，評議会がアドバイザリーボードに変えられたことである。3点目は，ワーキンググループがなくなり，事業ごとの関係者間の話し合いに変えられたことである。これらは全体として，運営の柔軟性が高くなったといえる。4点目は，館長が財団法人京都市芸術文化協会の業務執行理事を兼任するようになったことである。このことによって，財団法人京都市芸術文化協会においても民営化が進んだということができる。
(12) 数字は，『京都芸術センター10年史』より，筆者が使用劇団をリストアップしたものに基づく（京都芸術センター 2011）。この際，いくつかの劇団名の表記のゆれが確認されたが，同一の劇団と考えられるものは1とカウントした。また，同一劇団に関して，劇団に所属・参加する個人名での申請と，劇団名での申請については，別としてカウントした。
(13) 京都市芸術文化特別奨励制度については京都市ホームページより（京都市 2012a）。過去の対象者は，演劇の他に音楽，美術，造形等があり，全分野で毎年度2～5名の芸術家が制度対象者となっている。
(14) 京都芸術センターの持つ「敷居の高さ」については，京都市を活動拠点とする劇

第2章　地域における芸術創造のダイナミクス

団へのインタビューによる（2011年11月15日於東京都北区王子）。京都芸術センターは，他の民間劇場と異なり，金銭さえ支払えば誰でも利用できるものではないという意味で，敷居の高さを感じさせるものであるという。
⑮　京都芸術センター設立以前の小劇場演劇の状況については，京都舞台芸術協会杉山準氏へのインタビューや，インタビュー記事における同協会の田辺剛氏の発言から明らかである（2011年11月5日於京都市；田辺2011）。
⑯　京都舞台芸術協会杉山準氏へのインタビューより（2011年11月5日於京都市）。
⑰　アトリエ劇研は，コンセプトに「始める」，「創造する」，「集う」，「見つける」，「つながる」の5点をあげている（アトリエ劇研 atelier GEKKEN 2011a）。「集う」というコンセプトの詳細には，「活躍する演劇人から舞台に憧れる小学生までが気軽に集う」，「敷居が低くて風通しの良い場所」とあり，敷居の高さを持つ京都芸術センターとは違う役割を果たしているといえる。
⑱　当時，アートスペース無門館のプロデューサーを務めていた遠藤寿美子氏の発言より（遠藤 1996b）。アートスペース無門館（後にアトリエ劇研と改称）の所在地は，京都市左京区下鴨である（アトリエ劇研 atelier GEKKEN 2011b）。
⑲　このような都市文化に対する考えは，当時『上方芸能』編集長であった木津川計の考え方に共感して構想されたという（京都市文化政策史研究会 2011：50）。
⑳　演劇人と地元住民の交流としては，「ボランティア研修旅行」「防災訓練界防災寸劇」「春日餅つき大会」「閉校式展さよなら春日アトラクション劇」など多彩な行事があったようだ（遠藤 1996a）。また，「防災寸劇」は，1995年1月の阪神淡路大震災を，「閉校式展」は，同年の春日小学校の休校という当時の背景を反映している。詳しい事実関係は未確認だが，これらの事業がその後の京都芸術センターの設立に際して，地元住民との外堀を埋める役割を果たしたことが推測される。
㉑　6劇団のうち，1995年時点で芸術文化振興基金の支給を受けていたのは2劇団で，1999年には4劇団となる（芸術文化振興基金部編 1999〜2009）。
㉒　設立当時の様子は，京都舞台芸術協会杉山準氏へのインタビューより（2011年11月5日於京都市）。
㉓　ここに「自治」という言葉が使われたのには，単に京都芸術センターが公立であるからという理由だけではなく，当時の京都市の小劇場演劇に関して，民間小劇場のプロデューサーひとりに力が集中した経験への反省という意味もある。この点については，京都舞台芸術協会杉山準氏へのインタビューより（2011年11月5日於京都市）。協会は，2002年に特定非営利活動団体となり「情報のかたよりをなくし，望むものには機会が平等に与えられる環境作り」を理念に，現在も活動を継続している（特定非営利団体京都舞台芸術協会 2002）。
㉔　京都舞台芸術協会杉山準氏へのインタビューより（2011年11月5日於京都市）。本章で取り上げた事業企画に携わった者は有数であるが，京都舞台芸術協会では，

より広い演劇人に向けて，集会を開き京都芸術センターの運営等に関する話し合いを行っている．

(25) 専門職化・職能分化については佐藤郁哉を参照した（佐藤 1999：350-371）．

(26) 京都国際舞台芸術祭は，2010年度に開始した世界の舞台芸術を紹介する催しで，京都芸術センターや京都市内のアートスペースを使用して開催される（京都市2012b）．芸術祭の演劇人にとっての位置づけについては，京都舞台芸術協会杉山準氏へのインタビューによる（2012年3月8日於京都市）．

(27) 開始年度は，各サイトより．Fringe blog (http://fringe.jp/blog/)．Interview from Kyoto Fringe (http://www.intvw.net/index.html)．

(28) 例えば，京都国際舞台芸術祭に参加した大阪の演劇人のインタビューに，「演劇人になるかならないか．僕は今，外から見たら演劇人というくくりで見られるんですが……さっきおっしゃった，演劇村の村民にはなりたくないですね．あくまでも，社会の中での演劇という立場に立って胸を張りたいです」とある（高橋 2008）．ここでいう「演劇村」というのは，前後の文脈から，劇団ごとに分断され，そこでの創作活動に専念する状況を指し，「演劇人」とは，アイデンティティを獲得して，劇団の壁を超え，社会の中での自らの位置を確かめながら創作活動する状況を指すと考えられる．「演劇村」「演劇人」という表現については，佐藤郁哉による現代演劇のフィールドワーク研究も参照の上，解釈した（佐藤 1999）．

(29) 計画書付随の参考資料を参照（京都市 1998）．京都市文化市民局の原智治氏へのインタビューによると，策定のための委員は，京都市が京都市内外において著名な知識人・芸術家を中心に候補を集めたという（2011年11月7日於京都市）．

(30) 例えば，京都市議会には，「議員で美術愛好連盟が結成され，党派を超えた参加」があり，「芸術の予算に反対しにくい雰囲気」があるという（松本 2005：98）．

文献

アトリエ劇研 atelier GEKKEN, 2011a「concept」(http://gekken.net/atelier/about.html, 2011.12.22)．

アトリエ劇研 atelier GEKKEN, 2011b,「introduction」(http://gekken.net/atelier/introduction.html, 2011.12.22)．

Becker, Howard S., 1964, "Art as collective action," *American Sociological Review*, 39 (6): 767-776．

文化審議会文化政策部会，2005，『『地域文化で日本を元気にしよう！』文化審議会文化政策部会報告書』(http://www.bunka.go.jp/bunkashingikai/soukai/37/pdf/shiryo_2_1.pdf, 2011.12.22)．

遠藤寿美子，1996a,「地域住民とともに進める文化のまちづくり──都心における小学校配合跡地を舞台として」『都市研究・京都』京都市．

遠藤寿美子，1996b，「『無門館』から『アートスケープ』へ」『テアトロ』643：82-84．
芸術文化振興基金部編，1991〜2009，「芸術文化振興基金」(1)〜(24)．
河口淑子・多治見左近，1999，「地域文化発展のための担い手としての地域文化施設の運営と役割に関する研究——奈良市音声館における自主事業の現状分析から」『文化経済学』1(4)：83-94．
古賀弥生，2004，「公立文化施設の運営主体に関する考察」『文化経済学』4(3)：57-64．
京都芸術センター，2011，『京都芸術センター10年史』．
京都市，1996，「京都市芸術文化振興計画——文化首都の中核を目指して」．
京都市，1999，「京都芸術センター条例」(http://www.city.kyoto.jp/somu/bunsyo/REISYS/reiki_honbun/k1020460001.html, 2011.11.23)．
京都市，2007，「跡地活用利用方針前文」(http://www.city.kyoto.lg.jp/sogo/page/0000028179.html, 2011.11.23)．
京都市，2010，「語りつがれるわがまち明倫学区」(http://www.city.kyoto.lg.jp/nakagyo/page/0000059391.html, 2011.11.23)．
京都市，2011a，事務事業評価表B公の施設型No.2102018 (http://www.city.kyoto.jp/somu/gyokaku/hyouka/iinkai/h23/hyoukahyou/h23/3.pdf, 2011.11.23)．
京都市，2012a，「京都市芸術文化特別奨励制度」(http://www.city.kyoto.lg.jp/bunshi/page/0000099355.html, 2012.11.30)．
京都市，2012b，「『KYOTO EXPERIMENT 京都国際舞台芸術祭2012』の開催決定について」(http://www.city.kyoto.lg.jp/bunshi/page/0000120626.html, 2012.4.30)．
京都市文化政策史研究会編，2011，『京都市文化政策の歴史』．
松本茂章，2005，『芸術創造拠点と自治体文化政策——京都芸術センターの試み』水曜社．
松本茂章，2011，「京都芸術センターの試み」『官民協働の文化政策——人材，資金，場』まちづくり叢書，53-108．
松下圭一，1981，「自治の可能性と文化」松下圭一・森啓編著『文化行政』学陽書房，5-24．
松下圭一，1987，『都市型社会の自治』日本評論社．
森啓，1988，「市民文化と文化行政」森啓編著『市民文化と文化行政——行政と自己革新』学陽書房，225-271．
森啓，1991，「文化ホールが文化的なまちをつくる」森啓編『文化ホールがまちをつくる』学陽書房，4-32．
中川幾郎，2001，『分権時代の自治体文化政策——ハコモノ作りから総合政策評価に向けて』勁草書房．

中川幾郎, 2004, 「地域の公立文化施設の課題——有効性, 公共性を通じて」文化政策提言ネットワーク編『指定管理者制度でなにが変わるか』文化とまちづくり叢書, 26-39。

中川幾郎, 2005, 「指定管理者制度と公立文化施設のこれから」『文化経済学』4(4): 5-10。

Peterson, Richard A. and N. Anand, 2004, "The Production of Culture Perspective," *Annual Review of Sociology*, 30: 311-334.

龍元・清水裕之・大月淳, 2006, 「公共文化施設計画における市民参加と意思決定について——可古市文化施設の計画事例として」『文化経済学』3(1): 31-36。

佐藤郁哉, 1999, 『現代演劇のフィールドワーク』東京大学出版会。

清水裕之・加藤裕貴, 2006, 「公立文化ホールにおける 自主事業, 計画性, 外部機関情報活用度, 外部組織連携に関する状況把握と類型化」『文化経済学』5(2): 29-46。

曽田修司, 2006, 「公立文化施設の公共性をめぐって——『対話の可能性』に, 共同体的価値の形成と参加の保証を見る視点から」『文化経済学』5(3): 47-55。

杉山準, 2005, 「京都新聞の記事が指摘したこと」(http://fringe.jp/blog/archives/2005/12/22154827.html, 2012.11.30)。

髙橋良明, 2008, Interview from Kyoto Fringe (http://www.intvw.net/masuyama.html, 2011.11.23)。

田辺剛, 2004, fringe blog「下鴨通信 ぬるい街・京都 3」(http://fringe.jp/blog/archives/2004/03/18180145.html, 2011.5.2)。

鳥羽郁子・織田直文, 2007, 「まちづくりに関わる一主体としての文化施設に関する研究——滋賀県長浜市のまちづくりに関わる長浜市長浜城歴史博物館の事業の分析から」『文化経済学』5(4): 17-27。

特定非営利活動法人京都舞台芸術協会, 2002, 「京都舞台芸術協会について——設立趣旨」(http://kyoto-pa.org/about.php, 2011.5.2)。

渡部春佳, 2012, 「地域における芸術創造のダイナミクス——『京都芸術センター』の演劇人の実践を事例に」『東京大学大学院情報学環紀要 情報学研究』83: 117-132。

Williams, Raymond Henry, 1981, *Culture*, Collins.(=1985, 小池民男訳『文化とは』晶文社。)

第**3**章

新聞社とNPOの持続可能な協働の条件とは
―― 新潟・上越地域における地域紙の事例から ――

畑仲哲雄

1 地域紙『上越タイムス』がNPOに紙面開放

NPOが新聞紙面の一部を編集(1)

　新潟県で地域紙を発行する新聞社が,1999年から民間非営利組織(NPO:Nonprofit organizations)に紙面の一部を開放するというプロジェクトをはじめて十数年がすぎた。プロジェクトの大枠は,新聞紙面の一部をNPOが自由に編集するというものであり,具体的には以下の通りである。

- ・新聞社がNPOに対し4ページの紙面をまるごと無償で提供
- ・NPOが取材・執筆から紙面レイアウトまでを施した版下を新聞社に提供
- ・新聞社が月曜紙面の中面に印刷して読者に届ける

　この地域紙はタブロイド判20ページの朝刊紙で,NPOが作る紙面は毎週月曜の4面から7面にかけて印刷される。日刊新聞に,週刊のNPO新聞が埋め込まれるという変則的な形態をとっている。
　両者はNPOが制作するページを「協働紙面」と呼び,このプロジェクトをめぐって金銭的なやりとりを一切していない。だが,この協働を始めて以降(3),新聞社は新聞不況のなか発行部数を大きく伸ばしており,NPOも地域内の

NPO法人数を増やすという実績を上げた。

　NPOは，新潟県上越市に事務所をおき，上越・糸魚川・妙高の三市を活動領域とする「くびき野NPOサポートセンター（以下，くびき野SC）」で，NPO設立支援や育成・啓発，行政との調整などをミッションとする中間支援組織である。特定非営利活動促進法（NPO法）が施行された1998年，上越青年会議所（以下，上越JC）のNPO活動推進委員会と13人の市民活動家によって設立され，翌99年にはNPO法人として認証された。

　一方の新聞社は，上越市に本社を置き，NPOと同じ3市をカバー域とする上越タイムス社（以下，タイムス社）である。タイムス社は，上越市と妙高市で『上越タイムス』という題字を冠したタブロイド判20ページの朝刊を発行し，糸魚川市では『糸西タイムス』と題字を変え，糸魚川の地元ニュースを一面に配置し直した朝刊を発行している（本章では両紙を区別せず，タイムスと表記する）。

　本章の目的は，ケーススタディを通して「協働紙面」誕生の背景事情を明らかにし，新聞社とNPOの「協働」が持続可能なものとなるための条件について検討することである。

市民メディア研究からのアプローチ

　タイムス社とくびき野SCの協働プロジェクトについて，市民メディア研究の立場から最初にアプローチしたと思われるのは，武蔵大学の松本恭幸とフリーライターの岩本太郎である。松本は2005年の『放送レポート』に，岩本は2008年の『新聞研究』に，それぞれ紹介記事を寄せている。2人の記事は，当時の新聞社社長などからの聞き取りをもとに，地域紙がNPOと協働するにいたった背景やそのメリットについて論じており，どちらもきわめて好意的に評価している。その論旨はおおよそ以下の流れとなっている。

　　①タイムス社の経営が芳しくなかった
　　②その頃，地元の若手経済人を中心に中間支援型NPOが作られた
　　③NPO理事長となった人物が，タイムス社の社長に就任した

④地域の NPO 育成と新聞社の経営危機回避のため「協働」を始めた
⑤「協働」のおかげでタイムス社とくびき野 SC の双方にメリットがあった

　松本は 2002 年から『放送レポート』に連載していた「メディアアクセス・オン・BB」の第 19 回で「地方新聞におけるメディアアクセス」(2005 年 11 月)と題し，タイムス社とくびき野 SC の協働を丁寧に紹介した。この記事の冒頭で松本は，1980 年代半ば以降のパソコン通信の登場が市民のメディア活動に拍車をかけたことや，一部の CATV 局やコミュニティ FM 局による「パブリック・アクセス」導入を高く評価し，返す刀で，新聞というメディアが市民参加という面で閉鎖的であると批判している。

　　日本では，政府や自治体が保障する制度としてのパブリックアクセス[ママ]は存在しないものの，コミュニティ FM 局では，市民ボランティアの力を借りて多くの番組を制作しているところも多い。また CATV 局では，地域の市民にコミュニティ・チャンネルの番組枠を開放して，市民がレポーターやディレクターとして番組制作にコミットすることで，局のスタッフがカバーできない地域のさまざまな情報を紹介し，地域との密着を図ろうとするところが徐々に増えてきた。／ところが新聞には，投書欄こそ全国紙を含むほとんどの新聞にあるが，市民に編集権を含めて紙面を開放しているところは，地方紙においてさえも皆無に近い。／そんな中，六年前から地域の NPO に週一回紙面の一部を提供し，NPO がその紙面を責任編集しているローカル紙（日刊）の『上越タイムス』は，全国でも稀有な例だろう。(松本 2005：68)

　ジャーナリストではない市民の情報発信を紹介してきた松本の視点は一貫して市民社会の側にあり，従来の新聞ジャーナリズム研究の視座とは一線を画する。新聞研究における古典的な新聞記者像は，時事の報道や論評を通して統治

権力を監視・批判することであり，そうした役割が市民から期待されていることを前提とする。新聞に対して「社会の木鐸」などの比喩が用いられてきたのは，市民の代理役として権力の腐敗を機敏に暴露したり，公共のできごとを広く人々に伝えたりする機能ゆえであった。新聞各社は競うように取材や編集の技能と倫理の向上につとめてきた。しかし，ジャーナリストの職能を高度化・専門化させ，ときに特権化させることで，「ふつうの市民」が紙面編集に参加する契機を縮小せしめたことも事実であろう。

　松本の立場は，市民みずからがメディアを使って情報活動をすることと，既存のマスメディアによる市民参加を促すものであり，いわば参加民主主義に通じるイデオロギーが見え隠れする。市民メディア研究者の松本からすれば，たしかに今日の新聞は最もアクセスしにくい対象として立ちはだかっているといってよい。

　しかし，新聞社とNPOの協働をパブリック・アクセス論のなかで考察することは妥当であろうか。放送法や電波法に規制される免許制の放送事業と違い，新聞には言論の独立性と自律性が求められてきた。また，新聞は戦時下に強制的に統合され，戦意高揚の道具に堕した負の歴史も持つ。新聞社が読者参加に消極的であったことには，歴史社会的な理由があるはずであるが，市民メディア研究の先行文献では，そうした背景はいっさい触れられない。

　松本に続き，タイムス社とくびき野SCの協働を紹介した岩本は，2008年に日本新聞協会の『新聞研究』に「『地域×テーマ』はなるべく狭く──新聞・テレビを刺激する市民メディア」（2008年1月）と題した論考を寄せた。岩本の問題関心の中心にあるのは市民メディアの存在意義を主流メディアに認識させることであり，マスメディアと市民メディアとの共存の道を探っている。

　岩本は冒頭で，中日新聞社の池尾伸一が同誌2007年11月号に記した「市民メディアの台頭と新聞社の対応」に刺激を受け，日本国内の市民メディアとマスメディアとの関係を検討しはじめたと述べる。池尾の論考とは，米国ではブログが影響力を強め，市民が調査報道にも進出するなど，当時の米国ジャーナリズム界の動向と，新聞社の対応を報告しているものである。ただ，池尾の結

論部分に見られる世界観は，新聞は無謬的でバランスも取れているのに対し，市民の言説は質的に劣るという前提に立つ。

　　新聞はプロの記者が書く正確で信頼できる記事だけを掲載してきた。読者発の情報には有益な情報もある反面，誤った情報もあれば，一方的な意見もある。こうした情報を取り込むことは，従来の正確性の高い情報だけを扱ってきた『専門店』型メディアから，多様な店を収用する『モール型』あるいは『市場型』に自らを作り替えることを意味する。(池尾2007：17)

　これに対し岩本は「マスメディア対市民メディア」という二項対立から脱した事例として，オンラインの『みんなの経済新聞』と，タイムス社とくびき野SCの協働プロジェクトの概要を報告する。岩本も，新聞社がNPOに紙面の一部を「開放」した例は「おそらく全国的にも類例のない試み」と賞賛する。
　ただ岩本は，県境など狭い地域に限定したタイムスのような地域紙や市民メディアは，狭い地域と狭いテーマにとどまっている限り，マスメディアとの棲み分けは十分可能であると結論づけるにとどまる。そうした結論は，必ずしも池尾が提起した議論への応答にはならない。池尾の問いは，市民メディアが狭い地域や狭いテーマにとどまらないからこそ，主流の新聞社が変革を迫られているという「恐怖」を表しているためである。

NPO研究からのアプローチ

　くびき野SCがタイムスの一部を独自編集することをNPOの立場から評価したのは，名古屋市に本部があるNPO「パートナーシップ・サポートセンター」(以下，PSC)である。PSCは，企業の社会的責任(CSR：Corporate Social Responsibility)の啓蒙をミッションとしている。その活動の1つに，企業等との協働事業に取り組む全国のNPO活動の審査・表彰と，「パートナーシップ大賞」の授与がある。

くびき野SCのスタッフは，タイムス紙面で展開した紙面づくりに加え，地元のコミュニティFMやCATVの番組にも積極的に出演し，NPO団体の紹介や市民活動の意義をPRしてきた。それら一連のメディア活動がPSCから高く評価され，2003年のパートナーシップ大賞のグランプリが授与された[6]。賞には全国から自薦他薦を含めて多数の応募があり，くびき野SCの事例は事業内容としても規模の大きいものであったとはいえない。なぜ，くびき野SCの事例が高いポイントを稼いだのであろうか。

PSCの審査では，企業とNPOパートナーシップの類型が重視されている。その類型は，アメリカのLeader to Leader Instituteが開発したものに準拠している（表3-1）[7]。PSCが採用する協働の類型によれば，企業とNPOのパートナーシップは3つの発展段階に区分される。最初の段階は，一方がメリットを得るチャリティ型（Win）で，次は互いの利益に基づく連携により双方がメリットを得るトランザクション型（Win-Win）である。最終段階にインテグレーション型（Win-Win-Win）があり，それは共通の目標を持った協働によって遂行され，当事者だけでなく第三者にもメリットが得られるという条件が満たされなければならない（岸田編著 2005：247-249）。

くびき野SCとタイムス社の「協働紙面」は，PSCの審査でインテグレーション型の優れたプロジェクトであると判断された。その評価をまとめれば，以下の3点に集約される（岸田編著 2005：109-110）。

①くびき野SCが地域メディアを通じて市民活動を伝えた（Win）
②タイムス社はNPOと連携して部数を増やした（Win-Win）
③地域の市民活動が活発になった（Win-Win-Win）

タイムスなど地元のマスメディアをフル活用しているくびき野SCの活動は，たしかに出色であり，絶賛される理由は多くのNPO関係者に理解されよう。しかし，タイムス社の記者は，この「協働」プロジェクトに積極的にかかわっているように見えない。あえて悪いいい方をすれば，くびき野SCは汗を流

第3章 新聞社とNPOの持続可能な協働の条件とは

表3-1 Leader to Leader Institute の「企業とNPOのパートナーシップ」の3類型

		Ⅰ チャリティ型	Ⅱ トランザクション型	Ⅲ インテグレーション型
A	目的共有度	企業がNPOへ主に資金（寄付）による支援を行うケース	企業とNPOが個々にパートナーシップの目的を持つ	企業とNPOがパートナーシップにおいて共同の目的を持ち，かつそれが社会に対して一定の役割を果たしているケース
B	対社会への働きかけ	企業サイドからは，チャリティという概念	結果としてお互いにメリットがある関係をつくっているケース	社会に対して企業とNPOが協働して働きかけていく。プロジェクト開発やサービス提供を行う
C	協働の感覚	NPOサイドは，心理的に企業に対して感謝の気持ちを抱く	互いにパートナーという意識が生まれ始め，相互理解と信用によって成り立つ	「私たち」という意味で一体化した考え方が定着し，戦略的に幅広く活動を共有する関係
D	戦略度	互いの事業は独立しており，限られた範囲内での協働	企業とNPOの間にミッションや価値観において類似点が見られ，能力を互いに交換できる関係。リスクの少ない成功を前提としたパートナーシップ	パートナーシップを戦略ツールとして使用し，使命・価値観を共有
E	関係期待度	企業がNPOに求める期待度は低い	組織を通じて個人的な接触がある場合が多く，リーダーのレベルで強いつながりがある	企業では従業員が直接かかわる機会が提供され，組織間で深い人間関係が築かれ，相互の組織文化に影響を与えるような関係

出所：岸田編著（2005：248）。

ているが，タイムス社側には評価に値するものがあるようには見えない。この点は，調査によって明らかにしていくこととする。

本研究の調査方法

　筆者は，数次にわたって現地を訪れ，タイムス社とくびき野SCの「協働紙面」にかかわった人物に対して長時間に及ぶインタビューを実施した。主なインタビューは，2008年7月22日，9月9，10日，2009年1月16日である。インタビューは半構造化の形態をとり，1回につき1～4時間に及んだ。イン

タビューの日時とインタビュイーは以下の通りである。

2008年7月22日：山田護（当時上越タイムス社 編集局長），市村雅幸（当時報道部長），加藤英晴（当時整理部長）
2008年9月9〜10日：大島誠（当時社長），秋山三枝子（当時くびき野NPOサポートセンター 専務理事），五十嵐修（当時上越市役所広報対話課副課長）
2009年1月16日：山田護，大島誠，秋山三枝子

さらに筆者は，2009年6月19〜20日に，タイムス社で開催された日本地域紙協議会主宰「地域紙交流会」を参与観察したほか，2009年10月7日夜，東京大学本郷キャンパスで開催した公開研究会「メディア研究のつどい」（林香里研究室主宰）に山田と秋山を講師として招き，講演会を開催した。それらの際の発言記録等も調査資料に含める。

2 新聞社とNPOの「協働」の実像

上越タイムス社のあゆみ

　地域紙『上越タイムス』は，上越市内の実業家が1980年4月20日に創刊したブランケット判4ページの『日刊上越新聞』を前身とする。同紙を発行していた有限会社上越新聞社はすでになく，どのような経緯から地域紙が創刊されたのかは明らかではない。新潟県内では戦後一貫して『新潟日報』が圧倒的なシェアを保有しており，全国紙が後塵を拝している。そうした中で創刊された『日刊上越新聞』は，上越地域にとっては唯一の地元新聞であった。

　しかし，関係者によれば，『日刊上越新聞』の部数は6000前後で低空飛行を続け，上越新聞社は恒常的な経営不振に苦しみ，創刊から10年目の1990年には経営が行き詰まった。そこへ地元経済界の有志企業が新たに共同出資して設立した株式会社（タイムス社）が営業権を買い取る形で，新聞発行を継続することになった。大島誠（インタビュー時点のタイムス社社長）によれば，上越の中

心部である高田地区は，明治以来いくつもの新聞が発行されてきた歴史があり，地元経済界で「地元に新聞がなくなるのはよくない」との認識が共有されていた。

　新会社は1990年9月1日に『日刊上越新聞』を『上越タイムス』へと改題し，新聞発行も途切れることはなかった。発行元の変更は社告を通じて読者に知らされ，『日刊上越新聞』の読者はそのまま『上越タイムス』に引き継がれた。[10]

　タイムス社は，上越地域にゆかりのあった元朝日新聞記者の小林金太郎を代表取締役に担ぎ，地元CATVの上越ケーブルビジョン（以下，JCV）専務であった大島の義父精次をはじめ9社の地元企業の役員や経営者が取締役に名前を連ね，地元経済界オール与党体制で出発した。経営陣が刷新され，新たな船出ではあったが，小林は上越新聞社の時代から編集局長を務めており，記者を含むすべての従業員がそのまま新会社に引き継がれたこともあり，編集方針や地域紙に関する考え方に変化はなかった。

　初代社長の小林は，以下のあいさつ文を創刊号の第1面左肩に掲載した。

　　上越地方の文化の担い手として昭和五十五年四月誕生した日刊上越新聞は，茨の道を歩みつつ十年の歳月にわたり郷土のために尽くしましたが，平成二年八月三十一日をもって，その輝かしい歴史に幕を閉じました。

　　かつて上越地方には「高田新聞」「高田日報」という二大ローカル紙が存立，お互いに切磋琢磨し，郷土の文化向上のために活躍しましたが，戦時下の新聞統合令で一県一紙に統合され，現在の県紙「新潟日報」となった歴史があります。

　　いままた上越新聞がその歴史の幕を閉じるにあたり，郷土発展のために立派な郷土紙を存続させたいという地域住民各位の願いを入れ，私ども志のある者集い，ここに「上越タイムス社」を設立，上越新聞の尊い使命を継承し，九月一日号から「上越タイムス」という新しいタイトルの下に郷土のコミュニティーペーパーとして出発することになりました。（後略）

(『上越タイムス』1990年9月1日1頁)

　留意しておかなければならないのは，先述した通り，社内の空気は上越新聞社時代と変わりなく，主流ジャーナリズム組織によく見られる編集局のエリート化が徹底されていた。多くの主流メディアでは，編集局は内外からの干渉を排除すべき「不可侵」の空間とされ，そこに出入りする記者は総務・経理や営業部門の社員にはない特権意識を抱きやすい。経済界の全面的な後ろ盾を得たことで，タイムス社の記者たちはいっそう権威化しやすい環境にあった。

　新生タイムスの紙面は『日刊上越新聞』からほとんど変わらなかった。ブランケット判4〜6ページ建て紙面の1面には，役所発表の行政ニュースや地場産業の経済ニュースなどのハードニュースが掲載され，全国紙の紙面構成にも似た「古いスタイルの地域紙」（山田 1988：51）のままであった。ジャーナリズム上の革新といえるものはなく，部数は相変わらず6000〜7000で低迷したままであった。

　小林に代わって大島の義父精次が社長に就き，1997年にカラー輪転機を導入して判型をタブロイド判にするなどテコ入れを行ったが部数は伸びず，やがて大島が執行役員として送り込まれた。NPOへの紙面提供を含めたタイムス社の再建はここから始まった。

経営再建と編集改革

　1999年3月1日にタイムス社の執行役員となった大島が最初に着手したのはタイムスの完全日刊化であった。日曜は役所や企業の多くが休んでいるためニュースが薄く，日曜休業・月曜休刊とする地域紙は珍しくない。タイムスも創刊以来，月曜を休刊としてきた。しかし大島は，月曜に新聞を発行することで広告収入の増加が見込め，地域紙で最も注目度が高いとされる死亡記事を休まず届けられることで，部数増の追い風になると考えた。

　だが，当時のタイムス社の従業員は39人しかおらず，日曜日に最低限の人数を出社させるには人手が足りなかった。そこで大島は編集部門の人手不足を

埋めるため，NPO に応援を頼むことにした。これが「協働紙面」の始まりである。新聞社と NPO の「協働」は，「新聞への市民参加」や「NPO のマスメディア活用」といった高邁な理念によって始められたのではなく，経営危機に陥っていた新聞社再建の苦肉の策として着想されたということは，経営難に苦しむ地方新聞社にとって1つのヒントとなろう。

　大島の提案に対し，社内では「1ページでも外部に任せるのは『編集権』の放棄」として猛反発が起こった。急先鋒は当時の編集局長・山田護であった。当時を知る記者たちによれば，大島がタイムス社に来て数ヶ月間，連日のように激しい議論が繰り広げられていた。議論が感情むき出しになり，罵声や怒号が飛び交うことも珍しくなかった。「夕方の編集会議が夜の10時に及ぶこともたびたびあり，社内のムードは険悪きわまりなかった」と山田は話す。

「編集権」と「編集責任」

　大島が月曜版の一部の制作を外部に委ねる提案をした際，山田たちは「編集権」概念を持ち出して大島を追及したが，「編集権」をめぐる議論について概観しておきたい。日本における「編集権」論争は第2次世界大戦直後の「読売争議」(1945〜46) に始まり，日本新聞協会が「編集権確保に関する声明」[13]（1948）を発表して終息した。読売争議は，日本初の生産管理闘争を展開した労働組合長・鈴木東民が編集局長に就任して「編集権」を奪取し（1次争議），連合国軍最高司令官総本部（GHQ／SCAP）の介入により鈴木らが解雇されたことに対する新聞産業のゼネストが失敗に終わり，労働側は敗北した（2次争議）[14]。その後出された声明には，「編集権」が新聞社の経営者や所有者に帰属し，経営者の編集方針に従わない者は「外部たると，内部たるとを問わず……編集権を侵害したものとしてこれを排除する」と明記された。

　ここでいう「外部」とは，例えば政府や各種圧力団体などが想定される。独立した言論を守るには外圧を排する必要はあろう。だが「内部」とは，読売争議で一時的に「編集権」を奪取した労組をはじめ，所有者や経営者の意に沿わない従業員も含意される。すなわち，「新聞の編集権」と呼ばれるものは，「新

聞社の所有者・経営者の権利」を意味する。この声明について、塚本三夫ら一部の研究者は、左傾化を危惧するGHQと労働運動を抑えたい新聞経営者の「政治的な機能をもった規制力」と痛烈に批判した（塚本 1995：142）。

　タイムス社内の「編集権」問題に議論を戻せば、山田たちが問題にした「『編集権』の放棄」という表現は、正確には「『編集責任』の放棄」であったと見るのが適当である。山田たちは、新聞紙面が外部組織に浸食され自律性を失うことをよりも、むしろ素人に紙面を任せることへの倫理的な批判を恐れていた。平たくいえば、「どう責任をとるのか」という問題と、「新聞」としての威信を失いかねないという懸念である。大島の提案に対し、編集局が行った反論をまとめれば、以下のような内容となる。

　　・職業記者が順守している報道倫理や規範を市民には期待できない
　　・紙面の一部でも外部に任せれば「責任放棄」と指弾される

　新聞社の舵取りをする経営者や所有者は、ジャーナリズムのよき理解者であり擁護者でなくてはならないという認識は、多くの新聞社で共有されている。主流メディアの経営者の多くは記者経験を持っており、タイムス社の初代社長が元朝日新聞記者であったことを振り返れば、山田たちにとって記者経験のない大島は、駆け出し記者にも劣る「新聞の素人」にすぎなかった。

　一方の大島は、経営・財務の数字を全社員に開示して窮状を訴え、改革を進めなければ、企業の存続そのものが危ぶまれると社員に理解を求めた。大島が経営にかかわりはじめた1999年3月末決算で、タイムス社は莫大な赤字を抱えていた。会社存亡の危機にあるにもかかわらず経営改善に抵抗する編集局は、大島にとって「異常な集団」であった。

　大島は、自らに浴びせられた罵倒の言葉をありありと覚えていると話す。「だから素人は困るんだ」「新聞の何たるかがわかっていない」「どこにジャーナリズムを棄てている新聞社があるのか」……。当時の議論の記録は残っておらず、具体的なやりとりは当事者たちの記憶に頼るしかないが、大島が四面楚

歌であったことは想像に難くない。

大島は，編集局に対抗するには〈企業の利益〉だけでは埒があかないことを理解し，〈地域の利益〉へと論点を移した。インタビューのなかで語られた大島による再反論と説得は，以下の3つの発言に要約される。

・朝日新聞をまねたジャーナリズムはいらない[15]
・地域が元気にならない限り，地元企業の新聞社も生き残れない
・地域を元気にするために新聞に何ができるかを考えよう

当時のタイムスは地元の行政や政治経済などハードニュースに軸足が置かれ，ときに手厳しい市政批判や経済界批判が掲載されていた。ビジネスマンとしての大島の目には，それは魅力ある商品に映らなかったばかりか，批判やバッシングは，やり方によっては必ずしも〈地域の利益〉に結びつくように思えなかった。

　　地域紙っていうのは，書き手も，書かれている人も，読み手も，みんな顔が分かるんです。……「こいつが悪い」と書いている人も，書かれている人も，読む人もみな分かる。身内もいる。狭いところですからね。それは正しい情報かもしれないけれど，読んでいて，決していい気持ちが伝わってこない。それは地域の元気にはつながらない。もう一つは，私たちの新聞社も零細企業なんです。ケーブルテレビと違って，電話一本ですぐ（購読を）止めれる。厳しい商売なんですよ。だから，地域の人が元気になるような媒体じゃないと生き残れないと思いました。それが「ジャーナリズムはいらない」という言葉に象徴されているんですが，社員の受け止め方もそれぞれで，「ヨイショ記事を書け」と言っていると受け止めた者もいる。この問題はいまもずっと引きずっています。（2008年9月9日インタビューより）

タイムス社内の編集権をめぐる論争は，〈地域の利益〉を前面に打ち出した大島が，「NPO が責任を持ってきちんとした紙面を作る」と確約し，山田たちを押し切る格好で終結した。さらに大島は，タイムスのアイデンティティを表す基本的な編集方針を「地域の応援団」と決め，1 面トップ記事は「朝の食卓で話題になるような，地域が元気になる話題」という原則を設けた。これによりタイムスは，従来のハードニュースから，ソフトニュース路線へと大きく舵を切った。

　大島が経営改善に取り組みはじめて 4 ヶ月目の 1999 年 7 月，タイムス社は『じょうえ mon.』と題する 8 ページ建ての月曜特別版の発行をスタートし，うち 1 ページの編集制作をくびき野 SC に任せた。特別版にはニュースがほとんどなく，話題の人物へのインタビュー記事とイベント案内に死亡記事を添えた体裁であった。この『じょうえ mon.』を 2002 年 4 月に廃止してタイムスの通常紙面に切り替え，タイムス社は悲願の完全日刊化をはたした。同時に，くびき野 SC に作ってもらう紙面も 2 ページへと倍増した。

くびき野 NPO サポートセンターのあゆみ

　特定非営利活動法人くびき野 SC が設立されるきっかけは，1997 年に日本海で発生したタンカー重油流出事故の際，上越 JC と地元の市民運動団体などがボランティアの後方支援で協力しあったことにある。ロシアの油槽船ナホトカ号が座礁した場所は島根県沖であったが，船体から漏れ出た 6000 キロリットル超の重油は日本海沿岸の広い地域に漂着し，上越地域にも全国から多数の重油回収ボランティアが駆けつけた。彼／彼女らに天候や作業に関する情報を提供し，使用する設備や施設を調整する作業は，上越 JC と市民団体が行政に先駆けて行った。大島は当時，上越 JC 理事長を務めており，「過疎地の上越では，行政や企業の力に限界があり，市民の力が必要という思いを強くした」と述懐する。

　こうした経験から，上越 JC の NPO 活動推進委員会では，1997 年 5 月から地域の市民活動団体と協議・検討を重ね，98 年 11 月にボランティアや市民団

体をつなぐ中間支援組織くびき野 SC を設立した。その初代理事長には上越 JC 理事長を退任した大島が就いた。翌 99 年 4 月にはくびき野 SC の NPO 法人として認証登記を行った。

　ここで留意しておきたいのは，大島がその 1 ヶ月前に，執行役員としてタイムス社の再建に着手し始めていたということである。すなわち大島は，ほぼ同じ時期に新聞社と NPO のトップを兼任していたのである。この事実は，新聞社と NPO という異なる目的と機能を持つ組織の「協働」の可能性を考える上で論点の 1 つになるのであろう。

　くびき野 SC で当時事務局長だった秋山三枝子たち数人のボランティアは，大島の提案を受けて紙面編集に乗り出したが，当初は NPO 内に新聞編集の経験者がいなかったため，地元のフリーペーパーで記者経験がある人物の手を借りた。タイムス社から任された 8 ページ建て月曜特別版の第 3 面には，『がんばれ!! 市民活動』という題字を冠した。主なコンテンツは，NPO や市民団体のイベント案内と，ボランティアの女性が取材・執筆する団体紹介記事で，紙面の割り付け（レイアウト）もくびき野 SC が独力で行った（図 3-1，図 3-2）。

　誕生まもないくびき野 SC に，地域の市民団体から情報が集まってくる仕組みもなかったし，自らの存在も知られていなかった。このため，紙面作りは，くびき野 SC が地域のさまざまな市民団体と出会うきっかけとなり，多数の団体をネットワーク化していく上で有効に作用した。情報発信の手段が乏しい市民団体にとって，秋山たちの「協働紙面」は有効な広報手段となった。生活協同組合や「おやこ劇場」などの活動に長らくかかわってきた秋山によれば，小さな団体がマスメディアに取材依頼をしても相手にされないことが多く，「そういう人たちの思いに応えなければ，という思いで取り組んだ」という。

　タイムスが 2002 年 4 月に完全日刊化したことにともない，「協働紙面」も 2 ページに倍増した。タイムス社から組版用 PC が無償提供され，くびき野 SC では広告も含めた完全な版下まで制作することになった。新規に専任の営業担当者とデザイナーを配置し，営業担当者がくびき野 SC 会員企業を回って広告出稿を求め，デザイナーが本格的な記事下広告を作成した。広告収入はすべて

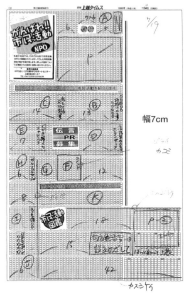

図3－1　「協働紙面」の第２号（1999年7月5日号）のレイアウト

出所：くびき野SC提供。

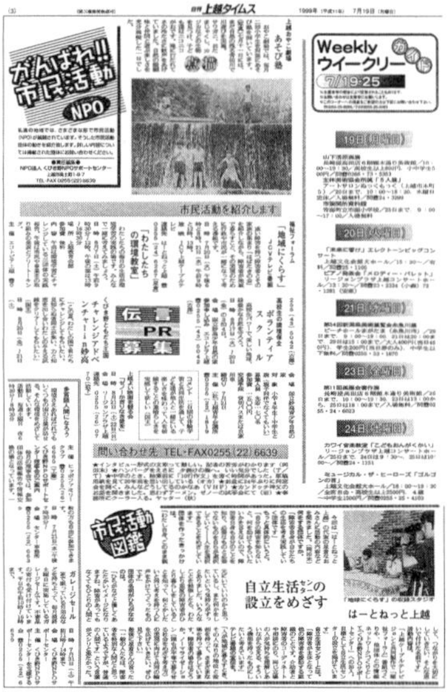

上越タイムス

がんばれ!! 市民活動
NPO

Weekly ウイークリー
7/19-25

市民活動を紹介します

伝言 PR 募集

問い合わせ先 TEL・FAX0255(22)6639

市民活動図鑑

自立生活センターの設立をめざす

はーとねっと上越

図3－2　「協働紙面」の第２号（1999年7月5日号）の紙面

出所：くびき野SC提供。

くびき野SCの事業収益となった。

「協働紙面」の題字は『がんばれ!!　市民活動』に始まり，『NPOガイド』『市民活動を応援します』『NPO通信』など幾度かの変更を経て，2002年10月から『NPO PRESS』（以後，PRESS）に落ち着いた。題字の右には，「責任編集　くびき野NPOサポートセンター」という文字を明記し，タイムスから独立していることを強調した（図3－3）。2004年4月にはタイムスの増ページ化にともない，「協働紙面」は4ページへと大幅に拡大した。

くびき野SCは，先述のように2003年にPSCからグランプリを受賞し，さらに2005年には，上越市で開催されたNPO全国フォーラムのホストも務めた。このフォーラムが地方都市で開催されるのは初めてのことであった。

くびき野SCがカバーする地域内のNPO法人も増え続け，新潟県が2008年に公表した調査結果(17)によれば，2007年3月末時点の人口1万人当たりNPO法

第3章　新聞社とNPOの持続可能な協働の条件とは

図3-3　題字の右側に紙面編集の責任主体が明記されている
出所：2008年12月29日付紙面より。

人数は県平均が1.8で，新潟地域振興局管内（新潟市など2市1町）が2.0にとどまっていたのに対し，上越地域振興局管内（上越・糸魚川・妙高の3市）は2.8と突出して多いことが確認された。その理由について，くびき野SCもタイムス社も，「協働紙面」の成果であると口をそろえている。

アドボカシーとジャーナリズム

　関係者によれば，「協働紙面」をめぐる深刻な対立やトラブルは起こっていない。ただ，タイムスとPRESSがともにおなじ事象を記事にすることがあり，両紙面の違いが明確になった典型的な事例が，福祉有償運送をめぐる報道であった。

　上越市は2005年，障害者や要介護者をNPOが自家用車で有料輸送できるようにする福祉有償運送の「セダン特区」を申請した。申請はただちに認可され，高齢者や障害者をケアしていた世帯では，NPOの車を手軽な移動手段として利用できるとの期待が高まった。しかし制度運用をめぐる地元関係者間の協議の場で，地元のタクシー業界が国の制度よりも厳格な基準を採用するよう要求し，市当局はそれを大幅に受け入れた。

図3-4　福祉有償運送をめぐる『NPO PRESS』
　　　　の特集記事の1つ（2008年9月15日）

　業界団体は行政や議員に働きかけるなどして影響力を行使できるが，高齢者や障害者を介護する世帯やそれらを支援する市民団体にはそうした政治力はない。このためくびき野SCは，この問題に取り組むNPOに異議申し立ての記事を書く機会を提供し，翌2006年に2度，08年にも1度，計3回にわたり大きな特集紙面を組んだ（図3-4）。

　特集記事は，複雑な福祉輸送の仕組みと特区制度の利点などを丁寧に解説し，あくまでも障害者と高齢者の立場から，タクシー業界の要求に傾きつつあった行政に見直しを求める政策提言（アドボカシー）を行うものであった。この問題は地域固有の狭い問題ではなく，全国的な広がりを持つ全国的な福祉課題であり，全国で福祉有償運送を提供するNPOも上越に来訪して上越市の動向を注視した[18]。結果的に，特集記事が行政を動かすにはいたらなかったが，小さな

NPOが新聞紙面というパブリックな場で意見を堂々と表明し，政策提言ができることを示したということは，PRESSに新たな役割が見出されたといえよう。

秋山は当時を振り返り「記事の中に行政やタクシー業界に批判的な文章があった」ということは認める。その報道ぶりを既存のジャーナリズム理論に当てはめれば，特定の思想を掲げる「アドボカシー・ジャーナリズム」とも受け取れよう。そのような報道スタイルは長らく「ジャーナリズムとして未熟な段階にあると批判されることが多かった」(林 2002：384)。

しかし，アドボカシーはNPOの世界では「未熟」どころか，社会変革のための最も重要な活動であり (Cohen et al. 2001)，秋山たちの紙面作りはNPO活動としては賞賛されるべきものであった。

秋山たちが意外に思ったのは，PRESSのアドボカシーが，タイムス編集局から「これこそ当事者だから書ける記事だ」と絶賛されたことであった。秋山たちは特集記事が，ニュース報道の「客観」「中立」を原則とするタイムスの編集局で問題視されていたのではないかと懸念していたが，結果はその逆で，タイムス社の編集局内ではPRESSが讃えられていた。

長時間にわたるインタビューで，山田が最も力を込めて話したのは，「社会の課題の数だけNPOは生まれる。当事者やNPOにしか書けない記事がある。『協働紙面』のおかげでプロを自認する記者たちは多くを学ぶことができる」という言葉であった。

3　持続的な「協働」の前提と条件

全国最多の14市町村合併という背景

新聞社とNPOの「協働」の可能性を検討するのに先立ち，地域の来歴についても簡単に見ておきたい。新潟県は古くから4つの地域に区分され，佐渡のほか，京都に近い南西部から順に「上越」「中越」「下越」と呼ばれてきた。上越ゆかりの人物として広く知られているのは戦国武将の上杉謙信で，現在の市

役所は謙信が築いた春日山城のふもとに建てられている。郵便の父・前島密や児童文学者の小川未明の生誕地としても知られ，中心的な市街地の高田は，瞽女(ごぜ)と呼ばれる盲目の女性芸人が最後まで歌い続けたことでも有名である[19]。

また高田は，新潟県で最初の政治結社（明十社）が創立されるなど，自由民権運動が盛んな土地で，『高田新聞』や『高田日報』など政論新聞が相次いで発行され，思想弾圧による冤罪事件（高田事件）も発生した。明治以降は陸軍の軍都としての一面も持ち，戦後も自衛隊の駐屯地が設けられている。

気候的特徴は，日本を代表する豪雪地帯である。1945年に3メートル77センチの積雪が観測され，あたり一面真っ白な雪原に「この下に高田あり」という立て札が立てられたという逸話も残されている。近年は数メートルにおよぶ積雪は見られないが，今日でも市街地の軒先には，雪国の自助・共助のシンボルである雁木(がんぎ)と呼ばれる雪よけひさしが設置され，雪国ならではの風情を醸し出している。

上越市は1971年，高田市（1911年市制）と直江津市（1954年市制）が合併してスタートし，日本のスキー発祥の地として観光に力を入れる一方，臨海工業地帯の形成も積極的に進めてきた。しかし，日本の多くの地方都市と同じく，人口は減少し，シャッターを下ろしたままの商店が目立ち，地域コミュニティの空洞化も進んだ。「平成の大合併」によって2005年には上越市が周辺13町村を編入する日本で最大規模の合併が行われ，従来よりも事務権限が大きい特例市となった。

自治体合併は，住民の立場からすれば多くの場合「痛み」をともなう。上越市に編入された13町村からは役場と議会が消え，身近な相談相手である役人や議員がいなくなった。行政機関による情報提供も上越市役所の広報誌に一本化され，住民の暮らしに直結する地域情報は質量とも乏しくなった。合併後の上越市は面積も広くなり，人口規模も膨らんだかに見えるが，行政が供給できる住民ひとり当たりの公共的なサービスは確実に縮小した。大都市では市場のアクターである企業が公共的な資源の供給者となることも少なくないが，上越のような地方都市ではNPOや市民団体などによる共助的なネットワークのは

第3章　新聞社とNPOの持続可能な協働の条件とは

たす役割に大きな期待が寄せられている。

地域紙にとってのNPOとの「協働」の意味

　新聞社がコラムやエッセー，評論などの執筆を外部の識者などに依頼することは珍しくない。多くの新聞社では，読者からの投書を呼びかけているし，広告特集の紙面を外部の編集プロダクションが丸ごと請け負って制作することもある。だが，いずれの場合も掲載する／しないの判断は新聞社によって主体的に行われる。くわえて，記事内容に誤りがないかを精査したり，不適当な表現を言いかえたりするなど，二重三重のチェックがなされるのが通例である。

　しかし，上越の「協働紙面」のケースは，くびき野SCとタイムス社との間で，どのような記事を載せるかについての事前協議はもちろん，両者の間で定期的な編集会議のようなものすら開かれていない。くびき野SCは独自に制作した紙面の版下となる電子データを新聞社に持ち込み，タイムス社は内容をチェックせずそのまま印刷している。それはタイムス社が「編集権」の一部を放棄し，くびき野SCに「丸投げ」をしているように見えなくもない。

　1999年7月にスタートした月曜特別版『じょうえmon.』の1ページをくびき野SCが制作していた時期は，懸念していたような批判はなかった。ところが2002年4月に特別版から『タイムス』の題字を冠した通常紙面に移行し，毎週月曜日の紙面にNPOが制作する紙面が埋め込まれるようになったのを機に，同業他社から一斉に批判がぶつけられるようになった。[20]

　　　ここには同業の方がおられるので言いづらいんですが，同業の方々から「とうとう上越タイムスは，新聞作りの魂を売った」「編集権というのはどうなるのか」「堕落した」「手抜きだ」と。特別版のときは，それほど聞こえてこなかったのですけどね。(2009年10月7日，東京大学で開催された公開研究会における山田の講演録より)

　批判の多くは取材先や記者クラブなどで一緒になった他社の記者たちから，

タイムス社の記者にぶつけられたものであり，山田たち編集局幹部の胸中は複雑きわまりなかった。山田は1999年当初，社外のNPOに紙面を任せるという大島の提案に徹底抗戦し反対したものの，結果的に譲歩したことが悔やまれた。しかし山田たちは，NPOの紙面が号数を重ねるうちに，すこしずつ考えが改まっていったという。

> 「地域をリードする」とか，格好よく「オピニオンリーダー」とか言いまして，さも地域のために報道しているんだというようなことを言いますけども，それがどうも読者・市民の方々には「偉そうだな」というように取られていたようです。ところが，NPOの方々が記事を書くことによって，どんどん共感の輪を広げていくわけです。新聞社がいくら記事を書いても地域が変わっていくというようなことはなかなか難しいけれど，NPOの紙面を通じて，NPOの組織がどんどん増えていくんです。……社会問題に対して，ただ報じるんじゃなくて，実際にその問題に取り組みながら記事を書くわけですから，読む側は感動しますわね。われわれ新聞作りをやってる現場が，どうも忘れていたことのような気がします。（2009年10月7日，東京大学で開催された公開研究会における山田の講演録より）

日本の主流ジャーナリズムにおける職業倫理は「客観的」で「中立的」なニュース報道をすることを要請し，記者が取材対象に恣意的な影響を及ぼすアクターとなることを禁じている。しかし，県庁所在都市でもない上越地域では，過疎や少子高齢化，環境や医療の問題など，全国の地方都市に見られる問題がより早く先鋭的に生じており，日本が抱える社会問題の「最前線」である。多くのNPOはそれら問題に対処するため，自発的に結成された新しいアクターであり，彼／彼女らこそが，市町村合併によって縮小した政治や行政の役割を埋めているといえる。

そうした地域において，地域紙がはたすべき役割は，全国紙や県紙とは異なっていると考えるべきであろう。調査時に報道部長であった市村雅幸は，地域

紙の使命は「広い意味での自治です」とインタビューで答えている。たしかに自らを治めるという意味での「自治」は，必ずしも地方自治体の行政施策によるものだけではなく，NPO や市民活動によっても担われる。地域紙を発行する新聞社が自治にどう貢献できるか。1 つには，市民社会の異議申し立てやアドボカシーの場を提供しつづけ，そうした空間にジャーナリストが特権的に介入しないことではあるまいか。

　山田の説明によれば，タイムス社が再建に乗り出す前の 1999 年には年間 2 億に満たなかった売上高は 2005 年には 2 倍の 4 億円となり，部数も 7000 から 2 万に届こうとするまでに増えた。[21] 部数増は全社を挙げての地道なセールス活動によるものだが，その背景には NPO の活動に触発され，「社員の意識が変わっていった」ことが背景にあるという。

ビジネスモデルとしての PR サポーター広告

　くびき野 SC が，営利企業たるタイムス社との協働を続けられた第 1 の理由は，NPO 紙面に，新聞社が介入しなかったことである。「協働紙面」は特別な事情がない限り，市民社会に無料で自由に使える言論空間として利用され続けてきた。

　この協働を持続可能なものとしたと考えられるのは，2002 年に始まった「協働紙面」の広告営業活動である。なかでも，企業が NPO 活動支援する「PR サポーター」広告は，市民メディアや NPO メディアにとってのビジネスモデルとして有望視される。

　くびき野 SC は，小さな市民活動団体のほか，100 社を超える会社や商店が企業会員となっている。PRESS の広告営業担当者はそうした地元企業を回って広告出稿を願い出た。そんなあるとき，くびき野 SC 理事でもあった歯科医院オーナーから「市民団体に広告スペースを提供しましょう。その代わり医院名を小さく入れてください」という提案があった。医療機関は開院など特別な場合を除き広告は出さない慣行があるが，市民団体に広告スペースを提供するという名目ならばスポンサー名だけで十分だと判断した。学生時代に社会福祉

図3-5 子育てNPOのためスペースを提供する
産婦人科医院のPRサポーター広告の例

を学んだ地元の酒造メーカー経営者も，市民団体のために広告スペースを提供するアイデアに賛同し，企業名の前に「PRサポーター」の文字を入れることを望んだ．以後，「PRサポーター」という名称が定着した．

PRサポーター広告は，企業の商品やサービスを宣伝するものではなく，財政的に豊かではない市民団体を支援し，地域をよりよくすることが目的であり，環境運動に取り組む団体を廃棄物処理業者が支援したり，子育てのための母親グループを産婦人科医院が支援したりする例もある（図3-5）。

関係者によれば，PRサポーターは三者にメリットがある．くびき野SCには企業から広告料が入り，団体が広告スペースを通じてさまざまな告知ができ，企業は自社イメージを高めることができる．秋山は「PRサポーターの広告は，広告料が何倍もの喜びになって社会に循環する結果を生む」と強調する．PRサポーターによる広告料は，PRESSの全広告収入の2～3割を占めており，

ビジネスモデルとして確立しているといえよう。

　くびき野 SC の年間の財政規模は，設立当初 200 万円で数人のスタッフは全員無給のボランティアだったが，「協働紙面」が 2 ページになり広告営業を開始した 2002 年に 1500 万円になり，「協働紙面」の広告料は有給スタッフの給料に回された。紙面が 4 ページになった 2004 年には 1700 万円でスタッフ数も 9 人に増え，翌 2005 年には 2000 万円を超し，以後，2000 万円規模の事業を継続している。「協働」を持続可能なものにするには，熱意や善意だけではなく，有給スタッフに安定的な給与が支払えるビジネスモデルが必要であることがあらためて確認できる。

「協働紙面」の特殊性と普遍性

　「協働紙面」が始動した背景には，タイムス社の経営改善に着手し始めた社長の大島が，くびき野 SC のトップを兼務していたという事情が存在する。このため「協働紙面」は「特殊事例」であり，他の地域では起こりえないという認識が，新聞業界の関係者にも，NPO 関係者にも共有されてきた。

　しかし，既述した通り，大島が NPO の手を借りる提案をしたことが，社内で大きな軋轢を生んでいた。また，この提案は，くびき野 SC 内でもすんなり受け入れられたわけではなかった。秋山は「新聞社といえども，民間の営利企業に違いはなく，無償で紙面を作ることについて，当初は釈然としなかった」と振り返る。

　もう一点，特殊性を表す材料を加えれば，上越地域における大規模な市町村合併が，地域紙経営の追い風となっていたという見方もできよう。タイムス社では，くびき野 SC に続いて 2004 年 9 月から，上越地域振興局から広報情報を送ってもらい「くびきの創信」というページを社内で作りはじめ，翌 2005 年 1 月からは上越市役所や妙高市役所の広報情報のページを設けている。タイムス社ではこれを行政との「協働」と呼んでいる[22]。

　上越市役所の五十嵐修広報対話課副課長（当時）は「行政の広報誌がカバーする面積が格段に広がったこともあり，タイムスをたいへんありがたく利用さ

せてもらっている」と話す。これでは権力監視というジャーナリズムの使命を考えれば，危険性を指摘されかねない。しかし，「協働紙面」のプロジェクトは十数年の長きにわたって続けられ，地域社会の問題解決に取り組む市民活動を他の地域よりも活発にしたという果実を実らせてきた。主流メディアが順守する「客観・中立」規範から逸脱するという理由から新聞社とNPOの協働実践を否定したり，研究対象から除外することは容易であろう。だが，むしろ，いくつもの矛盾をはらみ，これまでの理論だけでは解釈しきれないこうした事例から，新聞社とNPOの持続可能な協働の条件を探すことは，今後の新聞，NPO，行政などかかわるすべての人々にヒントを与えるのではあるまいか。とりわけ，上越市が特異な都市ではなく，少子高齢化や環境保全など他の周縁地域と共通する課題と直面する地方都市のメディアにとって，こうした試みは地域自治を活性化する先進的な例と言えよう。

4 問題意識と目標の共有

　上越における新聞社とNPOの協働は，高邁な理想を掲げて始められたものではなく，新聞社再建のためNPOに協力を求めたことが発端であった。紙面の一部を外部に委譲するという経営者の決定をめぐり，社内は長期間紛糾した。しかし主流ジャーナリズムの間で考えられている「編集権」に固執するよりもNPOとの協働を選び，市民参加の実践を進めたことで，新聞社とNPOの双方が利益を得た上，第三者から地域の市民活動を活発にしたという評価も与えられた。本章ではそれを「地域の利益」と記したが，それを「地域の価値」と呼び換えても差し支えあるまい。米国政治学の文脈に照らせば，近年注目を集めているソーシャル・キャピタル[23]や，共通善（common good）[24]といった概念とも重なる部分が大きい。

　実践を容易にした背景として，両組織のトップが同一人物であったことや，大規模な市町村合併の影響など，この土地に固有の事情が重なっていたことは間違いない。しかし本事例は，不況下にある新聞産業にいくつもの示唆を与え

る。例えば,「編集権」の概念は脱政治化しつつも編集局や新聞社の権威化・特権化に作用しており,NPO など市民のメディア参加の阻害要因になりかねないことが認められた。新聞社の活動には編集上の独立は重要な意味を持つが,紙面参加する NPO にもまた,独立した立場が必要であり,それが尊重されなければ対等なパートナー意識の構築が困難であったとも考えられる。

　NPO がマスメディアを使いこなすにあたり大切なことは,表現や編集技術の獲得はいうまでもないが,事業を継続的なものとするには,PR サポーター広告に象徴されるように NPO 自身が事業収益をあげられる仕組みも必要であったといえよう。

　最も重要と考えられるのは,新聞社と NPO が同じ目的意識を共有し続けることである。新聞社と NPO は異なった思想と論理によって実践されている。しかし両者は必ずしも反目するものではなく,条件さえ整えば共通のプロジェクトに取り組むことは不可能ではない。本事例では,自治体合併によって地方政府がスリム化・効率化する一方,若年層の流出や限界集落の問題などの社会問題が未解決という状況下で,新聞社と NPO が「地域を良くする」という目的を共有した。こうした問題意識の共有は,新聞社と NPO のトップが同一人物であったからこそ実現したとは必ずしもいえない。タイムス社内の「編集権」論争を振り返れば,むしろ新聞社のトップが畑違いの NPO 関係者であったことが問題を紛糾させたとさえ考えられる。

　本章を閉じるにあたり,新しい動きを１つ紹介したい。いくつかの条件が偶発的に重なり合い,たまたま上越地域で生じた新聞社と NPO の「協働紙面」プロジェクトは,2010 年秋,和歌山市内の地域紙『わかやま新報』と中間支援組織「わかやま NPO センター」に波及した。NPO は２週間に１回,地域紙１ページを編集しはじめている。成否について判断するのは尚早かもしれないが,こうした試みは今後も各地の小規模なメディアを舞台に行われる可能性はある。

注

(1) 本章のデータは 2013 年時点のものである。
(2) 全県域をカバーする「県紙」よりも狭い地域を配布エリアとする小規模な新聞社の一般的な名称。
(3) 本事例の当事者が用いる「協働紙面」の「協働」は，Ostrom（1977）における「co-producing」の訳語である。
(4) 『みんなの経済新聞』は，既存の新聞社をはじめとするマスメディアとは一線を画しており，「市民メディア vs マスメディア」という古典的な対立の構図を超える事例とはならず，岩本がこの事例を採りあげた理由がはっきりしない。
(5) 中間支援組織。NPO との協働によって企業の CSR を推進することを目的としている。
(6) 受賞したのは，くびき野 SC，タイムス社，エフエム上越，JCV の 4 者。タイトルは「地域メディアフル活用の NPO 情報発信」。くびき野 NPO サポートセンター編（2006）など参照。
(7) P. F. Drucker Foundation for Nonprofit Management を前身とする NPO。1990 年創設（http://www.pfdf.org/，2009. 8. 27）。
(8) 各地の地域紙で構成する団体で，1999 年に設立された。関谷邦彦・南信州新聞社社長が会長を務める。タイムス社は正式な加盟社ではなく準加盟社。
(9) 日本 ABC 協会「普及率 2009 年下半期」に記載された朝刊の部数の平均値によれば，『新潟日報』の発行部数は約 49 万部，県内マーケットシェアは約 60 ％にのぼる。
(10) 『日刊上越新聞』は 3089 号で終わり，『上越タイムス』は 3090 号からスタートした。
(11) 地域紙研究の第一人者である山田晴通は，『新聞研究』（433 号）に寄せた「日刊地域紙を概観する――経営的変化の素描」で地域紙のカテゴリを整序している。山田の分類によれば初期のタイムスは古いタイプに分類され，1999 年以降に新しいタイプに変化したことが理解できる。
(12) 大島は 2 年後の 2001 年に執行役員から社長に昇格するが，1999 年 3 月の時点から実質的な経営者として再建に取り組んでいた。
(13) 日本新聞協会ホームページ（http://www.pressnet.or.jp/statement/report/480316_112.html，2011. 9. 28）。
(14) 柏木（1960），第八次新聞法制研究会編著（1986），塚本（1995），畑仲（2010）など参照。
(15) 小規模な地方紙において用いられる「ジャーナリズムはいらない」というフレーズは，「全国紙のような主流ジャーナリズムがいらない」という意味で発せられることが多い。畑仲（2008）など参照。

⒃ インターミディアリー（Intermediary）とも呼ばれ，NPO のための NPO と説明される。多数の NPO をネットワークしたり，設立支援をしたり，行政や経済界などとのパイプ役となることが多い。
⒄ 新潟県「新潟県 NPO 活動の促進に関する指針」（平成 20 年 3 月）参照。新潟県内の団体数は 744，うち NPO 法人数は 422 であった。上越地域振興局管内では，団体総数は 99，NPO 法人数は 68 であった。
⒅ 全国移動サービスネットワーク（理事長・杉本依子，本部・東京都世田谷区）。
⒆ 高田瞽女と呼ばれる。上越ふるさと研究会編（1988）など参照。
⒇ 2002 年 4 月当時は，タイムスは全 16 面建てで，2 ページが NPO に提供された。
(21) タイムス社は日本 ABC 協会非加盟のため，発行部数は自己申告の「公称」となるが，筆者が閲覧した社内資料と大きな乖離は見られない。
(22) タイムス社は，上越市に編入されて役所や町村議員が消えた地域に作られた「地域協議会」にも話題提供を求める「協働」を始めている。
(23) 「社会関係資本」や「人間関係資本」などと訳され，資本の増加や減少は，社会の信頼・規範・ネットワークに負うところが大きい。Putnam（2000＝2006）など参照。
(24) NHK の人気番組「ハーバード白熱教室」（2010 年放送）でハーバード大学のマイケル・サンデル教授が解説したことで，日本でも広く知られるようになったコミュニタリアニズム思想の重要概念。Sandel（1998＝2009）など参照。

文献

Cohen, David et al., 2001, *Advocacy for Social Justice : A Global Action and Reflection Guide*, Oxfam Advocacy Institute, Connecticut : Kumarian Press.
第八次新聞法制研究会編著，1986，『新聞の編集権――欧米と日本にみる構造と実態』日本新聞協会。
ハード，ガブリエレ・浜田忠久，2010，「コミュニケーションへの権利と市民社会メディア――政策の新しい方向性」『マス・コミュニケーション研究』77 : 149-166。
浜田純一ほか編，2009，『新聞学』日本評論社。
春原昭彦，2004，『日本新聞通史』新泉社。
畑仲哲雄，2008，『新聞再生――コミュニティからの挑戦』平凡社。
畑仲哲雄，2010，「『編集権』から NPO『協働』へ――あるローカル新聞の市民参加実践」『東京大学大学院情報学環紀要　情報学研究』79 号 : 175-188。
林香里，2002，『マスメディアの周縁，ジャーナリズムの核心』新曜社。
林香里，2011，『〈オンナ・コドモ〉のジャーナリズム――ケアの倫理とともに』岩波書店。
平塚千尋，2011，「ケーブルテレビと市民参加の地平」金山勉・津田正夫編『ネット

時代のパブリック・アクセス』世界思想社。
堀部政男，1974，「アメリカの法と新聞——マスメディアへのアクセス権（下）」『新聞研究』280：65-70。
堀部政男，1974，「アメリカの法と新聞——マスメディアへのアクセス権（上）」『新聞研究』279：68-73。
堀部政男，1977，『アクセス権』東京大学出版会。
飯塚誠，2007，「新しい公共空間の創造条件——住民自治実現のためのシビルミニマムの設定と公共の担い手を決める仕組みづくり」『CUC Policy Studies Review』16：55-64。
井川充雄，2005，「活字メディアの現況——日本の新聞，世界の新聞」山本武利編『新聞・雑誌・出版』ミネルヴァ書房，142-168。
池尾伸一，2007，「市民メディアの台頭と新聞社の対応——読者の情報発信取り込む双方向サイトを柱に」『新聞研究』676：14-17。
岩本太郎，2008，「『地域×テーマ』はなるべく狭く——新聞・テレビを刺激する二つの市民メディア」『新聞研究』678：67-70。
上越ふるさと研究会編，1988，『上越ふるさと事典』上越ふるさと研究会。
上越市史編さん委員会編，2002，『上越市史——通史編6』上越市。
上越市史編さん委員会編，2004，『上越市史——通史編5』上越市。
上越市史編さん委員会編，2004，『上越市史——通史編7』上越市。
柏木成樹，1960，『新聞編集権をめぐる労働関係——新聞の自由と新聞労働協約』朝日新聞調査研究室報告。
岸田眞代編著，2005，『NPOからみたCSR——協働へのチャレンジ』同文舘出版。
くびき野NPOサポートセンター編，2006，『NPO全国フォーラム2005北信越会議報告書』日本NPOセンター・新潟NPO協会・くびき野NPOサポートセンター。
松本恭幸，2005，「地方新聞におけるメディアアクセス——メディアアクセス・オンBB」『放送レポート』197：68-71。
松本恭幸，2006，「ジャーナリズムへの市民参加」『マス・コミュニケーション研究』68：22-41。
松本恭幸，2009，『市民メディアの挑戦』リベルタ出版。
Milton, John, 1644, *Areopagitica ; A speech of Mr. John Milton for the Liberty of Unlicenc'd Printing, to the Parlament of England*. (＝2008，原田純訳『言論・出版の自由——アレオパジティカ』岩波書店。)
新潟県，2008，「新潟県NPO活動の促進に関する指針」。
Ostrom, Vincent and Bish, Frances Pennell, 1977, *Comparing Urban Service Delivery Systems : Structure and Performance*, Sage Publications.
Pestoff, Victor Alexis, 1998, *Beyond the Market and State : Social Enterprise and Civil*

Democracy in a Welfare Society, Ashgate Publishing.（＝2000，藤田暁男ほか訳『福祉社会と市民民主主義──協同組合と社会的企業の役割』日本経済評論社。）

Pestoff, Victor Alexis, 1992, "Third Sector and Co-Operative Services: An Alternative to Privatization," *Journal of Consumer Policy*, 15:21-45。

Putnam, Robert D., 2000, *Bowling Alone: The Collapse and Revival of American Community,* Simon & Schuster.（＝2006，柴内康文訳『孤独なボウリング──米国コミュニティの崩壊と再生』柏書房。）

Sandel, Michael J., 1998, *Liberalism and the Limits of Justice, 2nd ed.*, Chambridge University Press.（＝2009，菊池理夫訳『リベラリズムと正義の限界』勁草書房。）

田村紀雄，1997，「地域メディアの30年──第4次『ローカル新聞全国悉皆調査』」『東京経済大学人文自然科学論集』(104)：109-130。

津田正夫，2011，「パブリック・アクセスの歴史と現在──転換期のパブリック・アクセス」金山勉・津田正夫編『ネット時代のパブリック・アクセス』世界思想社。

塚本三夫，1995，「編集権」稲葉三千男ほか編『新聞学［第3版］』日本評論社，136-147。

山田晴通，1988，「日刊地域紙を概観する──経営的変化の素描」『新聞研究』(443)：48-54。

山田護・二反田隆治，2009，「地域新聞をどう作るか──行政・NPOとコミュニティペーパーの関係」『分権型社会を拓く自治体の試みとNPOの多様な挑戦──地域社会のリーダーたちの実践とその成果』(6)：151-16。

山本明，1962，「新聞『編集権』の成立過程」『同志社大学人文科学研究所紀要』第5号：45-70。

山崎丈夫，2003，『地域コミュニティ論──地域住民自治組織とNPO，行政の協働』自治体研究社。

第4章

地域医療とコミュニケーション
―― 福島県須賀川地域を事例として ――

小林　伶

1　福島県須賀川地域を取り巻く医療の状況

医療を取り巻く環境の変化

　現在，日本各地で医師不足や厳しい経営状況などによる医療機関の閉鎖や縮小が相次ぎ，医療崩壊は全国的な問題となっている。こうした状況は，医療者ばかりに安心できる医療を要求するだけでは解決できない。医療者-患者という関係を超え，共に医療のあり方について考えていく必要がある。「医療崩壊」といっても，各地域によって直面する状況は異なっている。そのため，地域医療の課題に立ち向かうためには，国による対策に加え，地域全体で協働して問題に取り組むことが不可欠である。最近では，医療機関・行政・住民が一体となり，医療を支える取り組みが行われている地域もある。福島県須賀川地域は，そうした地域の1つである。

　本章では，2009年8月から11月にわたり，公立岩瀬病院を中心に実施した調査をもとに，須賀川地域における地域医療を支える取り組みについて述べたい。

福島県須賀川地域の現状

　須賀川地域は，福島県の県中医療圏に位置する。その中には，郡山市の約34万人を管轄する郡山市保健所と，その他の地域の約22万人を管轄する県中

保健所があり，県中医療圏は2つに分けて考えることができる。須賀川地域は，後者に属する。

　県中医療圏では，人口10万人に対し，病院数が6.07，診療所数が69.0であり，それぞれ全国平均の7.00と77.2，福島県平均の7.07と70.3を下回っているが，病床数は1426で，全国平均の1273を上回り，福島県平均の1429をわずかに下回るだけとなっている（公立岩瀬病院組合 2009：4）。こうした状況は，郡山市の医療機能の充実によって支えられている。郡山市には，救命救急センターを備え三次救急を担う太田西ノ内病院，地域医療支援病院に認定されている総合南東北病院，星総合病院など23の病院，約250の診療所といった医療施設に，800名以上の医師，6000床以上が確保されている。一方，県中保健所管轄地域においては，地域医療支援病院に認定されている病院がなく，11の病院，約140の診療所という医療施設に，193名の医師，約2000床が確保されているにすぎない（福島県保健福祉部 2009a：324-344）。そのため，須賀川地域では，医療施設数，さらには，医師数に関しても，人口10万人対医師数の全国平均206.3を大きく下回っており，医療機能が不足しているということができる。

公立岩瀬病院について

　公立岩瀬病院は，1872年，近代医学導入を目指す地域の先覚者たちの熱意によって福島県立須賀川病院として開設された。これまで，時代の流れの中で幾度となく困難な状況に直面したこともあったが，その度に地域住民の理解と協力に支えられ，須賀川の地で病院を守り続けてきた。2009年4月には，地方公営企業法全部適用となり開設者名称を「公立岩瀬病院企業団」とし，地域の中核病院として重要な役割を担っている。しかし，他の公立病院と同様，医師不足や厳しい財政状況など複数の課題を抱えており，2009年3月に公立病院改革プランを策定し，取り組みを始めた。

　公立岩瀬病院には，211床（新病棟建設開始以前は335床）の入院機能があり，20名の常勤医師と，福島県内・東京都内の大学病院などから派遣される数人

の非常勤医師によって診療が行われている。もともと，2006年4月には，26名の常勤医師が診療にあたっていたが，厳しい勤務環境などにより病院を辞め，2007年には常勤医師が20名となり，常勤医師の不足が深刻化した。それにともない，2006年8月から産婦人科が休診となり，内科や整形外科の診療規模も縮小されてきた。さらに，2008年3月からは，それまで24時間体制で対応してきた夜間の一般救急外来診療体制を維持することが難しくなり，当直医の過重労働を軽減するため，午後11時から翌日午前8時半までを休診とし，救急車や重篤な患者に限り受け付けることになった。こうした状況を見ると，医師不足が公立岩瀬病院の医療機能の縮小に大きな影響を与えていることがわかる。

　こうした医師不足は，経営の問題にも直結する。211床のうち，入院患者数は約150名で推移している。経営的には患者の受け入れを増やしたいところであるが，それでは医師の負担を増大することになり，厳しい勤務状況におかれた医師が辞めていく可能性がある。そうすると，残った医師の疲弊がさらに進み，医師不足にいっそう拍車がかかることになる。病院としては，医師が安心して勤務できるとともに，医師の力を最大限生かすために，医師の過剰な負担を減らすことが必要であるため，単純に患者の受け入れを増やせばよいわけではない難しさがある。また，公立岩瀬病院は臨床研修指定病院であるものの，若手医師が集まらず，医師の高齢化が進んでいることも課題となっている。さらに，病院の老朽化にともない，新病棟を建設中であるが，これによる経済的負担は大きい。このように，病床稼働率が上がらないこと，病棟の建て替えにともなう莫大な出費を抱えるなど，厳しい経営状態が続いてきた。

2　公立岩瀬病院の取り組み

　公立岩瀬病院の取り組みを，病院利用者とのコミュニケーション，地域住民への情報提供活動，共感の医療コミュニケーションへの活動の3つに分類し，各取り組みについて見ていくことにする。

病院利用者とのコミュニケーション

　よりよい医療サービスを提供するためには，病院利用者からの意見・要望・相談等を参考にしていくことが必要である。そのため，公立岩瀬病院では，①意見箱，②苦情対応窓口の設置，③「患者の声」を集める取り組みを行っている。

①意見箱

　病院利用者は，自分が受けた医療行為や病院に対する意見をカードに記入し，意見箱に投稿することができる。一般に，医療従事者は非常に忙しく，患者は感謝にしても苦情にしても伝えることができないことがある。また，そもそも患者は，病院では医療従事者から世話してもらう側であり，弱い立場であると感じる人もいる。そうした人たちは，医師や看護師に言いたいことがあっても，なかなか言えないという状況がある。意見箱は，病院に直接意見をすることはできないけれども意見を伝えたい，という病院利用者の声を受けとめる制度として機能している。

②苦情対応窓口

　苦情対応窓口は，地域医療連携室に設置されている。窓口の担当者によると，窓口での対応は月に1件程度と少なく，よほどのことがないと来ないのではないかと考えている。窓口に来るほどでもないちょっとした苦情は，地域医療連携室の看護師が1階正面窓口で医療看護相談をしているときや，正面受付に寄せられることがある。

　苦情対応窓口に寄せられる苦情は，病院の施設・設備的に関するものもあるが，大半は医療従事者の対応に関するものである。苦情対応窓口としては，もっと早いうちに，現場できちんと対応できていれば，窓口に来ることにはならなかったのではと考えられるものも少なくない。そのため，寄せられた苦情を選りわけ，病院の体制として解決しなければいけない問題については経営企画課へ伝えるようにしている。経営企画課は，この情報を現場にフィードバック

して，問題の再発防止に努めている。

　医療従事者に関する苦情は，個人を特定してのものがほとんどである。原理的には，このような苦情の原因は，医療従事者に問題がある場合，患者に問題がある場合，両者の関係に問題がある場合に分類できる。しかし，現実にはこの区別は難しく，さらに，当事者同士の言い分が一致しないこともまれではない。そのため，医療従事者に対しても，患者に対しても，当事者ではない第三者を介してコミュニケーション回路の回復を図っている。

　これまでのところ，苦情対応窓口からあげられた意見に関しては，改善の方向にもっていくことができており，大きな問題にならずに済んでいる。苦情対応窓口担当者としては，苦情を言ってきた人への対応を行うだけでなく，思っていることがあるにもかかわらず意見を言わない人には，どのようにして意見を言ってもらうかを考えなければいけないと感じている。苦情を言ってきた場合には，病院は本人と直接話をすることができ，病院としての対応や考えについて理解や納得が得られる可能性がある。しかし，苦情を言わなかった場合には，仮にそれが何らかの誤解であっても，苦情という形で地域の中に悪い風評が立ってしまう場合がある。病院としては，いかに意見を言ってもらうかが課題であると考えている。

③「患者の声」を集める取り組み

　患者からの意見や苦情は，各部署にも寄せられる。それらは，その場ですぐに対応したりして解決してしまい，医療従事者間で共有しにくい状況であった。この状況を改善するために，地域医療連携室では，2009年6月から，各部署に「患者の声」という用紙を配布し，現場で寄せられた意見にどういう対応をして解決したのか，あるいは未解決なのかといった情報を収集することにした。そういう情報の中から患者の声を集約し，病院全体で共有し，生かしていこうという取り組みである。現場からは多くの情報があがってきており，今後，病院全体で共有するとともに，必要に応じて対応を検討していくとのことである。

地域住民への情報提供活動

　地域の中核病院として，病院の現状や取り組みに関する情報を発信することは，地域住民にとってより親しみある存在として自らを確立するために重要であり，また，健康や医療に関する情報を発信することは，地域住民の健康を守るということにつながる。こうしたことからも，地域住民への情報発信は病院の大きな役割の1つである。ここでは，公立岩瀬病院の地域住民への情報提供活動として，①広報誌，②ホームページ，③住民公開講座について取り上げる。

①広報誌「いわせほっとニュース」

　公立岩瀬病院では，2001年頃から一般の人向けの広報誌が作成されるようになり，「いわせほっとニュース」として年に数回ずつ発行されてきたが，地域医療連携室で医療従事者向けに発行している連携誌と合体させた。合体することにより，住民との連携，地域の医療従事者との連携，病院との連携を関連づけられる利点があると考えている。病院としては，広報誌で読み手にわかりやすく病院の現場の様子を発信し，その上で，地域住民と病院が実際に触れあえる場所で交流を深めていくこと，つまり，情報を一方的に発信するだけではなく，交流の場で情報をやり取りしていくことが，これからの病院としての広報の課題であると捉えている。

②ホームページ

　インターネットは，接続環境が整い，ある程度のコンピュータリテラシーがある人たちにとっては，いつでも，どこでも，気軽にアクセスできる手段であり，病院としては，そのような人たちに対して，伝えたい情報を遅延なく伝えることができる。こうしたことからも，医療機関にとって，ホームページをうまく活用して情報を発信していくことが，今後ますます重要になってくると思われる。公立岩瀬病院としては，今後，内容を充実させることはもちろんのこと，インフルエンザの流行時などにその対応方法を映像で発信したりすることを含め，ホームページ利用者に対するサービスの向上を目指していくことを検

討中である。

③住民公開講座
　公立岩瀬病院では，2ヶ月に1回ずつ住民公開講座を実施している。広報誌やホームページでは，病院からの一方的な情報発信ということになる。一方，住民公開講座では，病院側と地域住民が同じ場所に集まるため，病院としてはお互いに顔の見えるところで情報を発信することができ，地域住民としては病院関係者から直接情報を得て，質問することもできる。
　住民公開講座では，病院から地域住民に対して，健康や医療に関するテーマで講演が行われる。講師は公立岩瀬病院の職員が務め，それぞれのテーマによって，医師・看護師・理学療法士など，担当者が変わっていく。こうしたことから，住民公開講座を継続して実施していくことによって，医師の名前や診療科，看護師や他の職種がどのようなことを担当しているのか，病院でどのようなことができるのかなどを，地域住民に知ってもらうよい機会となる。
　しかし，このような講座形式では，どうしても，病院が教える側，地域住民が教えてもらう側となってしまう。そのため，地域住民にとっては堅苦しいというイメージがあり，一般参加者の集まりが悪いという状況が続いている。「病院職員が地域に出向いて，住民の話を聞いてくれたり，母親学級やサークルなどで地域住民が集まっているとき，先生に来てもらって少し話をしてもらうことができると，気楽に話を聞くことができる」などといった意見があがってきている。こうしたことを考慮すると，病院のイベントに地域住民が出向いてきてくれるのをただ待っているのではなく，病院の方から地域住民の中に飛び込んでいくことも必要なのかもしれない。病院としては，これまでのイベントに加え，気楽に話を聞いてもらうことができるような機会を設定し，工夫していくことで，より多くの地域住民に対して情報を発信することを検討している。

共感の医療コミュニケーションへ向けて

　病院と地域のつながりという観点で公立岩瀬病院を見てみると，まず，公式的な見解としては，地域の中核病院として，医療レベルを保ち，小児医療・救急医療など不採算分野の医療を担いながら，公的な役割を果たしていかなければいけないという行政的な位置づけがある。それに加え，130年以上この地域に根づいてきたという長い歴史を考えると，公立岩瀬病院がここにあるということが，地域の1つの文化やシンボルのようなものになっているとも捉えることができる。そうしたことから，病院としては，行政的な役割のほかに，地域住民と病院の信頼関係を守り，将来までつなげていくことができるようにしていくことも，病院の重要な役割であると考えている。そこで，地域住民に病院に出向いてもらい，病院のことを知ってもらう機会を設けることに加え，病院からも職員が積極的に地域に出ていこうと進めている。公立岩瀬病院において，地域住民が参加し，病院職員と一緒に活動し，交流できる機会としては，①病院フェスティバル，②外科手術体験キッズセミナー，③楽・楽けんこうウォーキングといったイベントをあげることができる。

①病院フェスティバル

　公立岩瀬病院では，病院開院から131年目の2003年6月22日に第1回創立病院フェスティバルが開催され，その後，年に1回ずつ，病院の行事として病院フェスティバルを開催している。

　病院フェスティバルでは，病院スタッフによって，救急車体験コーナーや検査科コーナーなどの各種体験コーナーや，医療相談コーナー，健康講座などが実施されている。これらに加え，病院ボランティアとして活動している地域住民による，ヨーガセラピーコーナーやアロマセラピーコーナーも設けられている。さらに，2009年度からは，病院ボランティア「木洩れ陽の会」が主催するバザーも開催された。

　病院フェスティバルは，地域住民に病院を開放し，患者以外の人にも気軽に病院に足を運んでもらえる機会になっている。また，病院フェスティバルの開

催にあたって，病院ボランティアが積極的に協力してくれるようになってきていることを考慮すると，地域住民にとっても，自分たちがかかわって作っていくことができるイベントとなり，病院だけのイベントではなくなってきていると考えることもできる。

このように，公立岩瀬病院では，地域住民の協力を得ながら，継続的に病院フェスティバルを開催し，病院に出向いてくれた地域住民と交流を深める場を作っている。

②外科手術体験キッズセミナー

公立岩瀬病院では，年に2回，地域の中学生向けに，外科手術体験キッズセミナーを開催している。この企画は，医師不足が深刻化する中，次代を担う子どもたちに医療現場に対する理解を深めてもらい，未来の地域医療を担う人材育成を目指して，病院の外科部長である医師によって立案された。2007年12月8日に第1回目が開催され，毎回約20名の子どもたちが参加している。

セミナーでは，実際の手術室が利用され，参加する中学生は，手術着に着替え，手洗いの方法や手術器具の説明を受け，グループに分かれ，「AEDコーナー」，「トレーニングBOXコーナー」，「結紮・縫合コーナー」，「ハモニック・電気メス・自動縫合器コーナー」，「内視鏡シミュレーターコーナー」といったコーナーを体験する。このような医療機器を，病院スタッフから「先生」と呼ばれながら体験実習することによって，参加者は，まさに自分が外科医になったかのような感覚を味わうことができる。また，約4時間のセミナー終了後には，院長から参加者ひとりひとりに修了証書が贈られる。

③楽・楽けんこうウォーキング

公立岩瀬病院では，地域と交流する機会として，楽・楽けんこうウォーキングを開催しており，2009年までに3回実施された。このウォーキングは，医師・看護師をはじめとする公立岩瀬病院の職員たちが地域住民と一緒に地元を歩きながら話をするというイベントである。このイベントは，病院職員が工夫

を凝らして考えた，公立岩瀬病院独自の企画であるといえる。

楽・楽けんこうウォーキングのきっかけ

　公立岩瀬病院では，以前から，糖尿病患者の教育入院を行ってきた。糖尿病には，運動療法・食事療法・薬物療法があり，入院病棟では，運動療法の一環としてウォーキングを勧め，患者に万歩計を渡し，それぞれ歩いてもらうということを行ってきた。しかし，病院外に出るには許可が必要で，病院内にはウォーキングをするための十分な敷地がないことなどから，患者からは，「病院内を歩いても面白くないので全然運動にならない」，「どこをどのように歩いていいのかわからない」といった意見が出されていた。

　そうした中，2008 年 4 月に，厚生労働省の特定保健指導（厚生労働省 2009）において，自分の健康は自分で守ろうというコンセプトのもと，生活習慣病の予防が大きな目的として掲げられることになった。そこで，公立岩瀬病院の特定保健指導チームがそれとタイアップして，ウォーキングの話を具体的に進めていこうということになった。特定保健指導チームは，医師・看護師・薬剤師・栄養士など，病院内のさまざまな職種が入っていることから，ウォーキングの実施において，院内のあらゆる部署からの協力を得やすかったといえる。このチームの中でも，ウォーキングの企画や運営に中心的にかかわることになったのが，実際に特定保健指導を行っている検診部である。そうしたことから，看護師 3 名，栄養士 2 名，医師 1 名が中心となってウォーキングが計画されることになった。以下では，そのメンバーを本部スタッフと呼ぶことにする。

　院内においてこのような動きが出てきたものの，患者を病院外に出すことにともなう問題などを考慮すると，入院患者を対象とした病院外でのウォーキングを実現することは難しい。そこで，限られた患者だけを対象とするのではなく，歩くことが生活の一環になっていけばいいという願いをこめ，地域住民を誘い込み，楽・楽けんこうウォーキングを開催することになった。

　最近では，郊外を歩くウォーキングや，健脚の人が歩くウォーキングは，さまざまなところで実施されている。公立岩瀬病院では，まちなかの病院である

という特徴を生かし，まちなか活性ということを含め，病院を出発地点としてまちなかを歩くというコンセプトのもと，歩くことが苦手な人でもウォーキングすることができるコースを設定することにしている。また，楽・楽けんこうウォーキングの最大の特徴は，地域住民と医療従事者が一緒に歩く中で，気軽に健康相談ができるという点である。こうした工夫によって，他のウォーキングとは一味違う，病院ならではのウォーキングを実現しているといえる。

第1回楽・楽けんこうウォーキング（2008年9月28日）

　第1回楽・楽けんこうウォーキングは，「まちなか神社・仏閣編」として開催された。病院を出発し，まちなかにある約10ヶ所の神社・仏閣をめぐり，締めくくりとして，病院近くのお寺に場所を借り，茶話会が開催された。

　第1回目においては，どれくらいの参加者が集まるのか，本部スタッフとしても予測が難しかったこともあり，一般募集30名，病院職員20名の合計50名という形で，計画が立てられた。当日は一般参加者27名が集まり，病院職員を合わせ20代から80代までの約50名が参加した。

　本部スタッフとしては，ウォーキングをしながら，地域住民と病院スタッフが気楽に会話できる機会として企画したわけであったが，本当に会話が弾むのかという心配もあった。しかし，実際に病院を出発し，歩き始めると，地域住民・医師・看護師などといった分け隔てなく，参加者全員が普通に話す感覚で，健康や医療に関する相談から世間話にいたるまで，いろいろな会話が交されていた。その中で，健康・医療相談に関していえば，ウォーキング終了後に本部スタッフが相談内容を集計して把握できたものが21件あるほか，相談担当の病院スタッフが用紙に書ききれなかった内容もあるということで，実際には，それ以上の相談が寄せられたことになる。一般参加者27名中，21件以上の相談件数があったことから，一般参加者にとって，医療従事者に相談することのできる絶好の機会となっていたと考えることができる。また，参加者から，「身近に先生とコミュニケーションがとれて楽しく歩けた」，「自分の健康，家族の健康など相談しながらのウォーキングは最高だった」という感想が寄せら

れるなど，地域住民と病院スタッフが一緒にウォーキングをしながら話をするというのは，魅力的だったと思われる。

　茶話会では，健康レシピと題して，病院の栄養科スタッフが作った蕎麦ゼリーときゅうりゼリーを参加者全員で試食し，低エネルギーのレシピの紹介を行った。蕎麦ゼリーは，ウォーキングの発起人である患者が持ってきてくれたそば粉を使って作られたものであり，きゅうりゼリーは，須賀川地域の特産品であるきゅうりを使って考案されたものであった。この健康レシピでは，ウォーキングの機会を利用して，食育の場につなげることもできたといえる。また，茶話会では，病院の医師によるミニ講演会も開催された。この健康レシピ・ミニ講演会は，ともに，参加者から好評を得た。

　この楽・楽けんこうウォーキングは，一般参加者だけではなく，病院スタッフにとっても色々な収穫があったようである。健康に気を付けて日々の食事を作っているという一般参加者の話を聞いて，忙しさにかまけて加工食品ばかりを利用している自分の食事作りについて反省させられた看護師もいた。まちなか活性に取り組んでいる参加者の話を聞いて，もっとまちなかにも目を向けていかなければいけないと考えさせられることもあった。普段はなかなか行かない神社仏閣をめぐり，途中で立ち寄ったお寺で特別に貴重な文化財を見せてもらうなど，まちのことをいろいろ知ることもできた。さらに，参加者から世間話や人間関係のトラブルなどの話を聞くことで，ひとり暮らしの高齢者の話し相手になれたのではないかと感じた病院スタッフもいた。

　ウォーキング後には，病院スタッフが食事をしながら反省会を行った。そこでは，「全職種が入ってのウォーキングは横のつながりも持てて良いのではないか」というように，ウォーキングを通して，病院のスタッフ同士の関係を深めていくこともできるのではないかという指摘もあった。

第2回楽・楽けんこうウォーキング（2009年5月24日）

　第2回楽・楽けんこうウォーキングは，「翠ヶ丘公園編」として開催された。病院を出発し，翠ヶ丘公園のさまざまなスポットをウォーキングした後，園内

の芝生広場でヨーガセラピーを行い，健康おにぎりと題して屋外でおにぎりを食べるという企画になった。この企画では，市の協力により広場の芝生を手入れしてもらい，病院ボランティアに登録しているヨーガセラピストの協力を得て実現した。

　第2回目の募集人数としては，前回参加者から好評だったことや締め切り間際になって申し込みが集中したことなどを考慮し，一般参加者50名，病院スタッフ50名の合計100名で計画が立てられた。一般募集をしたところ，前回の参加者がまた参加してくれたり，その人が家族や友人を連れてきてくれたりして，すぐに20代から80代までの参加者が集まった。

　今回も，企画全般に関して一般参加者から好評を得た。前回と同様，参加者にとって，医療従事者に気楽に相談できる機会であったといえる。また，今回，参加者からの感想で目立ったのは，「公立病院の職員全員の心配りがよく，楽しいウォーキングだった」，「企画された職員の方々の心細やかな気遣いありがとうございました」などの，病院スタッフへの感謝の言葉であった。こうしたことからも，何とか良い企画にしたい，地域住民に満足してもらいたいといった病院スタッフの思いが，少しずつ伝わっているのではないかと考えられる。

　ウォーキング終了後，病院スタッフの反省会が行われた。その中では，「相談員だったが楽しめた」という意見が出されるなど，病院職員も地域住民と一緒になって楽・楽けんこうウォーキングを楽しんでいた。「人生の先輩たちとのウォーキングは有意義で，かえってこちらが肩をもんでもらったり，お菓子をもらったり，エネルギーをもらった」という意見からは，一般参加者との交流を深めることができた様子がわかる。また，「医療関係者参加のウォーキングで一番良いウォーキングのように思う」といった意見からは，自分の病院で実施しているウォーキングに対する誇りのような感覚も芽生えてきているといえるかもしれない。さらに，「チームワークがよいのでびっくりした」，「スタッフの連帯感が持ててとても良かった」，「職員の結束が強まった」という意見も挙げられ，ウォーキングを通して，病院職員同士の関係を強化することにもつながっているといえる。

第3回楽・楽けんこうウォーキング（2009年11月8日）

　第3回楽・楽けんこうウォーキングは，「芭蕉句碑めぐりコース」として開催された。まちなかにある松尾芭蕉の句碑をめぐるものであり，ウォーキング後，病院近くのお寺に場所を借りて茶話会を開催し，松尾芭蕉にちなんだ銘菓を頂きながら住職の講話を聴くという企画であった。前回，一般募集がすぐに50名に達したということであったが，参加者の安全など，病院側のかかわりを考えると，総勢100名が限界であるということになり，今回も一般参加者50名，病院スタッフ50名の合計100名で計画された。

　第3回楽・楽けんこうウォーキングでは，当日に参加申し込みした人も受け付けたことなどにより，予定より多い約130名の参加者が集まった。今回も，前回までと同様，一般参加者では50代以上が大半を占めるが，子どもや孫など，家族連れで参加する病院職員が増えたことにより，子どもの参加者が増え，いっそう賑やかになった。子どもにとっては，自分たちの親が働く姿を垣間見ることができる機会になる。また，子ども同士が交流することで，親である病院スタッフ同士が交流を深めることにもつながる。

　当日は，インタビュー調査を実施した。その結果をもとに，楽・楽けんこうウォーキングについての考察を行いたい。

　まず，今回のウォーキングに参加したきっかけについてである。「毎回参加している」，「前回から引き続き参加している」といった参加者も多く，一度参加して満足した地域住民がリピーターとなっているようだ。それに加え，「病院に貼ってあるポスターを見て初めて参加した」という参加者もおり，PRによって新たな参加者を獲得できている。

　次に，参加者と病院の関係についてである。「病院ボランティアをやっていて，ボランティア仲間と参加した」，「月に2回病院に通っている」といったように，日頃から病院とかかわりを持っている地域住民もいる。一方で，「普段は別の病院にかかっているが，公立岩瀬病院のウォーキングはいろいろ話ができるので参加している」というように，他の病院にかかっている地域住民がわざわざ参加している場合もある。こうしたことから，ウォーキングは，病院の

患者だけではなく地域住民全体に開かれたものであり，地域の中で，公立岩瀬病院を特徴づけるイベントになっているのではないかと考えられる。参加者からは，「ウォーキングでは，今まで言えなかったことも言えて，とてもいい企画である」，「近くに医師や看護師など，たくさんスタッフがいるので，いろいろ相談ができる」，「医学的なことを知っている人と話ができるというのはとても良い」といったように，ウォーキングをしながら健康相談ができる点を評価する声があがった。参加者の中には，以前，病院で不安な気持ちで医師に相談したところ，「医学的なことはわからないでしょう」と言われて傷つき，不信感を抱いたという人もおり，「病院では，医師が忙しいのもわかるし，次に待っている患者さんがいると思うと，患者から積極的にコミュニケーションをとっていくのは難しい。病院では，限られた時間の中で，治療に関する話しかできないが，ウォーキングでは，お互いリラックスして話ができる」という意見が挙げられ，地域住民にとって，普段はなかなかじっくりと向き合うことができない医療従事者と気軽に話ができる絶好の機会となっていることがわかる。また，この他にも，「普段から病院に通って，自分の身体のことは大体わかっているから，病院スタッフとは別に話さなくてもいい。みんなと一緒にまちなかを散歩するという感じで参加している」という参加者もおり，まちの中を歩くということも，地域住民にとって魅力の1つとなっている。

今回も，一般参加者から相談担当者に対して多くの相談が寄せられた。ウォーキング中に相談担当者に寄せられた質問については，それに対する回答と共に総評の時間に医師から発表され，参加者全員で情報が共有された。それらに加えて，「たまたま隣になった看護師さんと話をして，いろいろ教えてもらって勉強になった」，「医療に関することだけではなく，家族に関する話や相談もした」という参加者もいるように，相談担当者だけではなく病院スタッフ全員が，一般参加者にとって相談者の役割を果たしていたことがわかる。

ウォーキング終了後，子ども連れで参加した病院職員はそのまま解散したが，約30名のスタッフは，病院に戻り，職員食堂で反省会を行った。その中で，地域住民との交流に関して，「市民と世間話するのは楽しかった」，「相談とい

うよりも雑談も多かった」,「回を重ねるごとに,参加者が積極的に話しかけてきてくれる」,「やる度に人数が増えていて,計画されている皆さんはとても大変ですねと感謝してもらった」などの感想があげられた。こうした交流を通して,「このまま来年も続けていけたら,市民も,公立病院っていいなと思ってくれるのかなと思う」,「自分たちがやっていることが,少しずつ市民に伝わっているのだなという思いでウォーキングした。毎回,一人でも多くの参加者が出ることを祈りながら,自分たちもそれを励みに頑張っていきたい」というように,病院スタッフはそれぞれの思いでウォーキングしたようであった。

　公立岩瀬病院で働く職員たちにとっては,普段は患者とのかかわりが中心であるが,ウォーキングでは,それ以外の健康な地域住民とも交流を深めることができる。また,そうしたひとつひとつのつながりだけではなく,病院外でイベントを実施するのに際して市内各所に申請書を届けるやりとりなどを通して,大きなまとまりでのつながりも実感することができる。本部スタッフは,「病院職員にとって,まちの中で,自分たちの病院がすごく大事なものであると感じる場はなかなかない。ウォーキングを通して,みんなが期待してくれていることを感じ,病院がきちんとしていかなければならない,といった思いが芽生えることになればよい」と,ウォーキングへの思いを語っていたが,参加した職員の様子を見ると,地域住民と交流を深めることで,公立岩瀬病院の一員として自分を再認識し,仕事に励むエネルギーを得る職員もいる。さらに,病院全体が一体となって取り組んでいくことにより,職種の違いを超え,職員同士の結束を深めるきっかけにもなっている。

　このように,地域住民,病院職員にもたらす影響を考慮すると,楽・楽けんこうウォーキングは,両者それぞれにメリットがあるだけではなく,互いの距離を縮めることのできる機会になっていると考えられる。

3　地域の医療機関・行政との連携

　本節では,まず,地域の医療機関との連携として,公立岩瀬病院の地域医療

連携室を取り上げる。次に，行政を交えた連携の取り組みとして，地域医療協議会の成果のひとつである休日夜間急病診療所を取り上げる。

地域医療連携室の取り組み

　公立岩瀬病院において，地域医療連携担当部門は，もともと医事課の中に設置されていた。しかし，地域の医療機関とさらに緊密に連携をとってよりよい医療を提供していくことと，患者サービスの向上を目指して，2004年，看護部の中の独立部署として，地域医療連携室が立ち上げられた。地域医療連携室は，看護師1名，医療ソーシャルワーカー2名，事務2名の5人体制で運営されており，その上に，地域医療連携委員長の医師がいるという形式になっている。

　地域の医療機関と直接やり取りを行う地域医療連携室の業務は，大きく分けて2つに分けることができる。患者の受け入れを行う前方連携では，事務の役割が大きく，患者が退院する際の手助けを行ったりする後方連携では，医療ソーシャルワーカーが重要な役割を果たしている。ここでは，地域の医療機関との連携を中心に取り上げる。

　公立岩瀬病院における紹介患者は，約8割が開業医からの紹介であり，開業医との連携体制が非常に重要である。調査時点で，公立岩瀬病院と連携している登録医は77名おり，地域医療連携室では，登録医との関係を良好に保っていけるように取り組んでいる。その取り組みの1つが，登録医訪問である。公立岩瀬病院では，協力関係にある医療機関との「顔の見える関係」を目指している。というのは，開業医にとって，患者を紹介する際，顔を知っている相手とやり取りするのと，まったく知らない相手とやり取りするのでは，全然印象が違うため，開業医に自分たちのことを知ってもらうということが重要であるからである。そのため，地域医療連携室では，年に数回，登録医を訪問し，最近の病院の様子について話したり，登録医側の状況や病院に対する要望などを聞いたりするようにしている。また，病院の広報誌を開業医に郵送したり，直接届けに行ったりすることで，病院と開業医の間で情報共有を図ることができ

るように努めている。

　患者にとって，紹介状を持って受診することのメリットは，予約ができるということと，かかりつけ医から病院側に今までの病気の経過を伝えてもらうことができるので，重複した検査などを行うことなく，病院においても継続した治療を受けることができるということである。紹介状を持って来院した患者が，正面窓口の紹介患者用の受付で紹介状を提出すると，受付から地域医療連携室に連絡が入る。そこで，地域医療連携室のスタッフが患者を正面待合まで迎えに行き，検査室や該当する診療科まで案内している。これは，厚生労働省が推奨する「まずかかりつけ医にかかり，必要がある人だけが次の病院に行く」というシステムにしたがってくれている患者を優先的に診療・検査するという優先診療であるだけではなく，そのようなサービスを提供しているところを他の患者に見てもらうことによって，より多くの人にそのシステムに則って医療機関を受診してもらうことを促進する意味も含まれている。また，患者の中には，他の医療機関あての紹介状をもらったが，公立岩瀬病院で治療を受けたいと来院する人もいる。そのような場合には，本当に患者が治療を希望しているか意思をしっかりと確認した上で，患者の了解のもと他の医療機関あての紹介状を開封して公立岩瀬病院あての紹介状とみなし，他の紹介患者と同様の扱いをすることにしている。この場合，病院から紹介元の医師に対し，患者が来院し，治療を希望した旨を連絡する。その上で，患者に関する情報を提供する返書管理などについても，通常の紹介患者と同様に扱うことにしている。

　開業医は，病院に患者を紹介するだけではなく，紹介患者が入院する際には，病院と協力し合って治療にあたることができる。公立岩瀬病院は，福島県認定の開放型病院である。そのため，地域の開業医が病院に出向き，病院内の高度な医療機器を利用したり，入院している紹介患者の病室を直接訪問し，病院の担当医と共に診療を行ったりすることが可能である。この仕組みによって，開業医と病院医師の間で情報を共有することが可能となり，開業医にとっては入院中の患者の経過をしっかり把握することができ，退院後の治療に役立てていくこともできるといえる。このシステムを利用して病院で診療を行っている開

業医がいる。このようなシステムは，開業医と病院の医師が信頼関係を築いていくひとつのきっかけとなり，公立岩瀬病院と地域の医療機関が緊密に連携し，患者に対してより安全で安心できる医療環境を構築することに役立っている。

　病院での治療や検査が終わると，今度は，病院から開業医に対して逆紹介することになる。公立岩瀬病院でも，紹介患者に対して，病院での必要な治療が終了したことを説明し，かかりつけ医に戻って診てもらうように推奨している。しかし，患者の中には，「引き続きこの病院で診てもらいたい」と希望する人もいる。そうした場合，最終的に医師や病院を選ぶのは患者であるため，患者の意思を尊重することになる。そのため，元のかかりつけ医に戻っていく患者，引き続き公立岩瀬病院を利用する患者，これまでとはまったく違った開業医や病院にかかる患者など，人それぞれである。そうしたこともあり，地域医療連携室では，「必要な時には，公立岩瀬病院に紹介状を書くので，それを持って病院を受診してもらいます。必要な検査や入院が終了すると，病院からこの開業医に紹介状を書いてくれるので，安心して戻ってきてください」という内容の書類を額装し，2004年から地域の開業医に対して配布し，待合室に掲げてもらうようにお願いしている。これは，日頃開業医を受診しているときから，常にそのメッセージが患者の目に留まるようにしておくことで，紹介や逆紹介に関する患者の理解や協力につなげることを意図している。また，紹介患者の治療後に，病院から紹介元の開業医に対し患者の治療の経過や結果などの書類を送る返書管理も，地域医療連携室が行っている。

　このように患者の受け入れ，治療，その後にいたるまで，地域医療連携室が地域の医療機関と病院との窓口として重要な役割を果たし，連携体制を支えている。公立岩瀬病院における紹介患者は月に平均約320～330人で，病院担当者によると，紹介率，逆紹介率は，全国の平均レベルだということである。

休日夜間急病診療所

　福島県では，医療機関，医師会，市町村，消防本部などの関連機関との連携により，救急医療体制の充実を図っている。須賀川地方では，初期救急医療体

制として休日夜間急患センターを設置し，第二次救急医療体制として病院群輪番制をとり，第三次救急医療が必要な場合には，福島県立医科大学附属病院や郡山の太田西ノ内病院の救急救命センターに搬送されるという体制になっている（福島県保健福祉部 2009b：30-32）。

　須賀川地方保健環境組合では，須賀川医師会や須賀川薬剤師会の協力のもと，2003年12月より，市の保健センター内に休日夜間急病診療所を設置し，日曜・祝日に，午前・午後・夜の3部に分けて，診療を行ってきた。この急病診療所では，患者数が年間2500人を超え，地域の一次救急医療機関としての役割を果たしてきた。ところが，公立岩瀬病院の救急外来受診者は，年間1万2000人（須賀川市 2009：13）を超えるようになってきた。このうち，即入院を必要とされた人や，三次救急病院に転送された人が増加していないことから，夜間のコンビニ受診をする人が増えてきていると考えることができる。公立岩瀬病院の当直医師は1名で，入院患者の急変に対応し，救急外来にやってくる重症の患者と共に，軽症の患者の診療にもあたることになっている。このような状況では，迅速な処置が必要な患者に対して十分な治療にあたることができないという事態につながりかねない。そういった状況を考慮し，地域の医療機関との連携を図り，住民が安心して適切な医療を受けることができる体制を整えるため，2009年11月2日から，平日の夜間にも午後7時半から10時まで，地元の開業医・薬剤師などが輪番制で一次医療を担うことになった。

　この平日夜間急病診療所は，須賀川市地域医療協議会の成果の1つといえる。この協議会は，2009年9月30日，公約の1つとして，地域医療，公立岩瀬病院の立て直しを掲げていた須賀川市長により，設立された。医療機関・利用者・行政の代表である16名の委員が，須賀川地域における医療の問題について議論することで共通の認識を持ち，地域医療の向上を目指して，対策を検討していくためのものである。協議会の議論で，それぞれの立場から意見を出し合い，お互いを尊重し，皆が納得できる形で，平日夜間の協力体制を実現することができた。

　こうした仕組みによって，地域住民は，まず，休日夜間急病診療所を受診す

ることになり，二次医療が必要なときは，公立岩瀬病院や他の病院に搬送されることになる。そうすることで，本当に必要な患者だけを病院の医師が診ることになり，病院勤務医の負担を軽減することができる。

　このように，行政も含め，地元の医師会，薬剤師会，病院の協力体制が整えられてきたということは，地域全体で，地域によりよい医療を提供していこうという姿勢の表れであるといえる。この動きに対して，公立岩瀬病院の企業長は，「病院は，とにかく入院や高度な医療にシフトしてくださいという地域の医療機関からのサインであり，公立岩瀬病院の役割は，今後そのようにしていくということで，医師会との約束が結ばれたということである」，「地域で一体となって，医療をみんなで考えて，みんなで支えていくということである」と捉えており，病院と地元の開業医，薬剤師との連携がさらに強化されたということができる。

4　地域住民による支援

　これまで，地域住民に対してよりよい医療を提供していこうとする医療機関や自治体の取り組みについて見てきた。その中で，公立岩瀬病院は，地域医療全体を考える上で重要な役割を担っており，地域の医療機関や自治体との協力のもとでその役割を果たしていることがわかった。しかし，地域医療を担う公立岩瀬病院を支えていこうとしているのはそのような関係機関だけではない。医療を受ける側である地域住民の中にも，地域における医師不足，病院勤務医の過酷な勤務状況，将来の地域医療を危惧し，何とかして自分たちも病院を支え，安心して医療を受けることができる医療環境をつくっていこうと考えている人たちもいる。本節では，公立岩瀬病院を支える地域住民について，須賀川青年会議所と病院ボランティアの取り組みを通して見ていくことにする。

須賀川青年会議所の取り組み

　2009 年，須賀川青年会議所は，公立岩瀬病院監修のもと，救急疾患フロー

シートを作成した。このフローシートは，救急の際に症状から対処法を判断し，医療機関の受診の目安となるように作られている。内科的な救急・外科的な救急と大きく2つに分けられており，それぞれ細かい症状別に分類され，対応方法が示されている。冷蔵庫に貼れる大きさにすることで，家庭内でも目立つようになっている。また，それぞれのかかりつけ医をメモしておくスペースや，休日・夜間に子どもの病気で迷ったときに相談できる「#8000」の県の相談窓口，須賀川地方の休日夜間急病診療所や救急病院の連絡先なども記載されており，必要なときにはすぐに連絡ができるようになっている。

　このフローシートは，地域医療の崩壊が叫ばれる中，コンビニ受診などによる夜間救急患者の増加などによって，公立岩瀬病院の医療従事者が疲弊し，次々に医師が病院を辞めていくという事態を知った青年会議所のメンバーが，何とかして自分たちで生活の基盤となっている医療を守り，まちを守っていかなければいけないと考えるようになったことがきっかけで作成された。地域住民にとって，何かあったときに医療機関を受診しないという選択はあり得ないものであるが，いつでも，どんな症状でも受診するというのではなく，ある程度自分たちで医療機関を受診する際の線引きをできたらよいのではないかということになった。そこで，公立岩瀬病院の医師，消防署，実際に子どもを持つ親の声などを生かし，知識がなくてもわかりやすい内容で，行動につなげていけるような対処法がまとめられた。このフローシートは，「広報すかがわ」と一緒に須賀川市の全家庭に配布され，公立岩瀬病院の小児科にも，自由に持ち帰れるように設置されている。

　救急で医療機関への受診を考える際に，このフローシートを活用することによって，時間外のコンビニ受診や救急車の不適切な利用を減らすことができる。それにより，救急医療を担う医師の負担が軽減され，本当に処置が必要な患者の治療に集中できるようになることが期待されている。このように，救急疾患フローシートを作成するにあたって地域住民が重要な役割を果たしたことに加え，フローシートを有効に活用することによっても，地域住民が地域医療を守ることに貢献している。

病院ボランティアの取り組み

　公立岩瀬病院では，地域住民からボランティアを募集し，ボランティアの会「木洩れ陽の会」を結成している。病院ボランティアは，医師・看護師などの病院の職員と協力して，患者が，外来・病棟で，より安心して医療を受けることができるように支援する。ボランティアが，困っていそうな人に，「何かありませんか」と声をかけると，「ひとり暮らしで困っている」，「医師の話を聞いてきたのだけれども，実はあまりわからなかった」といった声が寄せられることもあり，患者にとっては，病院の医療従事者ではないボランティアにだからこそ話すことができることもある。そうした声を受けたボランティアは，近くにいる看護師などに対し，「もう少しこういう説明をお願いできますか」といったように声をかけ，患者と病院をつなぐという役割を担っている。

　ボランティアの主な活動内容としては，次のようなものがある。案内ボランティアは，外来受付近くで再来受付機の操作の案内，患者さんの誘導や車いすの介助などを行う。お話ボランティアは，小児科外来や病棟で紙芝居や絵本の読み聞かせを行ったり，入院患者の話し相手になったりしている。移動図書ボランティアは，市の図書館から借りた本の貸し出しを行う。もともとは病棟の患者向けであったが，最近では，外来患者も利用できるようになっている。その他には，院内の装飾活動，院内外の観葉植物の管理，手話・点字・通訳活動などがある。さらに，年に3～4回，ボランティア全員で集まる連絡協議会を開催して，みんなで学習したり，話し合いをしたりしている。

　2009年時点では，約30名がボランティアに登録しており，それぞれが自分の都合に合わせてボランティアの予定を入れ，活動していた。ボランティアには，病院から，エプロン・名札・腕章が準備されており，病院職員と同様に健康診断や予防接種を受けたり，院内研修会に参加したりすることができるようになっている。病院では，ボランティアのパンフレットを作成して，地域住民に参加を呼びかけている。登録しているボランティアは，パンフレットなどを見て自分から応募してきた人が多いが，ボランティアの人が自分の友達を連れてきて，新たなボランティアとして登録するケースもある。また，ボランティ

ア活動を通して新しい仲間ができ，地域住民同士のつながりも広がっていくといえる。

　公立岩瀬病院のボランティアには，医療を補完する役割を担う①アロマセラピスト，②ヨーガセラピストもいる。ここでは，2人のボランティアの病院での活動について取り上げる。

①アロマセラピストの活動

　アロマセラピストであるAさんは，週に約1回，抗がん剤を投与している患者に対し，アロママッサージを行っている。Aさんがアロマセラピーに関心を持つようになったのは，母親が身体を悪くしてからであった。病気の母親の介護をする中でハーブやアロマを取り入れたところ，喜んでもらえたというのが活動につながっている。たまたま見かけた公立岩瀬病院のボランティア募集のパンフレットがきっかけで，何か手伝えることがあればという気持ちから登録した。病院の医師や看護師と交流する中で，アロマセラピーのケアの活動を取り入れていこうということになった。

　公立岩瀬病院では，ボランティアによるアロママッサージを実施する上で，アロマセラピストと病院の協力体制を作った。アロママッサージでは患者の身体に触れるため，病院での施術ということもあるので，治療の一環ということにした。医師からアロマセラピストに依頼票が出され，アロマセラピストはその依頼に基づいて施術することになる。アロママッサージでは，患者それぞれに好みの香りを選んでもらい，リラックスしてもらう。アロマセラピストは，アロマセラピーにおける患者それぞれのカルテを作成し，香りに関する嗜好，会話の内容，身体の状態などで気になった点などを記録していく。その情報は，医師や看護師と共有できるようにしており，患者にとってよりよい治療につなげることができればと考えている。

　患者にとって，抗がん剤の点滴は苦痛で，病院に来たくないと思ったりするものだが，Aさんがボランティアとしてマッサージをしてくれるようになってから，アロママッサージを楽しみにして病院に来るようになった患者もいる。

このように，Aさんは，患者にとって，病院での苦痛な時間をリラックスさせ，苦しい思いを緩和させてくれる存在となっている。

一方，Aさんは，病院の医療従事者にとっても救いの存在である。というのは，これまで，医師や看護師たちの中には，患者の苦しむ姿を見ながらも，仕事の忙しさなどから，痛みで苦しむ患者の心のケアまでできていないことに心を痛めている者もいた。そうした医療従事者たちも，Aさんのマッサージを気持ちよさそうに受ける患者の姿を見て，自分たちの葛藤から解放され，救われるということである。

このように，アロマセラピストのAさんは，患者を癒す地域住民であり，病院職員を助ける地域住民でもある。

②ヨーガセラピストの活動

ヨーガセラピストであるBさんと公立岩瀬病院との関係は，Bさんの家族の闘病によって始まった。ご主人が公立岩瀬病院に入院し，何度か外科手術を受け，約3年半にわたって闘病生活を送ったそうである。そのとき，Bさんは普通の会社員で，ヨーガをやっていたわけではなかった。その入院中，病院の医療従事者や患者の様子を目の当たりにして，考えさせられることがあった。患者は，人それぞれに自分の選択肢があり，病気と向き合い，最期を迎えるにあたって，医療以外にも精神的な安らぎなどといったものを求めるものである。患者は，そうした医療以外の部分まで医療現場に求めてしまうことによって，忙しい医療従事者との軋轢やギャップが生じてしまうのではないかと考えるようになったそうである。そこで，そういった患者と医療従事者の間の隙間を埋めるために，一般の視点でできることはないかということで，ヨーガセラピーを学ぶようになり，会社を辞め，ヨーガセラピーを仕事とするようになったのである。

Bさんとしては，自分が患者家族として実際に経験したことから，患者や家族にとって，ヨーガセラピーでリラックスできるような空間が病院内にあれば，多くの人が救われるのではないかという直感がある。そのため，病院内で，患

者，家族，医療従事者が一緒にヨーガセラピーをできる場を作っていきたいと考えている。その一歩として，2009年10月から，月に1回，病院内で，病院の職員向けにヨーガセラピーを実施することになった。

　医療従事者というのは，多くのストレスを抱えているものである。研修などにおいて，多くの看護師がストレスマネジメントの講座に参加するとのことである。これは，日頃からストレスを抱え，何とかしたいと思っている看護師が多いということの表れでもある。そこで，仕事が終わった後，病院の中で，帰り際にヨーガセラピーに参加し，職員が少しでもリラックスできる時間を持つことができればいいのではないかということになった。毎回午後6時から約30分間ヨーガセラピーを行っているが，子どもを持つ職員などは早く帰宅してしまうということもあり，参加者はまだ10名程度である。しかし，人数は少ないものの，参加者からは，「リラックスできた」，「ヨーガセラピストの先生の声を聞くと癒される」，「肩の力が抜けて体が軽くなった」などといった声があがっており，病院職員に対してリラックスできる時間を提供できているようである。そうした参加者の声から，より多くの病院職員に広まり，さらには，患者や家族に対してもヨーガセラピーを提供していけるような環境をつくっていくことができるかもしれない。

　このように，地域住民であるBさんは，自分の体験の中から，医療従事者が埋めることができない部分を担う役割の必要性や，忙しい医療従事者を支えていくことの重要性を実感した。それをもとに，病院内で医療従事者のストレスマネジメントに心を配り，リラックスできる場を提供している。こうしたことを考慮すると，ヨーガセラピストであるBさんは，病院の職員を陰で支える地域住民であるということができる。今後さらに，患者や家族を癒す存在として活躍していくことが期待できる。

5 須賀川地域における地域医療を支える取り組みの可能性

公立岩瀬病院の取り組みの可能性

　第2節において，公立岩瀬病院が，①病院利用者とのコミュニケーションの活性化，②地域住民への情報提供活動，③共感のコミュニケーションの実現に取り組んでいることを示した。①については，意見箱での患者の声の収集およびそれに対する回答の掲示，苦情対応窓口の活動，医療従事者の経験をもとにした患者の声の集約が行われていた。こうした取り組みによって集められた情報は，患者が満足できるような医療を目指していくための貴重な情報であり，これらを病院内で共有するための努力を通して，病院全体を改善していく可能性がある。②については，広報誌，ホームページ，住民公開講座の取り組みがなされていた。③については，病院フェスティバル，外科手術体験キッズセミナー，楽・楽けんこうウォーキングの活動が行われていた。②が病院からの情報の発信であるとすると，③は地域住民に活動に参加してもらうことにより，病院と地域住民が情報を共有する場となり，②で発信される情報をさらに効果的にする役割を果たす。また，病院フェスティバル，楽・楽けんこうウォーキングが空間を広げる活動であるとすると，外科手術体験キッズセミナーは，将来を見すえたという意味で，時間を広げる活動である。病院フェスティバルと楽・楽けんこうウォーキングは補完的な関係にあり，前者は，病院を基点として，地域住民とのコミュニケーションを図る機会を提供していたのに対し，後者は，病院の外に出て，地域住民とのコミュニケーションを図ろうとする試みであった。このように，さまざまな取り組みが行われている中でも，楽・楽けんこうウォーキングは，よりよい地域医療の実現を目指していく上で，重要な意味を持っている。

　最近では，健康志向が高まり，健康維持のためにウォーキングをする人が増えている。また，医療機関においても，糖尿病患者に対する運動療法の一環としてウォーキングが注目されるようになり，病院でウォーキングを開催してい

るところもある。こうしたことを踏まえると，病院が開催するウォーキングは，さほど珍しいものではないかもしれない。しかし，公立岩瀬病院の楽・楽けんこうウォーキングは，他の医療機関の取り組みとは違う意味合いも持っている。各地の医療機関で実施されているウォーキングは，患者に対する運動療法であり，健康増進を主要な目的としている。正しいウォーキングの仕方を教え，ウォーキングの効果を実感してもらうことが目指されており，患者向けの教育プログラムとしての意味合いが強い。一方で，公立岩瀬病院の楽・楽けんこうウォーキングは，患者だけを対象としているわけではないという点や，歩きながら医療従事者に健康相談ができ，気軽に話ができるという点が大きな特徴である。病院は，病気になった患者を診る場所であり，その病院を選択してきてくれた患者を対象に医療を提供することになる。そのため，健康な地域住民とはほとんど関係を持つ機会がない。しかし，生活習慣病などの慢性疾患が増加しつつある現在，病気の治療だけではなく，慢性疾患と共に生きる人たちの支援も病院の課題となってきている。さらに，「治療から予防へ」といわれるようになり，病気の早期発見・早期治療，健康増進や予防に積極的に取り組み，健康なまちにしていくことも，地域医療を支える中核病院としての役目である。このような新たな役割を果たしていくためには，地域の中にいる患者・将来の患者予備軍に積極的にかかわっていくことも重要である。そうした意味で，楽・楽けんこうウォーキングが，地域住民全体に開かれたものであるということの意味は大きい。また，ウォーキングをしながら，地域住民と病院スタッフが気軽に話ができることで，地域住民にとっては，医療や健康に関する相談をする絶好の機会となり，病院スタッフにとっては，地域の情報や生活の知恵などを教えてもらうことができる。こうしたやりとりを通して，地域住民と病院スタッフが教え-教えられる関係になり，患者-医療者という関係を超えてお互いに理解を深め，関係を深めることにつながっていく。このように見てみると，公立岩瀬病院の楽・楽けんこうウォーキングは，「地域住民と病院がコミュニケーションを深める場」としての重要な意味合いを持っている。

　この楽・楽けんこうウォーキングは，一部の病院職員を中心にボランティア

活動として始められたものであり，病院職員は休日を利用して運営に携わっている。貴重な時間を削らなければいけないにもかかわらず，この企画を継続して開催していくうちに，協力してくれる病院スタッフは着実に増えてきており，病院職員にも変化が見られる。もともと，さまざまな職種が集まる病院は縦割り組織の傾向が強く，日常業務の中でかかわりあう職種や人物はある程度固定化されてしまう。そのため，病院の中でも，自分の周辺のことはわかるが，それ以外のことにはまったく対処できない場合もある。しかし，患者には，かかわるスタッフは皆同じ病院スタッフであると認識される。そうしたことを考慮すると，患者サービスを向上するためには，病院全体の連携を強化することも重要である。楽・楽けんこうウォーキングは，病院内のあらゆる職種の協力によって支えられており，この運営を通して職員同士が交流を深め，病院全体が一体となり，団結していくためのきっかけにもなっている。つまり，病院内部を自分たちで変えていくための取り組みということでも，大きな意味合いを持っている。

　公立岩瀬病院の活動を表面的に捉えると，他の地域における病院の活動と同じように見えるかもしれないが，個人の貴重な時間を削ってまでも，「患者に満足してもらえるような医療を提供したい」，「地域住民の健康を守っていきたい」，「そのためには，まず病院が変わらなければいけない」といった思いが込められている。病院の外には見えないところで，病院を地域医療の核にしようとする努力が行われていることを見過ごしてはいけない。一般に，国公立の機関はお役所体質と揶揄されることが多いが，その例外ではなかったであろう病院が，このように変わってきたのである。①〜③のような活動を通して，病院は，患者の確保や行政からの支援の補強といった経済的な利点を得ることができるかもしれない。しかし，それは皮相的な評価であり，それだけが目的であるならば，地域住民や行政に直接メッセージを届けるのが一番効率的である。医療の問題が，経済の問題と切っても切り離せないことはいうまでもないが，経済だけの解決は，多くの人が望む解決策にならないことも事実であろう。経済は，究極的には何に価値をおくかの話であり，行政にせよ地域住民にせよ，

このような病院の地道な努力が正しい方向であると評価するのであれば，それを促進するように評価の基準を考えていく必要があるのではないだろうか。

自治体・医療機関・地域住民との協働による可能性

　第3節では，公立岩瀬病院と地域の医療機関，行政を含めた連携についてまとめた。公立岩瀬病院・自治体・地域の医療機関は，それぞれ独自でも，地域の中で重要な役割を果たしていることはいうまでもない。それに加え，単純に規制・指導する／される，依頼する／されるといった互いの関係を超え，地域医療を支えるという共通の目標に向けて協働するようになったことにより，地域住民にとってよりいっそう安心できる医療体制が整えられていく可能性がある。これまでの取り組みとして，須賀川市地域医療協議会を設置し，休日夜間急病診療所に加えて平日夜間急病診療所を立ち上げたことは特筆に値する。今後も，三者の協力によって，地域医療を守っていく取り組みが展開されていくことに期待したい。

　第4節では，地域住民の支援として，須賀川青年会議所と病院ボランティアの活動について説明した。これらの活動は，さまざまな問題を抱える公立岩瀬病院や地域医療の厳しい実態を知った住民が，何とかして医療者・病院を支え，自分たち自身も地域医療を守っていかなければいけないという熱い思いによって実現したものである。このように，病院を支援してくれる人は，地域の中のほんの一部であるかもしれないし，病院の支援をしてくれる人たちは，ややもすると病院関係者として認識してしまいがちであるが，彼らにこそ，よりよい地域医療を実現していくための大きな可能性が秘められているのではないだろうか。公立岩瀬病院でも，その重要性を認識しており，積極的にボランティアを受け入れ，地域住民との交流を図っている。まずはそうした少数の人に病院の状況や病院職員の取り組みを知ってもらうことで，その人を中心にして地域の中で病院について伝えてもらうことができる。その輪を広げていくことにより，少しずつ住民の意識や地域が変わり，地域全体で医療を支えていこうという動きが出てくるのではないかと期待できる。また，病院は，地域の中の支援

者を通して,地域住民によって求められている医療がどのようなものであるかについて,情報を得ることもできる。それをもとに病院を改善していくことも期待でき,そのように率直な意見をもらう場を設けておくことも必要であろう。

6　地域が一体となって支える地域医療

　地域の医療機関・行政・住民との協働により,公立岩瀬病院は変化しつつある。2010年までの短期間に表れた変化として,夜間救急患者の減少をあげることができる。公立岩瀬病院では,平日夜間急病診療所が開設されるまで,1日平均約50名であった平日夜間救急患者が,2010年時点で約10名と大幅に減少したが,夜間の入院患者数には変化が見られなかった。この結果は,本当に治療が必要な患者だけが受診するようになったという可能性を示唆する。この要因としては,地元医師会・薬剤師会が一次救急を担うようになったこと,地域住民が救急疾患フローシートなどによりコンビニ受診を控えるようになったことが考えられる。このような医師の負担軽減は,医師の立ち去り防止だけでなく,医師確保への好材料となる。また,厳しい経営状態も,病床稼働率の向上により改善されつつある。これに対しては,地域の医療機関との連携を強化したことで紹介率・逆紹介率が上がったことや,地域住民とのコミュニケーションの改善といった要因があげられる。

　一般に,地域医療の問題を取り上げる際,医療機関の経営安定化や効率化といった目に見える指標で評価してしまいがちである。しかし,各地域での取り組みの成果は,短期間に現れるものだけでなく,長期的な観点で捉えることも必要である。

　公立岩瀬病院では,病院独自の「楽・楽けんこうウォーキング」など,地域住民とのコミュニケーションを重視する取り組みを実施していた。こうした取り組み自体は医療に直結するものではないが,住民と病院の関係の変化という形で成果が現れてきている。もともと住民の間では,病院の詳しい状況に目を向ける機会がなく,「公立病院の職員はお高い」といったイメージを持ってい

る人もいた。しかし，病院職員との交流を通して，地域医療に対する意識が高まり，病院をより近い存在として認識するように変化してきていた。また，縦割り組織の傾向が強い病院職員の中でも，病院一体となって地域の中での役割を果たしていこうという結束が強化されている様子がうかがえた。

　地域の医療機関，行政，住民との連携を重視する公立岩瀬病院の地道な取り組みは，互いの立場を超え，地域医療を支えるパートナーとして関係を深めることにつながっていく。地域医療においては，慢性疾患患者の生活のサポートや高齢者の健康管理，病気の予防に取り組む必要性が高まっている。地域医療の今後を考慮すると，公立岩瀬病院の協働の取り組みは将来を見据えたものであり，地域医療を支える開かれた中核病院として重要なものであるといえる。このように，地域医療における取り組みは，現在直面している表面的な課題だけでなく，地域の状況や将来を踏まえた上で評価することも必要である。

　「地域医療の崩壊」といっても，医療従事者の不足，医療機関の配置問題，高齢化にともなう介護問題など，各地域で状況は異なり，それらに対する解決策も異なるはずである。しかし，須賀川地域のように，医療機関・行政・住民それぞれの意識を高め，連携を強化する取り組みを続けていくことが，地域医療を支えるための大きな一歩になると考える。

文献

福島県保健福祉部，2009a，『保健統計の概況（平成20年版）』第57巻。
福島県保健福祉部，2009b，『図表でみる福島県の保健・医療・福祉2008』。
公立岩瀬病院組合，2009，「公立岩瀬病院改革プラン」。
厚生労働省，2009，『特定健康診査・特定保健指導の円滑な実施に向けた手引き』Ver. 1.8。
須賀川市，2009，『広報すかがわ』no. 816。

第5章

ICTを活用した地域住民のつながり
――地域SNS活用事例を中心に――

田中秀幸

1 地域SNSをめぐる背景と本章のねらい

　日本人の生活様式が変化する中で、地域社会での人と人のつながりが希薄化しているといわれて久しい。少子高齢社会が進展する中、取り組まなければならない社会的な課題がますます増える一方で、国の債務残高がGDPの200％にもなる日本では、政府の役割を期待することが難しくなっている。地域社会が直面する課題に住民自ら取り組むに当たっては、個々人がバラバラでは成し遂げられることに限界があり、人と人がつながりお互いに協働できるようになることが大切である。こうした状況の中、地域の絆を再生する手段の1つとして、情報通信技術（ICT）が注目されている。

　近年、人と人を結びつけるICT（Information and Communication Technology）としては、ソーシャル・ネットワーキング・サービス（または、ソーシャル・ネットワーク・サービス：SNS）などのソーシャル・メディアが用いられるようになっている。FacebookやTwitterのようにグローバルに展開されるものから、mixiやGreeなど日本国内で展開されるものなど、さまざまなソーシャル・メディアのサービスが提供されている。本章では、その中でも、日本国内の市町村等の一定の地理的範囲を主な対象とする地域SNSについての考察を行う[1]。

　地域SNSに限っても、日本全国には、519にも達するサイトが存在し（総務省 2010：55）、かつ、その形態、設置主体、対象地域、構成メンバーや活動内

容は多様であった。本章では,これらすべてを対象とするのではなく,後述する総務省の研究会に基づく施策と関係の深い地域 SNS,すなわち,総務省実証実験として導入された地域 SNS および財団法人地方自治情報センター(LASDEC〔当時〕)の e コミュニティ形成支援事業の対象となった地域 SNS について考察する。

総務省が地域 SNS 導入促進を検討した当初から,自治体等の行政が関与する必要はなく,民間サービスのみで十分ではないかとの指摘があった。そこで,本章では,総務省の地域 SNS 導入促進策がいかなる目的を持っていたのか,実際に導入された地域 SNS の実態はいかなるものであったのかを明らかにする。

本章は,以下,次の通り構成される。第 2 節は総務省による地域 SNS 導入促進策について,導入の背景や目的を中心に整理する。第 3 節では,総務省の導入促進策の対象となった地域 SNS(29 サイト)の 2011 年 1 月時点の状況を明らかにする。第 4 節では,総務省が導入促進の際に掲げた 2 つの目的に即して,実際の地域 SNS は地域社会や地方行政に対していかなる効果を持っていたのかを検証する。第 5 節では,導入した自治体による地域 SNS の事業評価の状況を明らかにする。以上のような実態の解明や検証を踏まえて,第 6 節では,まとめとして本章の結論を述べる。

2 総務省による地域 SNS 導入施策

総務省 ICT 住民参画研究会

本節では,総務省による地域 SNS 導入施策について,その基礎となった同省の「ICT を活用した地域社会への住民参画のあり方に関する研究会」(座長:石井威望東京大学名誉教授。以下,「総務省研究会」[2])の議論を中心にまとめる。具体的には,総務省研究会報告書(総務省 2006)をもとに,同省が本施策を導入するにいたった背景を整理するとともに,本施策の目的は何だったかを明らかにする。

総務省研究会は，2005年度に行われ，東京都千代田区と新潟県長岡市に実際に地域SNSを導入しての実証実験と並行して進められた。当時は，民間のSNSであるmixiが急速に利用者を増やしつつあり，また，自治体においても熊本県八代市の「ごろっとやっちろ」が2004年10月から始まるなど，SNSへの注目が高まっていた時期であった。同種のサービスとしては，掲示板機能を活用した電子市民会議室が多くの自治体で導入されていた。しかしながら，総務省研究会では，電子市民会議室を設置した733の自治体のうち活発に建設的な議論が行われているのは4団体にすぎないとの評価のもと，匿名の攻撃的な書き込みや無責任な書き込みを防ぐことのできる新たな道具として，SNSに着目していた。[3]

地域SNS導入施策の背景

　総務省研究会では，情報通信技術（ICT）を活用した地域社会への住民参画を必要とする背景として，地域をとりまく次の3つの環境変化をあげている。第1は，地方分権の推進である。地方自治体の役割の重点が，自らの責任と判断で地域・住民のニーズに主体的に対応していくことに転換することが求められる中，地方自治を住民の意思に基づいて行う住民自治の充実が必要との認識が背景の1つとしてあった。住民の意思を地方の行政に反映して，住民が主体的に地域社会の形成に参加できるようなシステムを整えることが必要と考えられていた。第2は，公共サービスへの新たな期待の高まりである。少子高齢化の進展や男女共同参画社会の形成といった点に着目し，従来は家庭などで行われてきた保育や介護などが公共サービスとして求められるようになり，質的にも量的にも公共サービスに対する需要が高まっているとしている。第3は，地方自治体の厳しい財政状況である。長期的な人口減少社会に突入している日本では，税収の増加は期待できない。他方で，公共サービスへの需要は高まっている。総務省研究会報告書では，直接的には表現されていないが，財政支出の増加をともなわない形で公共サービスの需要増に対応するためには，住民自らが公共サービスを提供する担い手となることが期待されているとの考えが背景

にあった。

　地域をとりまく環境以外の背景としては，技術的な背景がある。すなわち，総務省研究会報告書では，インターネットの普及にともない，情報の入手や発信が容易になり，コミュニケーションの道具としてICTの有効性や利便性が高まっていることをあげている。その上で，前述した通り，SNSという新たなソーシャル・メディアが台頭しつつあることにいち早く着目して，地域SNSの導入を促進する政策を立案するに至っている。

地域SNS導入施策の目的

　地域SNS導入施策の大きな目的は，地域における課題解決力の向上にあった。上述の通り，公共サービスへの新たな期待が高まる一方で，厳しい財政状況の下では税金に基づくサービス提供が困難な中，地域における課題を住民自らが参加して解決できるようにすること，そして，その力を高めることが目的となった。

　地域における課題解決力の向上という大目的を達成するために，それを支える2つの目的が設定された。第1は，地域社会への住民参画の促進であり，第2は，地方行政への住民参画の促進である。前者は，地域社会での課題解決に，地域住民が担い手として参画できるよう，地域コミュニティを再生することを指す。日頃の住民同士の日常的な接触や親睦活動などを通じた信頼関係を構築し，いわゆるソーシャル・キャピタルを形成することで，コミュニティ活動を活発にすることを目指した。後者は，地方自治体の政策形成の過程に，地域住民が積極的に参画することを指す。地方自治体の政策の計画，決定，執行，評価の各過程を情報公開することにより透明性を向上させるとともに，それぞれの過程に住民が参画することによって，得られた結果が受け入れやすいものとなり，円滑な施策展開につながることが考えられていた。

　総務省研究会報告書では，地域社会への住民参画と地方行政への住民参画の「両者がいわば車の両輪として，相互補完的に実現されることにより，「地域における課題解決力」が向上し，地域にふさわしい多様な公共サービスが適切な

受益と負担のもとに提供される公共空間が形成され,豊かな『公』を実現することが可能」となると位置づけていた。

以下,本章では,以上のような総務省研究会報告書にある2つの目的,すなわち,地域社会への住民参画と地方行政への住民参画が,実際にはどのように実現されているのか,または,実現されていないのかについて検証を進めていく。

なお,総務省の地域SNSに関する施策は,2009年度までは重点施策の1つとして位置づけられていた。例えば,2009年度重点施策の中で,「1 定住を支える地域力の創造,2 住民力の涵養と安心して暮らせる地域づくり」の具体的施策として,「地域コミュニケーション活性化のための地域SNSを推進」することが掲げられている(牧 2009)。しかしながら,2009年7月には,政党の事業仕分けにおいて,「電子自治体のオンライン化推進及びオンライン利用促進に係る研究調査」が「すでに民間や自治体において地域SNSが構築されており,国が主導する必要はない」とのコメントで「事業廃止」の判定となった。総務省の「平成23年度総務省所管予算(案)の概要」によれば,「II 『ICT維新ビジョン2.0』の推進による『強い経済』の実現 (3)『日本×ICT』戦略による3％成長の実現 (イ)地域の『つながり力』を高める利用者本位のICT利活用の促進」の中に「NPO,地方公共団体等が主体となり地域の広域連携による遠隔医療,福祉,介護,防災,防犯などの分野における効果的・効率的なICT利活用を促進」との記述はあるが,計上された予算額130億円は対前年度比40％削減の大幅カットとなっている。国の財政支出をともなう政策としては,ICTを活用した地域社会の構築の扱いは,この時点では低くなった面があるといわざるを得ない。

3 各自治体による地域SNS施策の状況

第3節では,総務省およびLASDECの支援対象となった地域SNS(29サイト)を対象として,2011年1月時点の状況を明らかにする。調査は,対象

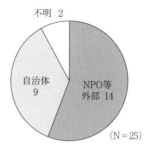

図5-1　サイトの管理・運営者の比較

SNS に参加登録するほか，市役所ホームページなどのインターネット上の情報にアクセスする方法で行った。なお，SNS 内の情報に関しては，SNS 登録者全員に広く公開されている情報のみに依拠して調査を進めており，特定の登録者のみに開示されている情報は本調査では用いていない。

調査結果は，表5-1に示す通りである。現在の状況を整理すると，次の通りになる。第1に，存続している割合を見ると 86％となり，多くのサイトが運営されている（岐阜県大垣市の場合は廃止とカウントしたが，当初事業は他のサイトと統合された後に別の SNS サービスとして稼働している）。2011 年の調査時点でも，多くの利用者が日記やコミュニティ機能を利用している SNS がある一方で，利用状況を見ると必ずしも活発とはいえないところもあり，調査時点の直近1ヶ月以上の間，日記またはコミュニティなどの SNS 内の情報が新たに更新されていないものもあった。

第2に，サイトの管理・運営者について見ると，56％が NPO 法人など自治体以外の主体によるものであった（図5-1）。当初は，自治体が管理・運営者であったサイトでも，NPO 法人や地域企業や自治体からなる運営組織に移った例もある。

第3に，自治体のウェブサイトとの関係を見ると，自治体ウェブサイトのトップページに地域 SNS へのリンクがバナー等で表記されているところは，存続している地域 SNS の3分の1であった。完全に民間移行した場合でも，引き続き，自治体サイトのトップページにリンクのバナーが維持されているケー

第5章 ICTを活用した地域住民のつながり

表5－1 総務省実験およびeコミュニティ形成支援事業地域SNSの状況（2011年1月10日現在）

対象年度	名称/URL（注1）	管理・運営者（注2）	登録者数（注3）	リンク（注4）	その他
2005	千代田区地域SNS「ちよっピー」（東京都千代田区）http://www.sns.mm-chiyoda.jp/	財団法人まちみらい千代田 [同上]	不明 [3147]	×	
	長岡地域SNS「おここなごーか」（新潟県長岡市）http://www.snsococo.jp/	NPO法人ながおか生活情報交流ネット [同上]	不明 [1782]	×	
2006	はちのへ地域SNS「はちスー」（青森県八戸市）http://sns.city.hachinohe.aomori.jp/	八戸市（総務部情報システム課）[同上]	2001 (2010/6/1) [3492]	×	
	まえばし市民ネットワークシステム「まえりあ」（群馬県前橋市）http://www.maebashi-sns.jp/	まえばしSNS運営委員会事務局 [不明]	2100 (2010/2/25) [3933]	×	運営委に市から補助金（まえばし市民ネットワークシステム。運営委員会補助金交付要項。2006年度＝1390千円。2009年度＝350千円）
	ちちぶ市民ネットワークサービス「ちらり」（埼玉県秩父市）https://sns.city.chichibu.lg.jp/	秩父市（総務部情報政策課）[同上]	不明 [1814]	×	市の基本事業評価資料では廃止を含めた検討
	おおがき地域SNS「おおがきかがやきサイトと統合。2010年5月」（岐阜県大垣市）	—	—	—	大田かがやきSNSサービス（2010年5月）にOGIに移行。大垣地域にポータルサイト再整備（グレートパワートメイション株式会社）が設置。運営。登録者数220（推計）
	e－じゃん掛川（静岡県掛川市）http://e-jan.kakegawa-net.jp/	掛川といいじゃん掛川編集局（NPO法人スローライフ掛川）の協働 掛川市（IT政策課）	2430 (2011/1/11) [4100]	×	地域SNSを活用した地域活性化事業（2009-10年度）によりNPO法人に運営委託
	お茶っ人（京都府宇治市）http://sns.ochatt.jp/	宇治市（IT推進室）[同上]	2001 (2010/12/31) [3636]	○	2011年度から、管理・運営に加えて、設置もNPO法人も移行予定
	「マチナカの人」豊中市地域SNS（大阪府豊中市）http://sns.machikanet.jp/	不明 [同上]	不明 [2061]	×	
	おおむたSNS（福岡県大牟田市）http://sns.ai-jo.net/	大牟田市（市民協働推進室）[同上]	不明 [2826]	×	アクセス数の記録を情報提供（2010/12/1現在。アクティブユーザー332）。2010年度行政評価で廃止方針はD判定以下のD判定の模様
	五島市地域SNS「gotoからんもっと」（長崎県五島市）http://sns.sgoto.jp/	五島市 [同上]	不明 [2372]	○	
	大分市地域SNS「だいきんりん」（大分県大分市）http://sns.daikinrin.jp/	NPO法人観光コナジュ大分市からの委託	不明 [1238]	×	
	「まーでん」奄美地域SNS（鹿児島県奄美市）http://sns-amami.jp/	不明 [同上]	不明 [1180]	○	2010/11/23の日記を最後にSNS内公開の情報掲載なし（RSS情報を除く）
2007	きたひろしま地域SNS「しゃべとっと」（北海道北広島市）http://sns.city.kitahiroshima.hokkaido.jp/	NPO法人北広島ITネットワークの委託 [北広島市]	不明 [1612]	○	
	みたか地域SNS「ポキネット」（東京都三鷹市）http://www.mitaka-sns.jp/	みたかSNS運営委員会（事務局＝ニア SOHO普及サロン・三鷹）[不明]	1900 (2011/1/4) [3247]	×	

(表5-1 続き)

対象年度	名称/URL (注1)	管理・運営者 (注2)	登録者数 (注3)	リンク (注4)	その他
2007	地域SNS「まつさかへルネット」(三重県松阪市) http://www.sns-matsusaka.jp/	松阪市(市政戦略部IT推進室) [同上]	740(2010/3/31) [2120]	○	コミュニティ総数=135(コメント総数13,293)、日記総数=12,200(コメント数134,517)、総アクセス数5,529,093(一日平均6,520)(利用期間:848日間)
	高島市地域SNS「高島きてねっと」(滋賀県高島市) http://sns.city.takashima.shiga.jp/	高島市(企画部情報統計課) [同上]	不明 [1452]	×	
	丹波篠山地方SNS「ネットささやま」(兵庫県篠山市) http://sns2.sasayama.jp/index.phtml	株式会社まちづくりささやま [不明]	300(2008/2/22) [1720]	×	
	高松市地域SNS「なんかでっきょるきゃん」(香川県高松市) (2009年3月末閉鎖)	―	―	―	市ウェブサイトによると、閉鎖理由は、利用登録者数や利用実績等の伸び悩み。
	くるめ地域SNS「つつじネット」(福岡県久留米市) http://tsutsuji-net.jp/	久留米市(企画財政部広報広聴課) [同上]	1000(2010/1/15) [2689]	○	市町登録所が情報的にアンケート実施(1回実施)。新規登録者に基本操作マニュアルを郵送。
	もりおか地域SNS「モリオネット」(岩手県盛岡市)* https://sns.city.morioka.jp/	もりおか地域SNSボランティアチーム、盛岡市が協働体制のもとに運営(盛岡市が協働業務情報企画室)	1101(2011/1/11)	○	
	佐用SNS「さよっち」(兵庫県佐用町)* http://sayo-ch.jp/	運営・管理は、県内の行政・教育・企業・NPO・住民などの有志による協働体制。(資金援助の提供なし)(個人情報管理:イノフィニューム株式会社)	542(2011/1/11)	○	
	松江SNS「まつえ」(島根県松江市)* http://matsuesns.jp/	2008/7から松江市版地域SNS運営協議会が管理および松江市運営(当時は、松江市が設置する松江市販地域SNS運営委員会及び管理運営)	758(2011/1/11)	×	運営協議会委員所属組織(合同会社さんだんまちしくり会社、NPO法人まちづくりしまね、OSS協議会 会長、(社)島根県情報産業協会、松江商工会議所、(株)まちづくり松江、島根県立大学、島根大学、松江観光協会、松江市ほか、地元放送・通信企業・団体)
	小樽市地域SNS(実験終了中止) 前原市地域SNS(事業休止中)	―	―	―	
2008	三島市民ポータルサイト 地域SNS(静岡県三島市) http://sns/city.mishima.shizuoka.jp/	三島市役所(企画部情報システム課 情報政策側)[同上]	不明 [不明]	×	審者はこのSNSに登録できていないため、SNS内公開の情報に[ ]内はアクセスして設置した。
	安城市地域SNS「あんみつ」(愛知県安城市) http://www.an-mitsu.jp/	安城市地域ポータルサイト meets委員会(事務局・株式会社meets)[不明]	875(2009/12/16) [2653]	○	2009年度で市役所事業としては廃止し、民間での自主運営に移行。
	野洲市地域SNS「やすまち」(滋賀県野洲市) http://www.sns.city.yasusho.jp/	野洲市しそう教室まちづくり協働推進センター)[同上]	400(2010/9/17) [1588]	○	2008/11/19-2010/11/19総アクセス数300万。
	しそうSNS「E-宍栗」(兵庫県宍粟市)* http://sns.shiso-sns.jp/	宍粟市商工会/しそう観光協会/市民等の有志しそうSNS運営委員会	170(2011/01/10)	×	

注1:名称の後の()内は所在市町村名。名称の後の*印のあるものはLASDEC提供のOpen-Gorotto以外のシステム。
注2:Open-Gorottoシステムの場合、設置者と管理・運営者が別として記載されることが多いので、下段に[ ]内で設置者を記載。
注3:登録者数は、管理・運営者が発表している場合に記載、()内は時点、Open-Gorottoシステムでは、最新のユーザーのID番号が登録者数と一定の関係を有するので、[ ]内に同番号を記載。
注4:リンク欄では、所在自治体のウェブサイトのトップページに当該地域SNSのリンクがバナーで示されている場合に○、そうでない場合に×と表記。

142

第5章 ICTを活用した地域住民のつながり

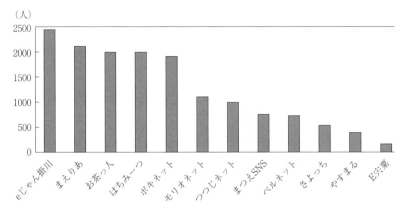

図5-2 各サイトの登録者数比較

スもある（愛知県安城市のあんみつ）。個別ケースの調査は必要であるが，民間移行後も自治体との関係が維持されていることを示す目安として，このようなリンクのバナーを位置づけることも考えられる。ただし，調査時点で利用者による日記やコミュニティの書き込みがほとんど見られず，かつ，運営者である自治体から当該SNSに2年以上にわたって書き込みがないサイトであっても，当該自治体のウェブサイトのトップページにリンクのバナーが掲載されている場合もあった。後者のようなケースでは，そもそも自治体ウェブサイトそのものの維持に問題がある可能性もあるので，注意を要する。

　第4に，登録者数については，時点は異なるものの，14サイトの情報を入手できた。2010年以降の登録者数がわかる12サイトについて見れば，多いサイトで2000人台，少ないところで100人台，全体の平均で約1260人となっている（図5-2）。サイト設置者から情報の提供を受けることができたある地域SNS（登録人数2000人台）について，アクティブユーザー数（1ヶ月に1回以上ログインした登録者の数）の年間平均（2010年）を見ると月410人程度であった。登録者数やアクティブユーザー数は，自治体の事業評価で注目される数値であるが，その点については第5節で考察する。

4 地域SNS施策の検証

　第4節では，総務省による地域SNS導入施策を実施する際に，総務省研究会が掲げた2つの目的に照らして，実際の地域SNSがどのように利用されているかについて検証する。検証の方法は，ヒアリングに基づく定性的な事例研究のほか，アンケートや地域SNS内のテキストの形態素解析に基づく定量的な事例研究による。

地域社会への住民参画の観点からの検証
　ここでは，地域社会への住民参画の促進という観点から，地域SNSがどのように利用されてきたかについて，検証を行う。筆者は，今回の分析対象となる地域SNS（表5-1）については，三島市民ポータルサイト地域SNSを除いてすべてのサイトに「楽楽」のニックネーム（SNS内の名前）で参加した。また，参加に際しては，実名と職業および所属をSNS参加者全員に公開している。筆者自身の地域SNSの利用を通じて，各地域でのSNS内のやりとりを観察してきた。ここで取り上げる事例に関しては，2007年12月に対象となる地域，具体的には，青森県八戸市，京都府宇治市，静岡県掛川市に出張し，自治体職員のほか，地域SNS利用者から対面で聞き取り調査を行った結果に基づいている。

　定性的な事例研究の結果，総務省研究会が掲げる「地域社会への住民参画」の観点から地域SNSが利用されている事例として，4類型5事例を確認することができた。[5] 4つの類型とは，①地域SNSへの参加により実社会の新たなネットワークが構築された個別参加者の事例，②地域SNSが実社会における新たな活動に結びついている事例，③既存の実社会での活動にSNSを活用した事例，④インターネットの特性を活用し，地理的制約を超えて実社会のネットワークがつながる事例である。第4の事例については，インターネットの特性を活かして複数の地域社会への活動に参加する事例として取り上げた。

①地域SNSへの参加により実社会の新たなネットワークが構築された個別参加者の事例(1)(お茶っ人)

　宇治市内でパソコン教室を開いているA氏(男性)は,パソコン教室の生徒が地域SNSお茶っ人を紹介するチラシを持ってきたことをきっかけに,お茶っ人に登録することになった。

　A氏は,SNS内のコミュニティに参加し,そのコミュニティの中でオフ会にも出席するようになった。オフ会に参加することには最初のうちは,一般的にインターネットを利用するのは若い人が多いことを踏まえ,オフ会も若い人が来るものだろうから,自分が参加するのはどうかとの抵抗感もあった。それでも参加してみると,年代も立場もさまざまな人がいることに驚くのと同時に,地域SNSお茶っ人の運営に携わる人と話す中で,お茶っ人を盛り上げるお手伝いができればとの考えを抱くようになった。

　お茶っ人の運営は市民団体(宇治大好きネット)によって行われているが,A氏はその後,その運営委員会のメンバーとなっただけではなく,例えば,宇治市内で2007年度に採択された京都府地域力再生プロジェクトという地域SNSとは別の地域プロジェクトでも中心的な役割を果たすようになった。A氏は,地域SNSに参加することで,以前は出会うことのなかった地域の人材と新たな関係を築くことになった。

　この事例から,地域SNSには,実社会における新たな人的ネットワークを構築する機能があることがうかがえる。

②地域SNSへの参加により実社会の新たなネットワークが構築された個別参加者の事例(2)(はちみーつ)

　八戸市のB氏(女性)は,家族の転勤にともない八戸市に転入した。知り合いのいない新しい地域であったが,地域SNSはちみーつに参加することで,地域での知り合いが格段に増えただけではなく,美味しいお店や地域の見所などにも,はちみーつ参加者とともに出かけるようになり,行動範囲が急速に広がっていった。参加してから1年もたたないうちに,オフ会を企画・実施する

までにいたっている。

　はちみーつでは，偶然を含めて，メンバー同士が実社会で出会う機会も多いこともあって，SNS内でのやりとりが実社会と同様に節度をもって行われている。こうした地域SNSの特徴が，地域への新たな転入者の受け入れを可能としている面もあると考えられる。

　この事例からは，地縁のない転入者であっても，地域社会での新たなネットワークを構築可能にするという地域SNSの機能をうかがうことができる。

③地域SNSが実社会における新たな活動に結びついている事例（お茶っ人）
　京都府山城地域では，お茶っ人で起こっているインターネット上の活動と，実社会の活動が結びつきはじめている。

　まず，地域SNSの内容を，インターネットユーザー以外にも紙媒体によって伝えようとする「お茶っ人新聞」の事例があげられる。「お茶っ人新聞」は，宇治大好きネットが編集し，宇治市役所が発行者となっている。SNS参加者自らが配りたくなるという方針の下で編集され，実際に，制作された「お茶っ人新聞」の多くは手渡しで配られた。

　具体的には，この配布のために市民による「お茶っ人新聞配り隊」が結成され，お茶っ人のサイトに「顔の見えるネットワーク　人と人がつながり　地域を紡ぐ」と書かれているように，おすすめの記事を伝えて手渡しされることが多かった。また，紙媒体の新聞を経営する飲食店に置きたいという要望に応える過程でも新たな人のつながりができるなど，インターネットだけでは実現できていなかった新たな人的なネットワークも構築された。

　次に，お茶っ人1周年等を記念して宇治大好きネットが企画・実行した催事「わいわいあつまろフェスタ」の事例もある。この催事は，2007年12月16日に宇治市産業会館で開催された。午前の講演会で久保田勇宇治市長（当時）が挨拶するほか，26団体等による展示・体験イベントや，ステージ上では子どもから高齢者までの9団体によるダンスや演奏の発表などが行われた。午前10時から午後4時過ぎまでの充実したイベントとなり，約600人の市民が参

加した．

そのほかにも，実社会の活動と結びついた事例はいくつもある．前述の「お茶っ人新聞」に紹介されたものとしては，キャンプ関連の SNS 内コミュニティのイベントとして実際にキャンプを 2 回行った事例や，宇治で行われたフォーク音楽イベントがきっかけとなって地域 SNS 内にコミュニティが立ち上がり，イベント後もお茶っ人上でライブ情報や市民が集まってギターを弾く会等が行われてたという事例があげられる．後者のフォーク音楽関係のコミュニティでは，2007 年 12 月 23 日に，第 2 回のコンサートがコミュニティ・メンバー等市民の企画・実行により開催され，8 組が出演し，立ち見も含めて 250 人が参加するイベントとなった（洛南タイムズ 2007）．

このように，お茶っ人の事例からは，地域 SNS によって，実社会での新たな活動を通じたネットワーク構築に結びつく可能性があることが確認される．

④既存の実社会での活動に SNS を活用した事例（e-じゃん掛川）

実社会ですでに行われている NPO の活動に地域 SNS を活用し，双方向のコミュニケーションを通じてさらにネットワークを広げていった事例が，掛川の地域 SNS，e-じゃん掛川で見られる．

掛川市は，昭和 50 年代に全国に先駆けて生涯学習都市宣言を行って以来，市民を対象とした学習活動が積極的に行われている地域である．地域でのこうした積み重ねを踏まえて，スローライフをテーマに，座学で学ぶことと地域の自然を使って体感することを併せた，生活を変えることを提案する講座（掛川ライフスタイルデザインカレッジ）が，NPO 法人スローライフ掛川により，2006 年 4 月から開催されている．

この講座の運営には，従来からブログが開設され，事務局からのプログラムに関する情報を中心に投稿されていた．

地域 SNS である e-じゃん掛川が 2006 年 11 月に開設されてからは，当該ブログと並行して活用するようになった．具体的には，SNS 内にコミュニティを立ち上げて，受講者，講師や事務局が参加することで，受講者からの感想が

掲載されたり，講師からのコメントがあるなど，SNS参加者以外はアクセスできないという環境もあって，インターネットに公開されている公式ブログには現れないようなやりとりが，活発に行われている。地域SNSをNPO法人の活動に活用することで，受講者，講師，事務局間のコミュニケーションを活発にして，それが活動の厚みを増している。

　ブログに書かれていることは，事務局からの「公式的」な投稿であるために，受講生や講師はコメントをつけることには抵抗感があった。アクセスが限定される地域SNSのコミュニティを活用することで，新しく講座に参加した人の間でつながりを構築する効果があがっている。

　この事例からは，既存の実社会での活動を前提としながら地域SNSを活用することで，新たなネットワーク構築にも結びつく機能があることが確認される。

⑤インターネットの特性を活用し，地理的制約を超えて実社会のネットワークがつながる事例（はちみーつ，マチカねっ人）

　八戸市のC氏は，2007年8月31日に神戸市で開催された地域SNS全国フォーラム（主催：兵庫県，財団法人地方自治情報センター，ひょうごふるさとづくり交流会議）に参加した。フォーラムには八戸の特産であるしめさばやイカを持ち込んで，八戸の地域SNSはちみーつの説明を行った。

　C氏はCSA（Community Supported Agriculture，地域支援型農業）モデル[6]，それも既存のモデルに比べて消費者が生産者を支えることを強調したモデルを，八戸から，地域SNSを利用して行おうと考えていた。このフォーラムの中で，豊中市のおかまち・まちづくり協議会区域（岡町商店街）を対象とした地域SNSのマチカねっ人参加者から反響があった。

　これをきっかけに，C氏は2007年11月には岡町商店街で行われた文化祭の物産展に参加することになる。ここでは八戸の名物であるせんべい汁を振る舞うことになったが，広島など他地域からの参加者と共同で急遽ブイヤベースのせんべい汁を作り，それが見事に売れた。その後，八戸の特産であるサバとイ

カをマチカねっ人参加者でもある飲食店に送ったところ，その魚介類に合ったドレッシングが作られた。このドレッシングには青森のりんごと五島（地域SNSのgotoかたらんねっとが運営されている地域）の塩が使われている。こうした実社会での活動が円滑に進んだ背景には，C氏やマチカネっ人参加者がお互いの地域SNSに相互に参加しあって，インターネット上で緊密にやりとりを行ったことがある。

　この事例からは，地理的な制約を越えやすくするというインターネットの特性を活かすことで，実社会での活動に結びつくような新たなネットワークの構築が，青森県八戸市，大阪府豊中市，長崎県五島市といった遠隔地どうしの間でも可能であるという地域SNSの特徴を確認することができる。

地方行政への住民参画の観点からの検証——事例研究

　ここでもヒアリング等に基づく定性的な事例研究によって，地方行政への住民参画という目的に対して，地域SNSの利用がどのように貢献しているかを検証する。ただし，地域社会への参画の場合とは異なり，対象となる具体的ケースは少なかった。

①市役所が計画策定で活用する事例（e-じゃん掛川）
　この事例は，先ほど分析した事例と同じタイミングで調査したものである[7]。掛川市では，2007年度に進めていた「地球温暖化対策地域推進計画」の策定に際して，e-じゃん掛川を活用した。具体的には，SNS内に「みんなでつくろう！『地球との約束』行動計画」をはじめとするいくつかの公認コミュニティを立ち上げ，ワークショップによる意見やアイデアの収集とあわせて，SNSでの意見やアイデアの整理を行った（図5-3）。

　2007年の調査時点では，計画策定途中の段階ではあったが，この事例からは，地域SNSを，行政と住民の双方向のやりとりの場として，そして，住民間のやりとりの場として活用する可能性があることがわかる。

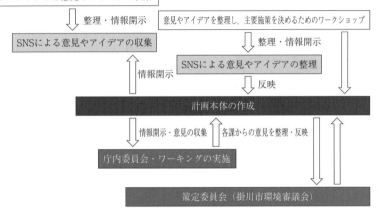

図5-3 計画策定のイメージ

出所:掛川市ウェブサイト (http://lgportal.city.kakegawa.shizuoka.jp/sizen/ondan/suisinkeikaku.jsp, 2010.11. 10.)。

②市役所広報広聴課がアンケート機能を積極的に活用するケース(つつじネット)

　この事例は,福岡県久留米市の広報広聴課が地域SNSつつじネットにあるアンケート機能を積極的に活用して,市役所と市民の間の協働を進めようとしていたものである。この調査は,2010年9月に開催された地域SNS全国フォーラムのパネリストとして参加した同市職員の報告およびフォーラム期間中のヒアリングを中心としつつ,つつじネット内で得た情報に基づいて行った。[8]

　本事例の1つの特徴は,市役所内の担当課が情報政策(IT政策)担当の部署ではなく,市民との接点を重視する広聴広報課であった点にある。情報政策担当部署の場合,ともすれば,地域SNSという道具をいかに使うかという点からの発想になるおそれがあるが,本件の場合には,明確な行政目的に対する道具として地域SNSが選定されていた。具体的には,久留米市新行政改革行動計画(2005〜2009年度)[9]に基づき公民連携による活力ある新しいまちづくりを推進するに当たり,「市民の声や意見をより広く把握し,適切に施策に反映」するために,同計画では「新しいモニタリングシステムの構築」が盛り込まれ

ていた。LASDECのeコミュニティ形成支援事業で提供される地域SNSのシステムは，日記やコミュニティといった典型的なSNS機能だけではなく，地方行政の住民参画の道具としても利用できるようにアンケート機能が提供されていた。久留米市では，このアンケート機能に着目して，地域SNSのシステムを新しいモニタリングシステム構築の手段として選択した。

地域SNSを導入後は，2～3ヶ月に1回程度の割合で，広報広聴課がモニターアンケートを行い，2011年1月11日締切で第11回となっている（第11回アンケートの回答者数は225人）。フォーラム・パネリストであった同市職員によれば，インターネットモニターの効果としては，リアルタイムでアンケート結果を市民と共有することを指摘している。集計作業が不要で，回答後すぐに結果を確認できることが利点となっていた。

本事例の第2の特徴は，アンケートの回答者を増やすために市役所職員が創意工夫をこらしたところにある。例えば，地域SNSに備えられているポイント付与機能を利用して，アンケートに回答することで利用者はポイントをためることができた。500ポイントで図書カードなどの記念品に交換可能とすることで，回答へのインセンティブを付与した。また，アンケート以外でも，地域の美術館や観光・レクリエーション施設などの招待券や割引券のプレゼントの企画を行った（2010年1月から2011年1月までで10回実施）。このような企画は，地域SNSを利用する市民だけではなく，施設にとってはクチコミ情報の発信が期待されるほか，地域SNS運営者にとっては，アクティブユーザーの増加やサイトの活性化がもたらされるなど，関係者それぞれにメリットのあるものとなった。

市役所の創意工夫ある取り組みも奏功して，久留米市新行政改革行動計画（平成17～平成21年度）アクションプランの達成状況の総括では，目標達成との評価を受けた。かつ，2010年度からの新たな行動計画においても，インターネットによる市民意向把握の推進として位置づけられた。

地方行政への住民参画という目的に結びつく事例は少なく，さらに，地域SNSに実装されているアンケート機能は，多くのサイトで必ずしも利用され

ていたとはいい難い。しかし，自治体行政の大きな方向性を持った計画の中に，地域 SNS の活用が明確に位置づけられ，かつ，自治体職員の創意工夫を持った取り組みが進められる場合には，地域 SNS は地方行政への住民参加という目的を果たすための道具となりうることを，本事例は示している。

地方行政への住民参画の観点からの検証――定量的事例分析

　地域 SNS 内のコンテンツである日記またはコミュニティでは，地方行政への住民参画はどのように観察されるであろうか。ここでは，日記またはコミュニティのデータを解析することで，定量的な事例研究を行う。

　まず，日記の書き込みに注目した研究について述べる。筆者は，京都府宇治市の地域 SNS お茶っ人の 1 年間のすべての日記の書き込みを，形態素解析を行い分析した。[10]具体的には，お茶っ人の運営管理者および設置者の了解を得て日記データをダウンロードし，2007 年 10 月から 2008 年 9 月までに SNS の利用者全員に公開された日記（日記数 6049 件，日記の冒頭とコメントの数を合計すると 4 万 6386 件）を分析対象とした。対象となる日記およびコメントの書き込みを形態素解析することによって頻出語を抽出し，それらの頻出語を表 5-2 に示す通り 15 のカテゴリに分類した。その上で，15 のカテゴリを構成するいずれかの語が含まれている日記およびコメントの数を対象として因子分析を行った。結果は表 5-3 に示す通りで，①ソーシャル・グルーミング，②地域社会参画，③行政・政治参画と名づけた 3 つの因子を抽出することができた。詳細については Tanaka and Nakano（2010）に示されているので省略するが，[11]②の因子は地域社会の活動にかかわるものであり，総務省研究会の 2 つの目的に当てはめれば，地域社会への住民参画に関係するものである。また，③の因子は，社会的な課題や地方行政，国政に関するものであり，2 つの目的のうち，地方行政への住民参画に関係するものである。このように，地域 SNS 利用者の日記データを定量的に分析したところ，地域社会への住民参画にかかわる話題に加えて，地方行政への住民参画に関係する話題もやりとりされていることが確認された。

第5章 ICTを活用した地域住民のつながり

表5-2 お茶っ人日記内頻出語のカテゴリ

カテゴリ
家族(Fm)：82単語
食(Fd)：51単語
スポーツと余暇(SR)：36単語
友人，知人(FA)：16単語
日常生活(DL)：25単語
ニックネーム(NN)：102単語
地域(Ar)：66単語
地域行事(LE)：29単語
音楽演奏・展示（MPA)：23単語
社会問題(SI)：12単語
地方政府(LG)：23単語
中央政府(NG)：35単語
ポジティブ感情(P)：71単語
ネガティブ感情(N)：63単語
感謝(G)：9単語

出所：Tanaka and Nakano (2010) の Table 5に基づき筆者作成。

　以上の通り，地域SNS導入の効果について，総務省研究会の2つの目的，すなわち，地域社会への住民参画および地方行政への住民参画の目的に照らして検証すると，どちらの目的も一定の効果を上げられることがわかる。両者の目的を比較すると，筆者が検証した限りでは，前者の目的の方がより地域SNSでは効果を上げる可能性があることが示された。ただし，地域SNSを導入した団体すべてでこのような効果を上げられているわけではない。むしろ，事業評価やいわゆる事業仕分けによって，見直しの対象となっていた地域SNSもある。そこで，次節では，導入後の地域SNS施策の見直しについて考察する。

表5-3 感情カテゴリを除く12カテゴリを対象とした因子分析結果

カテゴリ	要因		
	1 (ソーシャル・グルーミング)	2 (地域社会参画)	3 (行政・政治参画)
家族(Fm)	**.78**	.10	.04
食(Fd)	**.52**	.03	-.03
スポーツと余暇(SR)	**.44**	.11	.05
友人,知人(FA)	**.44**	.26	.03
日常生活(DL)	**.52**	.03	.02
ニックネーム(NN)	**.62**	**.61**	.06
地域(Ar)	.12	**.45**	.02
地域行事(LE)	.07	**.64**	.01
音楽演奏・展示(MPA)	.05	**.67**	-.02
社会問題(SI)	.17	.11	**.34**
地方政府(LG)	-.02	-.02	**.35**
中央政府(NG)	-.04	-.05	**.56**
Eigenvalue	3.12	1.53	1.32
Variance explained	16.25	12.94	4.62
Cronbach's α	.70	.57	.22

出所:Tanaka and Nakano (2010) の Table 7に基づき筆者作成。

5 地域 SNS に対する事業評価の状況

　第5節では,導入後数年が経過する地域 SNS 施策が地元自治体においてどのように評価されているかを考察する。表5-1にある地域 SNS を対象として,地域 SNS 所在自治体のウェブサイトなどから事業評価等の状況を調べたところ,表5-4に示す通りとなった。また,同表にはすでに事業を廃止したサイトも掲載した。

　同表にかかげた地域 SNS に対する事業評価等の結果からは,次のことがわかる。第1に,ポジティブな評価とネガティブな評価のいずれもがあることである。ネガティブな評価の方が話題になることが多く,かつ,そのような地域 SNS の割合が高いこともあるが,積極的に評価されているサイトもあることは,活用の仕方によっては地域 SNS の導入は自治体施策として効果を有したことを示す。第2は,評価指標に関するものである。自治体の情報化施策は,

第5章　ICT を活用した地域住民のつながり

表5-4　地域 SNS に対する事業評価等の状況

サイト名	自治体	時期	評価	評価理由・説明
ポキネット	三鷹市	2009年度	大（目標達成）	「地域SNSについては、アクセス数が251万件（当初目標値140万件）を記録し，当初の目標値を大きく上回ることができた。」（平成21年度 事業評価表）
つつじネット	久留米市	2009年度	A（目標達成）	「平成19年度に総務省の実証実験に参加し，全額助成によりシステムを導入。平成20年4月より本格運用を開始。新規モニターの募集に力を入れるとともに，システムのアンケート機能を活用し，市民の意見や感想を聴き，市政や事業への反映に努めている。」（久留米市新行政改革行動計画（平成17年度～平成21年度）全体総括版
ベルネット	松阪市	2009年度	―	「会員が健康，環境，子育てなど様々な分野のコミュニティを立ち上げたり，日記などで意見交換を行い，会員が企画するイベントへ参加して実際に交流するなど，会員の情報発信のみではなく，様々な交流のツールとして利用され，地域活性化に繋がった。」（平成21年度 松阪市主要施策の成果及び実績報告書）
あんみつ	安城市	2009年度	未達成終了	主な成果指標：ページビュー。2009年度目標5万件に対する実績3万7447件。所属長の改善案＝実証実験は終結。「民間での自主運営に移行したため本事業は完了」（事務事業（平成21年度実施分）評価結果一覧表）
ちっち	秩父市	2009年度	廃止	「地域SNS事業は，地域の人々の情報共有を目的としたものであるが，現状ではそれに代わる民間運営のサイトで代用できることも多いため，市が実施するのではなく，廃止を含めた検討を行う必要がある。」「導入当時はミクシイなどSNSが注目された時期であったが，昨今は，ブログ，ツイッター等への移行が目立ち，利用者は限定的であるため，学校系掲示板機能を他に移転し，廃止を含め検討する。」（平成21年度　主要な施策の成果報告書）
2011年の調査時点ですでに廃止・統合されたサイト				
おおがきSNS	大垣市	2010/5に統合		他のサイトに統合され，大垣かがやきSNSとしてリニューアル
小樽市地域SNS	小樽市	―		実験終了に伴い廃止
なんがでっきょんな	高松市	2009/3末閉鎖		市ウェブサイトによると，閉鎖理由は，利用者登録数や利用実績等の伸び悩み。
前原市地域SNS	前原市	事業休止		

アクセス数，申請件数などログデータに基づいて計測可能なものを評価指標とすることが多い（田中・杉山 2007）。地域 SNS についても，アクセス数，ページビュー，登録者数など，ログデータ等により比較的容易に計測可能な数値が評価指標として用いられていることがわかった。しかしながら，これらの計測容易な指標は，地域 SNS の利用の程度を示すにすぎない。地域 SNS の導入目的が地域社会や地方行政への住民参加であることを踏まえると，利用の程度以外の指標も重要になる。実際，ポジティブに評価されているつつじネットとベルネットを見ると，市民の意見の市政への反映や地域活性化に着目した評価が行われている。評価指標に関するこのような問題は，表 5-1 に掲げる地域 SNS だけの問題ではない。例えば，滋賀県大津市の「おおつ SNS」についても，2010 年度の事業仕分けにおいて，アクティブユーザー数（400 名程度）が少ないことを根拠に廃止の判定が下された。この判定に対しては，地域活性化の実績を評価していないことに利用者から疑問の声があがるなどした。大津市は事業仕分け後にアンケート調査を行い，回答者 175 名中 117 名が運営の継続を希望していることなどを踏まえて，2011 年度は存続との結論にいたった。

　ところで，地域 SNS を導入した自治体は，総務省研究会が示した 2 つの目的を，自らの政策目的として掲げているであろうか。この点に関して，後藤らが LASDEC 支援地域 SNS を対象に興味深い分析を行っている（後藤ほか 2011）。彼らは，地域 SNS の目的と効果について，財団法人地方自治情報センター（2008）から，各地域 SNS の目的と効果に関する記述文を抽出し，形態素解析を使って分析した。対象事例は LASDEC の e コミュニティ形成支援事業に参加した 20 の自治体である。彼らの分析の過程で，対象自治体が表 5-5 に示す 6 つのカテゴリの目的を設定している可能性のあることを抽出した。総務省研究会の 2 つの目的に照らしてみると，抽出された 6 つのカテゴリは，いずれも「地域社会への住民参画」に関するものであり，「地方行政への住民参画」については，導入した多くの自治体で意識されていなかった可能性が高いことがわかる。

表 5-5　LASDEC 調査から抽出した地域 SNS の目的（6 カテゴリ）

	主成分名称	主成分得点の高い用語
第 1 主成分	団塊世代の市民参加促進（地域社会の再構築）	役割，団塊世代，市民参加，経験，促進，市民活動
第 2 主成分	防災の推進	防災リーダー，推進，携帯電話，観光客，情報発信
第 3 主成分	コミュニティの形成	活用，形成，提供，災害情報，コミュニティ
第 4 主成分	地域の情報コミュニケーション	地域情報，コミュニケーション，促進，市民活動，市民参加
第 5 主成分	災害時の安心	災害時，安心，コミュニティ，提供，地域活性化
第 6 主成分	市域・行政の地域活性化	市域，行政，観光客，地域活性化

出所：後藤ほか(2011：表 1)

6　ICT を活用した住民参画にむけて

　本章では，全国に展開されている地域 SNS のうち，総務省実証実験および LASDEC の e コミュニティ形成支援事業の対象となったサイトを中心に考察を行った。その際の視点として，総務省研究会が掲げた地域 SNS 導入施策の 2 つの目的に照らして地域 SNS の効果を検証した。その結果，地域社会への住民参画および地方行政への住民参画という 2 つの目的のいずれについても，地域 SNS は効果を上げうることを明らかにした。しかし，単に地域 SNS を導入するだけで効果が期待できるわけではない。以下，どうすればよいのかについて，2 つの目的に分けて述べる。

　まず，地域社会への住民参画についてである。この点については，関連のシンポジウムなどでよく指摘されたことであるが，地域 SNS を地域の公園に例えて考えてはどうだろうか。人と人が出会い，やりとりをする場としては，公園と地域 SNS には共通点がある。ただし，両者とも，単に場所があるだけでは人と人がつながるとは限らない。コミュニティを醸成できるように，その場をいかに維持するかが重要となる。近年は，公園に関しても，単に施設をハー

ドウェアとして維持するだけにとどまらず，指定管理者制度などを活用して，人々が公園に集い活動するような管理・運営がなされている。地域SNSを活用してコミュニティを醸成しようとするのであれば，単なるシステムの運用にとどまるだけでなく，人と人が集い，やりとりを行う「場」として維持していくことが大切である。

今回検証した地域SNSの中には，サイトはあるが，コミュニティを醸成することができるような「場」として維持されているとはいい難いようなところもあった。「場」の維持のためには，参加者と価値観を共有しお互いに理解しあうなど，従来の行政事務では求められなかったことが必要となるために，行政が場の維持を担当することは難しい面もある。地域住民の力も借りて，協働していくことが重要であろう。

地域SNSには，ほかにも，公園の維持にはあまり必要とされないことが求められている。それは，ICT分野での技術革新への対応である。公園の施設は補修などは必要であるが，公園や施設のあり方を根本から変えるような技術革新の影響を受けることは少ないと見込まれる。それに対して，インターネット上のサービスについては，たえず技術革新が行われ，新たなサービスが登場し，急速に普及する。以前は，電子掲示板の仕組みを活用した電子市民会議室が中心だったが，その後，地域SNSが普及した。さらに，ソーシャル・メディアとしてミニブログのTwitterが急速に浸透し，多くの自治体でも活用されている。ICTを地域社会への住民参画の道具として活用する場合には，こうした急速な技術革新にもある程度は対応できるようにすることが必要である。行政では急速な技術革新になかなか対応が難しいこともあり，この点でも地域住民／企業の力が重要となる。今回分析対象とした地域SNSでいえば，島根県松江市の事例が，地元のICT企業の協力を得て，産学官で地域SNSサイトのリニューアルを図っていた例として参考になる。

次に，地方行政への住民参画について考察する。この目的を達成するには，地域社会への住民参画で求められる「場」の維持や急速な技術革新への対応に加え，重要なことがある。それは，行政のあり方／行政職員の意識が根本から

変わらなければならないことである。具体的には，筆者が総務省研究会で検討が進められている時点で指摘した次の4点である（田中 2005）。第1に，行政が持つ情報を住民と共有することである。これは，住民が地方行政に何らかの形で参画する上での大前提となる。第2に，住民に対する応答性の確保である。行政は住民からの意見に対してしっかりと応えていくことが必要である。第3に，住民と行政の間の対等な協働である。住民のイニシアティブも尊重されることが重要である。第4に，行政と住民の関係の透明性の確保である。多くの住民が知らされないまま施策が決まっているという不信感を招かないようにすることが大切である。今回，検証を行った地域SNSを持った自治体の中には，このような行政のあり方や意識の変化が見られたところもある。簡単なことではないが，ICTを活用した地方行政への住民参画は，自治体と住民の双方がお互いに努力し協力することで，十分に実現可能であると筆者は考える。

注

(1) 本章は，田中（2012）に加筆修正したものである。
(2) 筆者は，同研究会のワーキンググループ（WG）の委員（理論WG座長）として参加した。http://www.soumu.go.jp/denshijiti/ict_kenkyukai_050527.html（2011年1月10日時点，以下，URLについては特に断りのない限り同じ。）。
(3) 総務省研究会第1回研究会資料2「ICTを活用した地域社会への住民参画について」（事務局作成）。http://www.soumu.go.jp/denshijiti/pdf/ict_kenkyukai_050527_02.pdf. 牧（2009）も参照。
(4) 民主党（当時）ウェブサイト（http://www.dpj.or.jp/news/files/090707ichiranhyo.pdf）。
(5) 4類型5事例の記述は，岡本・田中（2008）による。
(6) 消費者は会費などの形で一定額を前払いし，豊作・不作などのリスクを生産者と分担するモデル。
(7) この事例の記述は，岡本・田中（2008）による。
(8) 場所は，フォーラムの会場となった静岡県掛川市内の施設。筆者は，同フォーラムのパネルディスカッションのコーディネーターとして参加し，シンポジウムの前後にパネリストと密接に会話や連絡をやりとりする機会があった。
(9) 久留米市役所ウェブサイトに掲載（http://www.city.kurume.fukuoka.jp/1080shisei/2040keikaku/3050kaikaku/4010gyouseikaikaku/index.html）。

⑽　本項の日記の書き込みを対象とした定量的分析は，Tanaka and Nakano（2010）による。
⑾　詳細については，Tanaka and Nakano（2010）を参照されたい。

文献

後藤省二・諏訪博彦・太田敏澄，2011，「地域SNSの目的と効果の関連に関する定量分析」『日本社会情報学会誌』vol. 22, no. 2。

牧慎太郎，2009，「行政から見た地域SNSの可能性」『まちづくり』no. 24：58-61。

岡本健志・田中秀幸，2008，「地方自治体による地域情報化施策とソーシャル・キャピタルに関する研究」『第12回進化経済学会研究発表論文集』（CD版）。

洛南タイムズ，2007，「団塊パワーで青春を"占拠"——宇治フォークライブ」2007年12月27日。

総務省，2010，『情報通信白書平成22年版』。

総務省，2006，『住民参加システム利用の手引き：地域SNS，公的個人認証対応電子アンケートシステム』（http://www.soumu.go.jp/denshijiti/ict/index.html, 2011. 1.10)。

田中秀幸，2005，「ICTを活用した住民参画：地域の課題解決力の向上に向けて」『住民行政の窓』no. 284：1-13。

田中秀幸，2012，「国・自治体による地域SNS——施策とその効果の検証」杉本星子編『情報化時代のローカル・コミュニティ——ICTを活用した地域ネットワークの構築』国立民族学博物館，83-104。

Tanaka, Hideyuki and Kunihiko Nakano, 2010, "Public Participation or Social Grooming: A Quantitative Content Analysis of a Local Social Network Site," *International Journal of Cyber Society and Education*, vol. 3, no. 2：133-154.

田中秀幸・杉山幹夫，2007，「インタンジブルズに着目した地域情報化投資の評価に関する研究」『日本社会情報学会合同研究大会研究発表論文集』232-237。

財団法人地方自治情報センター（LASDEC），2008，『地域SNSモデルシステム運用の手引き』（http://www.lasdec.nippon-net.ne.jp/cms/9,6275,22,164.html, 2011. 1.10)。

第**6**章

ソーシャル・メディアと地域コミュニティ活動
————ソーシャル・キャピタルに着目した定量的構造分析————

田中秀幸

1 地域社会でのソーシャル・メディア利用と本章のねらい

　高齢化の進展などによって，個人や家庭だけでは高齢者の生活を支えることが困難になる一方，厳しい政府財政の状況から，自治体などによる公共サービスに期待することも困難になっている。そのような中，自助と公助の間の共助の重要性が増し，地域コミュニティの役割があらためて期待されるようになってきている。しかしながら，日常生活を営む地域社会での人のつながりは，長期的に見ると希薄化している（内閣府 2007：14-18）。そのような中，情報通信技術を活用して，人と人を結びつけることができるソーシャル・メディアは，地域の絆の再生という点で注目されるようになっている（総務省 2010：33-62,総務省 2011：155-181）。

　地域社会との関係でソーシャル・メディアで期待されることの1つは，ソーシャル・キャピタルの充実である。疎遠になりつつあった地域での人と人の関係が，ソーシャル・メディアを利用したやりとりによってより深まることが期待され，実際，サービス利用者の一定割合はそのような効果を感じている（総務省 2010：46-48）。ソーシャル・メディアには，もう1つ期待されることがある。それは，地域コミュニティ活動への参加の促進である（総務省 2006：1-13）。ソーシャル・メディアの利用を通じて，地域で起こっていることを知り，関心のある人がつながることで，実社会での活動に参加するようになることが期待

されているのである。

　日本におけるソーシャル・メディアの利用と地域コミュニティでのソーシャル・キャピタルの形成や地域コミュニティ活動への参加について，情報通信白書等で一定の調査は行われているが，厳密な形での定量的な分析とはなっていない。また，後述する通り，日本を含め世界各地でソーシャル・メディア利用とソーシャル・キャピタルや住民参加に関する研究は行われているが，ソーシャル・キャピタルの形成と住民参加の両方に及ぼす影響についての研究は限られている。そこで，本章では，日本国内の市単位の地域を対象に，ソーシャル・メディアの利用が地域コミュニティ活動への参加に及ぼす影響について，ソーシャル・キャピタルを通じた回路に焦点を当てて，定量的なデータに基づく実証分析を通じて全体の構造を明らかにする。

　以下，第2節では，関連する先行研究を整理して，本章の位置づけを明らかにする。第3節では，本章で用いるデータについて説明する。第4節では，ソーシャル・メディアの利用，地域コミュニティ活動への参加およびソーシャル・キャピタルとの関係を明らかにするため，共分散構造分析を用いて検証する。第5節では，第4節の結果についての考察を加える。第6節では，本章全体をまとめ，学問的貢献および今後の課題について述べる。

2　本章に関連する先行研究

　インターネット・サービスなど情報通信技術の利用と地域コミュニティに関する社会科学分野の研究は，多岐にわたっている。ここでは，本章に関連するものとして，情報通信技術の利用とソーシャル・キャピタルの形成および地域コミュニティ活動への参加に関するものに焦点を当てて整理する。

　まず，情報通信技術の利用がソーシャル・キャピタルに及ぼす影響に関する研究を取り上げる。エリソンは，アメリカの大学生のFacebookの利用とソーシャル・キャピタルとの関係を定量的に分析している (Ellison et al. 2007)。その際，ソーシャル・キャピタルを，結束型 (bonding)，橋渡し型 (bridging) に

第6章 ソーシャル・メディアと地域コミュニティ活動

加えて維持型 (maintained) の3つに類型化し，Facebook の利用は橋渡し型のソーシャル・キャピタルとの関係が最も強いことを示している。スタインフィールドらは，アメリカの大学生を対象として，Facebook 利用と橋渡し型ソーシャル・キャピタルの関係を2ヶ年のデータに基づき分析し，1年目の Facebook 利用が2年目の橋渡し型ソーシャル・キャピタルに影響を与える可能性のあることを示した (Steinfield et al. 2008)。これらの研究では，橋渡し型のソーシャル・キャピタルに対する影響のみが確認されているが，調査対象が大学生という若者であって，人間関係の構築の途上にある者が多い可能性があることを考慮する必要がある。日本を対象としたものとしては，宮田と小林が，山梨県内の成人 (20-65歳) の成人を対象に3ヶ年にわたるデータに基づいて，PC および携帯電話の電子メールならびにオンライン・コミュニティの利用とソーシャル・キャピタルの関係について分析を行っている (Miyata and Kobayashi 2008)。その結果，PC の電子メールは個人の人的なネットワークの大きさを拡大する一方，携帯電話のメールは支援につながる既存の強い関係を維持することに有用である可能性があることが示されている。

　これまでの研究で，情報通信技術の利用がソーシャル・キャピタルに対して影響することは確認されている。しかしながら，これらの研究は，オンライン上のソーシャル・キャピタルと実社会のソーシャル・キャピタルを区別して扱っていない。ソーシャル・メディアの利用が浸透する中で，オンライン上の人間関係も構築されるようになっており，実社会の人間関係とオンライン上の人間関係を区別して扱う必要が生じている (Williams 2006)。先行研究では，こうした区分がなされていない点に限界がある。

　情報通信技術と地域社会に関する研究では，地域コミュニティの活動にどのような影響を与えるかについても焦点が当てられている。メッシュとタルムドは，イスラエル国内の地域を対象とした電子掲示板の利用などを対象としたデータに基づいて，情報通信技術の利用が地域コミュニティ活動への参加の度合いを高める可能性を示している (Mesch and Talmud 2010)。また，キャンベルとクワックは，アメリカ国民を対象としたデータに基づき，携帯電話の利用が

地域コミュニティ活動への参加を高める可能性を示している（Campbel and Kwak 2010）。前者の研究では，モデル構築の中でソーシャル・キャピタルの効果を潜在的には考察している点はあるが，どちらの研究も情報通信技術の利用と地域コミュニティ活動の2つの関係を扱うもので，モデルの要素としてのソーシャル・キャピタルは含まれていない。

　情報通信技術の利用とソーシャル・キャピタルおよび地域コミュニティ活動への参加の3つの要素すべてを対象とした研究も行われている。宮田らは，山梨県内の成人を対象としたデータに基づき分析を行い，オンライン・コミュニティへの参加が人のつながりの多様性を増し，それが地域コミュニティ活動への参加につながる可能性があることを示した（Miyata et al. 2008）。ハンプトンらは，ソーシャル・メディアやブログなどのニューメディアの利用が，地域コミュニティ活動への参加を通じて，つながりの多様性で計測するソーシャル・キャピタルにどのような影響を与えているかを分析している（Hampton et al. 2011）。SNSの利用については，地域コミュニティ活動への影響はほとんどなく，直接，ソーシャル・キャピタルの充実に影響を与える結果となっている。デ・スニガらは，アメリカ国民を対象としたデータに基づき，情報を得るためのソーシャル・メディアの利用，ソーシャル・キャピタルの形成および地域コミュニティ活動への参加の関係を分析し，ソーシャル・メディア利用が，ソーシャル・キャピタルの形成と地域コミュニティ活動への参加にそれぞれ直接正の影響を及ぼすとともに，ソーシャル・キャピタルの水準が，地域コミュニティ活動の水準に正の影響を及ぼす可能性があることを示している（de Zuniga et al. 2012）。

　このように，ソーシャル・メディアの利用とソーシャル・キャピタルおよび地域コミュニティ活動への参加の関係は，ある程度研究が進んでいる。しかし，これら3つの要素の間の構造を分析する際に，ソーシャル・キャピタルは区分して扱われていない。前述の通り，ソーシャル・キャピタルには，橋渡し型のものと結束型のものがあり，かつ，オンライン上のものと実社会上のものもありうる。ソーシャル・キャピタルをこのように区分して，その影響を比較して

いる研究は，2013年時点で筆者の知る限り行われていない。

　インターネット上のソーシャル・キャピタルの計測については，ウィリアムスによって，the Internet Social Capital Scale（ISCS）が提案されている（Williams 2006）。これは，ソーシャル・キャピタルを，橋渡し型と結束型の次元と，オンラインとオフラインの次元という2つの次元で定量的に計測するものである。これまでの研究では，ソーシャル・メディアの利用が，オンラインまたはオフラインのソーシャル・キャピタルのどちらと関係があるかが必ずしも明確ではなかった。また，地域コミュニティ活動への参加と関係があるのは，橋渡し型または結束型のソーシャル・メディアのどちらであるのかが必ずしも明らかではなかった。そこで，本章では，ソーシャル・キャピタルをISCSを使って4つに区分して計測することで，ソーシャル・メディア，ソーシャル・キャピタルおよび地域コミュニティ活動への参加の3つの要素の関係や構造を明らかにする。

　筆者の知る限り，これら3つの要素の構造について地域間の比較を行っているものはない。情報通信技術は，地域によって異なる影響を与え得る。筆者が経済活動を対象として行った研究でも，都市部と地方部では産業集積に与える影響が異なることが確認されている（Tanaka and Okamoto 2008）。果たして，地域コミュニティ活動に関しても，地域によって情報通信技術のもたらす影響は異なるのかどうかについても検証する。

3　この研究で用いるデータの説明

調査方法・対象

　本章では，株式会社マクロミルのネットリサーチ・サービスを利用して調査を行った。調査対象は，静岡県掛川市および京都府宇治市に在住するマクロミル登録モニタ全員とした。この2つの市を対象としたのは，どちらも，2006年度に財団法人地方自治情報センターが行ったeコミュニティ形成支援事業により，それぞれの市役所が地域SNSを開設し，2013年6月の調査時点でもそ

表6-1 回答者の概要

	掛川市	宇治市
回答者総数	206人	548人
女性比率	51.2%	56.3%
平均年齢	40.6歳	41.4歳

れらの地域SNSが運営されていたからである。これらの地域では、長年にわたり、地域社会の活動の中でソーシャル・メディアが利用されるなど、地域社会における情報通信技術の利用が一定の水準を維持していることが主な理由である。人口は掛川市11万6000人、宇治市19万人である。両市とも大都市圏に所属しているが、掛川市の自市内従業者比率が65.8%に対して、宇治市の同比率は39.1%となっており、宇治市の方が市外で働く人が多い点が相違点の1つとしてあげられる（以上、人口関係のデータは2010年国勢調査に基づく）。

調査時期は、2012年9月20日から30日である。本章では回答者774人のうち、確認質問の回答に疑義のある20人を除外後の754人を対象に分析を行う。回答者の属性などは、表6-1に示す通りである。

変数

ソーシャル・メディアの利用、ソーシャル・キャピタルおよび地域コミュニティへの参加の観点から、次の変数を用いる。

まず、ソーシャル・メディアの利用である。表6-2に掲げるソーシャル・メディアについて、当該サービスを利用して自分と同じ市内に住む人とのやりとり（コメントを書いたり、メールを送受信したりなど）の頻度を質問し、全くない=0、1ヶ月に1回以下=1、1ヶ月に2-3日=2、1週間に1-2日=3、1週間に3-5日=4、1週間に6-7日=5として各サービスごとに点数化し、すべてのサービスの点数を合計したものを利用尺度（SL）とした（$\alpha = .767$）。

ソーシャル・キャピタルに関しては、前述のISCSの項目を質問した。ただし、ウィリアムスらによれば橋渡し型10項目と結束型10項目から構成される

第6章 ソーシャル・メディアと地域コミュニティ活動

表6-2 調査対象のソーシャル・メディア

mixi，Facebook，Twitter，GREE，モバゲー，Google +，LINE，お茶っ人（地域 SNS），e じゃん掛川（地域 SNS）

表6-3 ISCS によるソーシャル・キャピタル質問項目

[橋渡し型ソーシャル・キャピタル]

- 人と付き合うことは，私に新しいことに挑戦したいと思わせてくれる。
- 人と付き合うことは，私と似ていない人が何を考えているかについて興味を抱かせてくれる。
- 人と話をすることは，世界のよその場所への好奇心を抱かせてくれる。
- 人と付き合うことは，私がより大きなコミュニティの一員であるように感じさせてくれる。
- 人と付き合うことは，より大きな社会の動きに私がつながっていると感じさせてくれる。
- 人と付き合うことは，世界中のすべての人々がつながっていることを気づかせてくれる。
- 人と付き合うことで，新たな話し相手を得る。
- いつでも，新しい人との出会いがある。

[結束型ソーシャル・キャピタル]

- 私が困ったときに，その解決の手助けを安心してお願いできる人がいる。
- 大切な決定をするときに，そのための助言をお願いできる人がいる。
- 内々の個人的な問題を気兼ねなく話せる人がいない（逆）。
- 孤独を感じたときに，話をすることができる人がいる。
- お付き合いしている人は，最後に残ったお金を私と分け合ってくれるだろう。
- 大切なことを任せられるような人はいない（逆）。
- お付き合いしている人は，私が不正とたたかっているときに，手助けしてくれるだろう。

注：「(逆)」と記された項目については，分析段階で評価点を逆にすることで，他の項目と整合させている。ソーシャル・メディア上と実社会に分けて，同じ項目を用いた。

が，調査予算の制約から前者8項目，後者7項目に対象を絞るとともに，オンライン上の項目については，本章の対象にあわせてソーシャル・メディア上の人の付き合いとした（Williams 2006）。質問項目は表6-3に示す通りであり，全く当てはまらない=1から非常によく当てはまる=7の7段階の尺度とし，それぞれの区分で回答を単純合計した。αの値は，ネット上の橋渡し型ソーシャル・キャピタル（NR）= .945，ネット上の結束型ソーシャル・キャピタル（ND）= .786，実社会の橋渡し型ソーシャル・キャピタル（RR）= .928，実社会の結束型ソーシャル・キャピタル（RD）= .868である。

第3に，地域コミュニティ活動への参加である。表6-4に掲げる活動項目と尺度を用いて質問した。点数に関しては，現在の参加水準を反映させるため

表6-4 地域コミュニティ活動への参加

質問項目（共通）	・町内会，自治会，管理組合などの地縁活動 ・PTA活動 ・地域の子どもが参加するスポーツ，学習，余暇や社会体験に関する活動 ・高齢者の支援に関する活動 ・障がい者の支援に関する活動 ・防犯・防災活動 ・地域の環境の維持改善や美化に関する活動 ・イベントや祭り等の運営 ・スポーツ・趣味・娯楽活動　（スポーツ，野外活動，お祭り，美術工芸，音楽，文化，手芸創作，演芸，その他サークル活動） ・市民運動や住民運動 ・選挙や政治に関する活動 ・その他の団体活動（商工会議所，農協，業種組合，宗教など）
尺度	参加したことがない＝0， 過去に参加したことはあるが，最近1年間は参加していない＝0， 現在，年に1～2日程度参加している＝1， 現在，3ヶ月に1日程度参加している＝2， 現在，ほぼ毎月参加している＝3， 現在，月に2日程度参加している＝4， 現在，ほぼ毎週参加している＝5， 現在，週に2日以上参加している＝6

表6-5 各変数の記述統計量

	最小値	最大値	平均値	標準偏差
SL	0	41	2.19	4.72
P	0	37	2.69	4.67
NR	8	56	30.63	9.92
ND	7	49	25.12	7.21
RR	8	56	33.37	8.35
RD	7	49	29.75	7.61
Age	15	77	41.18	12.91
Cmt	0	180	23.27	27.19
Rsd	.5	28.0	13.44	10.03

$N = 754$

に，「参加したことがない」と「過去に参加したことはあるが，最近1年間は参加していない」のいずれも0点として扱っている。その上で，単純合計して地域コミュティ活動への参加尺度（P）とした（$\alpha = .859$）。

第6章　ソーシャル・メディアと地域コミュニティ活動

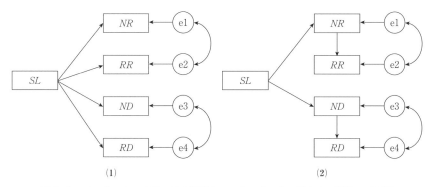

図6-1　ソーシャル・メディアの利用とソーシャル・キャピタルの構造のパス図

　そのほか，回答者の属性に関して，性別，年齢（*Age*）および職業については モニタ登録情報を用いるとともに，通勤・通学時間（*Cmt*, 分単位，片道）および居住年数（*Rsd*，①1年未満，②1年以上5年未満，③5年以上10年未満，④10年以上15年未満，⑤15年以上20年未満，⑥20年以上の6段階で質問した各段階の中位値）について質問した。各変数の記述統計量は表6-5に示す通りである。

4　3要素の分析

ソーシャル・メディアの利用とソーシャル・キャピタルの関係

　最初に，ソーシャル・メディアの利用がソーシャル・キャピタルの水準に及ぼす影響を検証した。先行研究では，ソーシャル・メディアの利用はソーシャル・キャピタルの水準に正の影響を及ぼすことが示されている。しかしながら，ソーシャル・キャピタルをオンライン上のものと実社会のものに区分して検証したものは，筆者の知る限りない。本章では，図6-1に示す2つの構造を対象として，AMOS ver.21を用いて，共分散構造を行った。図6-1(1)は，ソーシャル・メディアの地域利用がオンライン上のソーシャル・キャピタルと実社会のソーシャル・キャピタルにそれぞれ直接的に影響する場合であり，図6-1(2)は，ソーシャル・メディアの利用が，オンライン上のソーシャル・キャピ

表6-6　図6-1(1)と図6-1(2)の共分散構造分析の結果

図6-1(1)		図6-1(2)		
パス	標準化直接効果	パス	標準化直接効果	標準化間接効果
$SL->NR$	.185***	$SL->NR$	.185***	—
$SL->RR$	.124***	$NR->RR$	.401***	—
$SL->ND$	.242***	$SL->ND$	.242***	—
$SL->RD$	.140***	$ND->DD$	.381***	—
—	—	$SL->NR->RR$	—	.074***
		$SL->ND->DD$	—	.092***
適合度	GFI = .893, AGFI = .598, RMSEA = .283	適合度	GFI = .997, AGFI = .991, RMSEA = .016	

注：***：p＜.01，**：p＜.05，*：p＜.1。以下の表でも同じ。
＊印の付されたパスの係数の効果量rは，図1-1の$SL->RD$の.096を除き，すべて.10を上回っている。

タルには直接的に影響するものの，実社会上のソーシャル・キャピタルには間接的に影響する場合である。

　結果は，表6-6の標準化直接効果または同間接効果に示す通りで，図6-1(1)と(2)のどちらの構造でもソーシャル・メディアからソーシャル・キャピタルへのパスの係数は統計的に有意なものとなった。しかし，適合度で見ると，一定の水準を確保できるのは図6-1(2)のみとなった。また，図6-1(2)のソーシャル・メディア利用による実社会上のソーシャル・キャピタルの水準に及ぼす間接的な影響を見ると，橋渡し型，結束型のいずれも，係数は統計的に有意に正の値であることが確認された。以上の結果は，ソーシャル・メディアの利用がオンライン上のソーシャル・キャピタルの水準に正の影響を直接的に及ぼすだけではなく，実社会上のソーシャル・キャピタルにも間接的に正の影響を及ぼすことをサポートするものである。

3要素の関係に関する分析

　上では，ソーシャル・メディア利用とソーシャル・キャピタルの関係を明らかにすることができた。ここでは，その結果を踏まえて，地域コミュニティ活

第**6**章　ソーシャル・メディアと地域コミュニティ活動

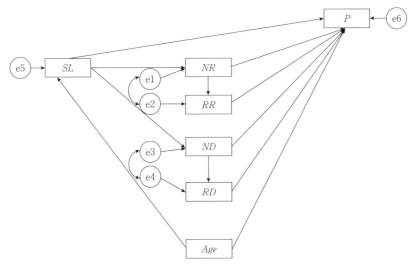

図6-2　ソーシャル・メディア，ソーシャル・キャピタルおよび地域コミュニティ活動の関係に関するパス図

表6-7　図6-2の共分散構造分析の結果

パス	$SL->NR$	$SL->ND$	$NR->P$	$RR->P$	$ND->P$	$RD->P$	$Age->SL$	$Age->P$
標準化直接効果	.185***	.242***	.006	.141***	.040	-.043	-.236***	.206
適合度	GFI = .992，AGFI = .971，RMSEA = .049							

注：＊印の付されたパスの係数の効果量rは，すべて.10を上回っている。

動を加えた3つの要素の関係を，共分散構造分析により明らかにしていく。

　先行研究によれば，情報通信技術の利用は，地域コミュニティ活動への参加に直接的に影響する可能性がある。それと同時に，ソーシャル・キャピタルを通じて間接的に影響する可能性も示されている。そこで，本章では，まず，図6-2に示すパス図に基づいて検証した。先行研究に基づきデモグラフィックな要因が情報通信技術利用および地域コミュニティ活動に影響することが示唆されていたことを踏まえて，図6-2では，パス係数が有意となった年齢（Age）を用い，性別などの他の要因は用いなかった。

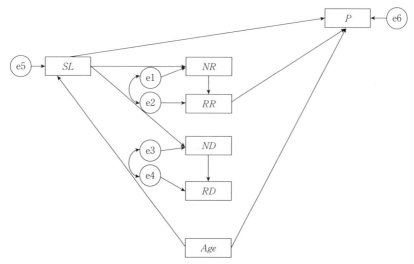

図6-3 ソーシャル・メディア,ソーシャル・キャピタルおよび地域コミュニティ活動の関係に関するパス図

表6-8 図6-3の共分散構造分析の結果

パス(1)	標準化直接効果	パス(2)	標準化間接効果
$SL->P$	.173**	$SL->NR->RR$	.074***
$SL->NR$	.185***	$SL->ND->RD$	.092***
$SL->ND$	.242***	$SL->NR->RR->P$	.009
$NR->RR$	.401***	$NR->RR->P$	.051***
$ND->RD$	.381***		
$RR->P$	.126***		
$Age->SL$	-.236***		
$Age->P$	.212***		
適合度	GFI=.991, AGFI=.977, RMSEA=.04		

注:＊印の付されたパスの係数の効果量rは,すべて.10を上回っている。

　結果は表6-7に示す通りで,ソーシャル・キャピタルから地域コミュニティ活動へのパスの係数が統計的に有意なものは,実社会上の橋渡し型のソーシャル・キャピタルのみであった。地域コミュニティ活動が実社会におけるものであること,そして,それがより多様な人たちとのつながりに結びつくことが,この結果には反映されていると考えられる。

この結果を踏まえて，係数が有意なものだけに限定したパス図（図6-3）に基づいて，あらためて検証を行った結果が表6-8である。同表では，直接効果に加えて間接効果の結果も示している。まず，ソーシャル・メディア利用とソーシャル・キャピタルの関係を見れば，表6-5の図6-1(2)の結果と同様に，ソーシャル・メディアの利用からオンライン上のソーシャル・キャピタル水準への直接的なパス係数も，実社会のソーシャル・キャピタル水準への間接的なパス係数も，どちらも統計的に有意に正であった。次に，地域コミュニティ活動との関係を見ると，ソーシャル・メディア利用から地域コミュニティ活動の参加水準への直接的なパス係数は統計的に有意に正である一方で，ソーシャル・ネットワークを通じた間接的なパス係数は統計的に有意な値とならなかった。さらに，オンライン上の橋渡し型ソーシャル・キャピタルから実社会の橋渡し型ソーシャル・キャピタルを通じた地域コミュニティ活動参加への間接的なパス係数が，統計的に有意に正の値となった。

全サンプルを対象とした共分散構造分析の結果は，今回の分析対象の3要素が次の関係にあることをサポートするものである。

①地域のソーシャル・メディア利用は，直接的に，オンライン上のソーシャル・キャピタルの水準の上昇につながる。この効果は，橋渡し型と結束型の両方のソーシャル・キャピタルで生じる。
②地域のソーシャル・メディア利用は，オンライン上のソーシャル・キャピタルを通じて間接的に実社会のソーシャル・キャピタルの水準の上昇につながる。この効果は，橋渡し型と結束型の両方のソーシャル・キャピタルで生じる。
③地域のソーシャル・メディア利用は，直接的に，地域コミュニティ活動参加水準の上昇につながる。

3 要素関係の地域間比較分析

今回の調査は，宇治市と掛川市という2つの異なる市を対象として調査を行

表6-9 地域間比較の結果

直接効果	宇治市 標準化推定値	掛川市 標準化推定値	間接効果	宇治市 標準化推定値	掛川市 標準化推定値
$SL->P$	.237***	.039	$SL->NR->RR$	.062***	.123***
$SL->NR$	.185***	.201***	$SL->ND->RD$	.084***	.131***
$SL->ND$	.241***	.277***	$SL->NR->RR->P$	.009	.016
$NR->RR$	.337***	.612***	$NR->RR->P$	.047***	.078*
$ND->RD$	.349***	.472***			
$RR->P$	.138***	.127*			
$Age->SL$	-.238***	-.254***			
$Age->P$	.235***	.193***			
適合度	GFI = .986, AGFI = .964, RMSEA = .032				

注:＊印の付されたパスの係数の効果量 r は,すべて.10を上回っている。

表6-10 各変数平均値の地域間比較

	宇治市	掛川市	平均の差(掛川－宇治)
SL	2.39	1.65	-0.73*
P	2.23	3.93	1.70***
NR	30.56	30.82	0.270
ND	25.07	25.24	0.18
RR	33.53	32.93	-0.61
RD	30.14	28.69	-1.45**
Age	41.40	40.59	-0.820
Cmt	25.70	16.76	-8.95
Rsd	13.62	12.95	-0.81

っているところに1つの特徴がある。そこで,ここでは,前掲の図6-3のパス図の構造を前提として,2母集団の比較を行うことで,ソーシャル・メディアを用いて地域内の利用者間でやりとりをすることの効果が地域によって異なるかどうかを検証する。その結果は,表6-9に示す通りとなった。ソーシャル・メディアとソーシャル・キャピタルの間のパスの係数は,どちらの市でも表6-8と同様に統計的に有意に正となった。それに対してソーシャル・メディアと地域コミュニティ活動参加の間のパスの係数は,宇治市在住のサンプルの場合には全サンプルと同じく統計的に有意となる一方で,掛川市在住のサンプルの場合には統計的に有意な値とはならなかった。

なぜ，このような差異が生じたのであろうか。この要因を探るために各変数の平均値を比較したところ，表6-10に示す通り，宇治市は掛川市と比較して地域コミュニティ活動への参加水準が低い一方で，ソーシャル・メディアでの地域内のやりとりの水準が高い。また，国勢調査によれば，宇治市は掛川市と比較して自市内通勤従業者割合が低いことを踏まえて，今回の調査対象の通勤時間の平均を比較すると，宇治市の方が長いことが確認された。地域社会におけるオンラインコミュニティに関する研究では，フルタイム労働や通勤時間などにより地域コミュニティの活動に対して積極的ではなかった人の参加を促進する効果がある可能性が指摘されている（小林ほか 2007）。宇治市の場合，通勤時間が長いために地域コミュニティ活動への参加水準が低い現状に対して，ソーシャル・メディアの活発な利用が地域コミュニティ活動への参加を促している可能性がある。それに対して，掛川市の場合，もともと地域コミュニティ活動への参加水準が比較的高い一方で，ソーシャル・メディアの利用が比較的活発ではないために，ソーシャル・メディア利用が地域コミュニティ活動参加に及ぼす影響が確認できない可能性がある。そこで，次節では，利用者に着目して，被雇用者で通勤時間の長い回答者とそれ以外の回答者に分けて，ソーシャル・メディア利用の効果の差異を検証する。[2]

3 要素関係の回答者間比較分析

限られた時間の中で通勤時間が長くなれば，地域コミュニティ活動にあてる時間を十分に確保できないおそれがある。就業時間が決まっていて勤務先での拘束が厳しい被雇用者の場合，その可能性がさらに高くなる可能性がある。他方で，このような被雇用通勤者の場合，ソーシャル・メディア利用による地域コミュニティ活動への参加促進に効果がある可能性がある。そこで，ここでは，この点を検証するために，回答者を2つのグループに分けて比較することにした。第1のグループは，被雇用者であって通勤時間が10分超の者（被雇用通勤者，N=324）で，第2のグループはそれ以外の者（その他，N=430）である。両グループを比較すると，地域コミュニティ活動への参加水準の平均は，前者が

表6-11(1)　回答者間比較の結果

パス(1)	被雇用通勤者 標準化直接効果	その他 標準化直接効果	パス(2)	被雇用通勤者 標準化間接効果	その他 標準化間接効果
$SL->P$	.415***	−.028	$SL->NR->RR$	.098***	.056***
$SL->NR$	.239***	.142***	$SL->ND->RD$	.097***	.089***
$SL->ND$	.255***	.235***	$SL->NR->RR->P$	.006	.009
$NR->RR$	.411***	.394***	$NR->RR->P$	.025	.064***
$ND->RD$	.380***	.380***			
$RR->P$	.061	.163***			
$Age->SL$	−.177***	−.285***			
$Age->P$	.213***	.170***			
適合度	GFI = .987, AGFI = .968, RMSEA = .027				

注：＊印の付されたパスの係数の効果量rは，すべて.10を上回っている。

2.29に対して後者が3.00で統計的に有意な差となっている一方で，ソーシャル・メディア利用の平均は，前者が2.36に対して後者が2.01と前者が高いものの，統計的に有意な差ではない。

　図6-3で示したパス図を前提に，これら2つのグループの間での共分散構造分析を比較したところ，表6-11(1)に示す結果となった。被雇用者の場合，ソーシャル・メディア利用から地域コミュニティ活動参加水準へのパスの係数は統計的に有意に正である一方で，その他の場合には，当該パスの係数は統計的に有意な値とはならなかった。先述の宇治市と掛川市の比較と同様の結果である。さらに，実社会の橋渡し型ソーシャル・キャピタルから地域コミュニティ活動参加水準へのパスにも差異があった。被雇用通勤者の場合には，当該パスの係数は統計的に有意な値にならない一方で，その他の場合には，当該値は統計的に有意に正の値となった。就業時間が決まっていて勤務先での拘束が厳しい被雇用者の場合，ソーシャル・メディア利用による地域コミュニティ活動への参加促進に効果があるという仮説をサポートするという結果を得ることができた。

　しかしながら，表6-11(1)の結果には，宇治市と掛川市の回答者の特性が反映されているおそれがある。そこで，さらに宇治市と掛川市の回答者に分けて

表 6-11(2) 地域・回答者間比較の結果

パス(1)	宇治		掛川	
	被雇用者通勤	その他	被雇用者通勤	その他
	標準化直接効果	標準化直接効果	標準化直接効果	標準化直接効果
$SL->P$	.531***	-.013	.181*	-.018
$SL->NR$	.254***	.123**	.153	.220**
$SL->ND$	.273***	.216***	.184*	.318***
$NR->RR$	.362***	.317***	.577***	.626***
$ND->RD$	.332***	.359***	.462***	.454***
$RR->P$	.02	.200***	.218**	.091
$Age->SL$	-.156**	-.304***	-.317***	-.234***
$Age->P$	.163***	.213***	.364***	.132
パス(2)	標準化間接効果	標準化間接効果	標準化間接効果	標準化間接効果
$SL->NR->RR$	.092***	.039*	.089	.138**
$SL->ND->RD$	.090***	.077***	.085*	.144**
$SL->NR->RR->P$	.007	.008	.019	.013
$NR->RR->P$	.007	.064***	.126**	.057
$N=$	237	311	87	119
適合度	適合度GFI=.979, AGFI=.945, RMSEA=.022			

4グループでの多母集団比較を行った。結果は,表6-11(2)に示す通りであり,ソーシャル・メディア利用から地域コミュニティ活動参加への直接のパスについて見れば,両市とも被雇用通勤者の係数が統計的に有意に正であるのに対して,その他の回答者は統計的に有意な値ではなかった。他のパスについては,必ずしも地域間または回答者間の比較とは整合的にはならないものの,就業時間が決まっていて勤務先での拘束が厳しい被雇用者の場合,ソーシャル・メディア利用による地域コミュニティ活動への参加促進に効果があるという仮説をサポートするという結果が得られた。

5 分析結果の考察

本章では,ソーシャル・メディアの利用,ソーシャル・キャピタルの形成および地域コミュニティ活動への参加の関係の構造を明らかにすることを目的に

分析を進めてきた。具体的には，ソーシャル・メディア利用が，どのようなパスを通じて地域コミュニティ活動への参加に影響を与えるかを，共分散構造によって分析した。

　まず，ソーシャル・メディア利用とソーシャル・キャピタルの関係について考察する。先行研究において，ソーシャル・メディアの利用がソーシャル・キャピタルの醸成に一定の効果を持っていることは確認されてきた。また，ソーシャル・キャピタルを橋渡し型と結束型に分けて，どちらかといえば，橋渡し型のソーシャル・キャピタルの醸成に効果が高いことが確認されている。しかし，ソーシャル・キャピタルをオンライン上のものと実社会のものに区分して分析されたものはなかった。本章では，ソーシャル・キャピタルを橋渡し型と結束型の2つに区分するにとどまらず，さらに，それぞれ，オンライン上のものと実社会のものに区分して，4種類のソーシャル・キャピタルに対して，ソーシャル・メディア利用がどのような影響を及ぼすかを検証した。その結果，ソーシャル・メディア利用は，オンライン上のソーシャル・キャピタルの醸成に直接的な効果があるとともに，実社会のソーシャル・キャピタルに対しては間接的な効果があることを示唆するものであった。この結果は，橋渡し型と結束型の両方のソーシャル・キャピタルで共通していた。ソーシャル・メディアは，従来の電子掲示板と比較して，人と人をつなぐ機能が充実しており，オンライン上の社会的な関係の形成を可能としている。このような特徴を持つ新たなメディアが浸透するなかにあっては，ソーシャル・キャピタルをオンライン上のものと実社会のものに区分して扱うことが有効であることを，この結果は示唆している。

　次に，ソーシャル・メディア利用と地域コミュニティ活動への参加の関係について考察する。今回の分析結果は，ソーシャル・メディア利用は地域コミュニティ活動への参加を直接的に促進する効果があることをサポートするものであった。ソーシャル・メディア利用によるソーシャル・キャピタルの醸成を通じた地域コミュニティ活動への参加という間接的な効果も期待されたが，今回の結果はその考え方をサポートするものではなかった。なぜ直接的な影響が確

認できたかについてはさらなる研究が必要であるが，筆者のこれまでの研究（田中 2009, Tanaka and Nakano 2010）を踏まえると，ソーシャル・メディアを利用することで，地域コミュニティ活動に直接必要な情報を共有したり，感謝の気持ち等を伝えることで，新たな内発的な動機づけにつながっていることが影響していると考えられる。

　本章では，サンプルの属性を区分して，以上の効果を比較した。ソーシャル・メディア利用とソーシャル・キャピタルとの関係については，限られた例外を除いて，全サンプルを対象とした場合と同様の結果であった。それに対して，ソーシャル・メディア利用が地域コミュニティ活動参加に及ぼす効果については，属性によって異なっていた。まず，地域別について見れば，宇治市の回答者ではその効果が確認された一方で，掛川市の回答者では確認されなかった。次に，時間的制約のある回答者の効果を明らかにするために，被雇用通勤者とそれ以外の回答者に区分して比較したところ，前者の場合には効果が確認された一方で，後者の場合には効果は確認されなかった。さらに，地域別・回答者別で確認したところ，全体としては効果が確認されなかった掛川市でも，被雇用通勤者の場合には効果が確認された。今回の結果からは，回答者の居住地域と被雇用通勤者か否かの属性のいずれについても，ソーシャル・メディア利用が地域コミュニティ活動に及ぼす効果の差異につながる可能性があることが示された。しかし，被雇用通勤者か否かの属性の方が，効果の差異により影響する可能性があることが示された。

6　本章の学問的貢献と今後の課題

　本章は，地域社会におけるソーシャル・メディアの利用が地域コミュニティ活動への参加にどのような経路を通じて影響するかについて，定量的データに基づいて分析を行った。その際，ソーシャル・キャピタルに焦点を当て，次の2つの点で学問的に貢献することができた。

　第1の点は，ソーシャル・キャピタルを橋渡し型と結束型に区分するのみな

らず，さらに，オンライン上のものと実社会のものに分けたことにある。ソーシャル・メディアの利用が4つのソーシャル・キャピタルにどのように影響を及ぼすかを検証し，橋渡し型と結束型のいずれの場合にも，直接的には，オンライン上のソーシャル・キャピタル醸成に効果があり，実社会のソーシャル・キャピタルには間接的に影響する可能性があることを明らかにした。今後，インターネット・サービスの利用とソーシャル・キャピタルの関係を検証する際には，ソーシャル・キャピタルをオンライン上のものと実社会のものに区分することは有用であろう。

　第2の点は，属性による比較を行ったことにある。異なる地域で比較するとともに，生活時間の制約の観点から回答者を区分して検証した。その結果，ソーシャル・メディア利用がソーシャル・キャピタル醸成に与える効果は，限られた例外を除いては共通している一方で，地域コミュニティ活動に与える効果は，属性によって異なることが明らかになった。今回の分析対象では，宇治市ではその効果がある一方で，掛川市では効果は確認されなかった。また，時間的制約がある被雇用通勤者には効果がある一方で，それ以外の回答者には効果は確認されなかった。今回の分析結果の含意はさらに検討することが必要であるが，1つの解釈として，時間的制約から地域コミュニティ活動になかなか参加できない被雇用通勤者が，時間的制約を緩和するソーシャル・メディアという道具を利用することで，地域コミュニティ活動への水準を引き上げる効果があると考えることはできる。都市か地方かを問わず，地域コミュニティ活動の活性化のためにソーシャル・メディア利用が注目されているが，そこに居住する住民の特性を含む地域特性によって，効果が異なる可能性があることに留意が必要であることを，この結果は示唆している。

　今後の研究課題としては，まず，今回，地域コミュニティ活動として一括して扱った項目を区分することが考えられる。これらの項目の中には，政治参画に近いものも含まれており，これらの活動を区分して分析することが求められる。また，ソーシャル・メディアの利用として，自分の住む地域の人とのやりとりを対象としたが，一般的なソーシャル・メディアの利用の頻度と差異があ

るかどうかを比較することが考えられる。そのほか，先行研究ではソーシャル・メディアの利用目的が情報取得か娯楽かによって効果が異なるとの結果も示されており，利用目的による区分も有用である。

注
(1) ND のクロンバックの α の値が .8 を下回るが，Williams（2006）で検証された質問項目・尺度であり，かつ，実社会を対象とした RD の場合には，.8 を上回るものであることから，すべての質問項目をそのまま用いた。
(2) 居住年数が短いと地域コミュニティ活動への参加水準が低いとも考えられるが，今回のサンプルでは，宇治市と掛川市の回答者の居住年数の間には統計的に有意な差はなかった。このため，居住年数に基づく回答者間比較は行わない。

文献
Campbell, Scott W. and Nojin Kwak, 2010, "Mobile Communication and Civic Life: Linking Patterns of Use to Civic and Political Engagement," *Journal of Communication*, vol. 6, iss. 3 : 536-555.
de Zuniga, Homero Gil, Nakwon Jung, and Sebastian Valenzuela, 2012, "Social Media Use for News and Individuals' Social Capital, Civic Engagement and Political Prticipation," *Journal of Computer-Mediated Communication*, vol. 17, iss. 3 : 319-336.
Ellison, Nicole B., Charles Steinfield, and Cliff Lampe, 2007, "The Benefits of Facebook "Freiends:" Social Capital and College Students' Use of Online Social Network Sites," *Journal of Computer-Mediated Communication*, vol. 12, iss. 4 : 1143-1168.
Hampton, Keith N., Chul-joo Lee, and Eun Ja Her, 2011, "How New Media Affords Network Diversity: Direct and Mediated Access to Social Capital through Participation in Local Social Setting," *New Media & Society*, vol. 13, no. 7 : 1031-1049.
小林哲郎・加藤健成・片岡千鶴・池田健一, 2007,「地域コンラインコミュニティと社会参加──住民間の集合的オンラインコミュニケーションがもたらすポジティブな帰結」『情報通信学会年報 2006』13-26。
Mesch, Gustavo S. and Ilan Talmud, 2010, "Internet Connectivity, Community Pariticipation, and Place Attachement: A Longitudinal Study," *American Behavioral Scientist*, vol. 53, no. 8 : 1095-1110.
Miyata, Kakuko, Ken'ichi Ikeda and Tetsuro Kobayashi, 2008, "The Internet, Social Capital, Civic Engagement, and Gender in Japan," in Nan Lin and Bonnie Erickson

eds., *Scoail Capital : An International Research Program*, Oxford University Press, kindle version.

Miyata, Kakuko and Tetsuro Kobayashi, 2008, "Causal Relationship between Internet Use and Social Capital in Japan," *Asian Journal of Social Psychology*, vol. 11, iss. 1: 42-52.

内閣府,2007,『平成19年国民生活白書』(http://www5.cao.go.jp/seikatsu/whitepaper/h19/01_honpen/index.html, 2013.6.13)。

総務省,2006,『住民参画システム利用の手引き』(http://www.soumu.go.jp/denshijiti/ict/index.html, 2013.6.13)。

総務省,2010,『平成22年版情報通信白書』(http://www.soumu.go.jp/johotsusintokei/whitepaper/ja/h22/index.html, 2013.6.30)。

総務省,2011,『平成23年版情報通信白書』(http://www.soumu.go.jp/johotsusintokei/whitepaper/ja/h23/index.html, 2013.6.30)。

Steinfield, Charles, Nicole B. Ellison and Cliff Lampe, 2008, "Social Capital, Self-Esteem, and Use of Online Social Network Sites: A Longitudinal Analysis," *Journal of Applied Developmental Pshychology*, vol. 29, no. 6: 434-445.

Tanaka, Hideyuki and Takeshi Okamoto, 2008, "Effects of Information Communication Technology on Urban and Rural Service Sectors: An Empirical Analysis of Japanese Economic Geography," M. Oya, R. Uda, C. Yasunobu eds. IFIP International Federation for Information Processing, Volume 286; Towards Sustainable Society on Ubiquitous Networks, Springer, 265-277.

Williams, Dmitri, 2006, "On and Off the 'Net: Scales for Social Capital in an Online Era," *Journal of Computer-Mediated Communication*, vol. 11, iss. 2: 593-628.

田中秀幸,2009,「内発的動機付けプラットフォームとしての地域SNSの可能性」,第3回横幹コンファレンス,2009年12月3-5日,東北大学,CD-ROM所収。

Tanaka, Hideyuki and Kunihiko Nakano, 2010, "Public Participation or Social Grooming: A Quantitative Content Analysis of a Local Social Network Site," *International Journal of Cyber Society and Education*, vol. 3, no. 2: 133-154.

第7章

地域 SNS の利用実態に関する研究

中野邦彦・田中秀幸

1 本章のねらい

　2000年代半ば以降，ソーシャル・メディアは急速な広まりを見せてきた。ソーシャル・メディアと一言に行っても，世界中に利用者が存在する SNS である Facebook や，マイクロブログの一種で3日で10億ツイートを記録している Twitter など，実にさまざまである。このように，SNS に代表されるソーシャル・メディアは世界的な広まりを見せている。一方で，本章で研究対象とする地域 SNS とは，主に市町村程度の範囲の特定地域を対象とした SNS のサービスである。2004年熊本県八代市でごろっとやっちろが開始されたのをきっかけに，2010年3月時点までに全国で約500の地域 SNS が確認されている（総務省 2010）。しかし，これを境に国内における地域 SNS の数は減少傾向であり，2013年2月の時点では308事例である。このように地域 SNS は，各地で導入されているが，地域社会に何らかの活性化効果をもたらしているものはそれほど多くないといわれており，地方自治体が設置する地域 SNS の中には廃止されたものもある（図7-1）。筆者らは，これまでにも単一の地域 SNS を対象とした利用実態に関する研究を行ってきた（中野ほか 2011）。本章では，これまでの知見を踏まえた上で，地域 SNS の利用実態を，複数地域を対象として，地域ごとの利用状況と，地域社会への参加に積極的な地域 SNS ユーザーの特徴を明らかにするという2点を目的としてアンケート調査を行った。[1]

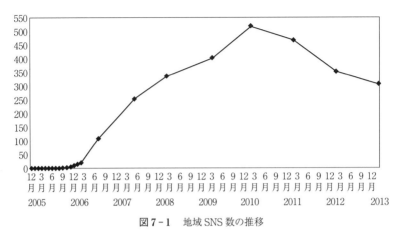

図7-1　地域 SNS 数の推移

出所：地域 SNS 研究会 HP より。

2　地域 SNS に関する先行研究

　全国の地域 SNS の利用実態を把握するための利用実態調査としては，サイト管理者（LASDEC 2007, 庄司 2008, 総務省 2010）や，利用者（LASDEC 2008, 総務省 2010）を対象として行われてきた。これらの調査は，アンケート調査結果の集計程度にとどまり，必ずしも統計的な検証が行われているとはいい難い。一方で，地域オンラインコミュニティを対象とした実証的な研究は，これまでも数多く行われてきている（Hampton & Wellman 2003, 小林ほか 2007, 志村・池田 2008）。しかし，これらの先行研究においても，地域比較という視点から行われた研究はいまだ存在していない。そこで，本章では，地域比較という視点から地域 SNS の利用実態に関しての研究を行う。また，本章では，これまでの筆者らの研究の知見を踏まえた上で，ICT を活用した住民参加である e-participation という視点から，地域オンラインコミュニティを対象とした先行研究の結果と比較することを目的として，地域 SNS を活用して地域社会への積極的な参加を行うユーザーの特徴を明らかにする。

3 本章の調査概要とデータ

対象地域 SNS

　本章では，財団法人地方自治情報センター（LASDEC）（当時）による「平成18年度 e-コミュニティ形成支援事業」の1つである京都府山城地域 SNS「お茶っ人」（N = 141），静岡県掛川市地域 SNS「e じゃん掛川」（N = 105）を対象とする。これら2つの地域 SNS の選定理由としては，「e コミュニティ形成支援事業」参加自治体の中でも積極的な利用に関する報告がなされているということである。一方で，筑後地域 SNS の「わいわいちっご」（N = 113）を今回の分析対象として加えた理由は以下の通りである。筑後地域 SNS「わいわいちっご」は，平成18年度 LASDEC 実証実験に参加した大牟田市地域 SNS「おおむた」，平成19年度 LASDEC 実証実験に参加した久留米市の地域 SNS「つつじねっと」，そして福岡県の筑後田園都市推進評議会が運用する地域 SNS である「ちっごねっと」という3つの地域 SNS が，各々の抱える問題点を解消するために平成22年度末に統合したことによって誕生した地域 SNS である。「お茶っ人」や「e じゃん掛川」と比較した際の「わいわいちっご」の特徴としては，1つ目としては，複数の市町村が協力して運営を行っているため，地域 SNS のサービス提供範囲が広いということがあげられる。2つ目には，運用期間が短いということがあげられる。前者2つの SNS は調査実施時点において約6年間の運用期間があるのに対して，「わいわいちっご」は統合後，約1年しか経過していないという違いがある。

調査方法

　調査の実施時期としては，2011年7月に上記の3地域 SNS の運営者の協力を得て，地域 SNS 上にてアンケート調査への協力を呼びかけた上で，インターネット調査会社である Survey Monkey のアンケートシステムを利用してウェブアンケートを行った。回答者の基本情報としては，表7-1に示す通りで

表7-1　回答者の基本情報

	お茶っ人 (N=141)	eじゃん掛川 (N=105)	わいわいちっご (N=113)
性別（女性比率）	0.44	0.30	0.37
年齢	60.75	48.6	47.44
居住年数	5.10	4.62	4.16
通勤・通学時間（分）	25.72	16.47	24.47

注：・年齢は，「1：15歳未満」，以降5歳きざみで「14：80歳以上」（表7-1においては，各きざみの名目値に各きざみの中央値を割り当てて，近似的に実数の平均値を計算した）。
　　・居住年数は，「1：1年未満」，「2：1年以上5年未満」，「3：5年以上10年未満」，「4：10年以上15年未満」，「5：15年以上20年未満」，「6：20年以上」。
　　・通勤・通学時間は「分」単位。

ある。

4　地域SNS利用効果に関する分析結果

　以下では，地域SNSの利用実態を明らかにすることを目的として，2つの視点から分析を行う。第1点目として，地域SNSの利用が地域住民にどのような効果を与えているかについて検証する。総務省（2010）は，地域SNSの多くは地域社会の活性化に効果的な役割を果たしていないことを指摘している。そこで，どのようなことに対して地域SNSは効果的に利用されているのかを確認する。第2点目として，総務省（2006）の「住民参画システム利用の手引き」では，地域SNS導入の目的として，地域社会への参加と，地方行政への参加という2つを掲げている。本章では，e-participationという視点から地域社会への参加に焦点を当てて，どのような属性のユーザーが地域社会への参加に積極的なのかを検証する。

地域SNS利用の効果

　ここでは，地域SNSの設置が具体的にどのような効果があるのかを明らか

第7章　地域SNSの利用実態に関する研究

表7-2　SNS利用前後における信頼度

	宇治				掛川				筑後			
	以前	以後	t値	N	以前	以後	t値	N	以前	以後	t値	N
信頼度	7.37	8.06**	7.22	127	7.16	7.69**	3.82	94	7.08	7.05	0.14	93

注：†10％水準で有意；*5％水準で有意；**1％水準で有意；(以下同じ)。

表7-3　近所とのつきあい状況

	宇治				掛川				筑後			
	以前	以後	t値	N	以前	以後	t値	N	以前	以後	t値	N
名前を知っている	5.51	6.68**	6.57	134	6.55	6.37	-0.93	98	4.79	5.28*	2.29	109
生活面での協力	3.21	3.42†	1.83	141	3.86	3.43**	-2.96	104	2.39	2.21	-1.47	112
対面での立ち話	4.40	4.77**	2.64	139	5.44	4.93**	-2.76	101	3.15	3.05	-0.64	111
最小限のつきあい	4.81	5.41**	3.59	139	5.77	5.13**	-3.16	96	3.40	3.41	-0.05	110
ネット上でのやり取り	3.69	5.01**	8.35	140	3.99	4.33*	2.2	103	3.42	3.69	1.59	111

にする。ここでは，「信頼度」，「知り合いとのつきあい」，「地域への関心」の3点に関して地域SNSの利用前後においてどのような効果があったのかについて質問紙調査を行った。分析手法としては，上記3つの調査項目に関しての地域SNSの利用効果について，対応のあるt検定を行った。結果は，以下の通りである。

第1点目として地域SNSの利用前・後におけるユーザーの信頼度に関しては，お茶っ人と，e-じゃん掛川において有意水準1％で利用以後の方が高くなった（表7-2）。一方で，わいわいちっごに関しては有意な結果を得ることが出来なかった。この結果は，地域SNSの設置経過年数が影響しているものと考えられる。前者2つの地域SNSは設置後6年が経過している。一方で，後者は，おおむたSNS（大牟田市），つつじねっと（久留米市），ちっごねっとが統合される形で2011年6月に誕生した地域SNSである。今回の調査実施時点において，SNS統合後の時間があまり経過していなかったため，SNS上での交流を行う機会が前者2つのSNSに比べると少なかったことが原因の1つとして考えられる。

第2点目に，近所とのつきあい状況に関しては（表7-3），お茶っ人では，「名前を知っている」という緩やかなつきあい状況から，「最小限のつきあい」

表7-4 地域への関心

	宇治				掛川				筑後			
	以前	以後	t値	N	以前	以後	t値	N	以前	以後	t値	N
地域の出来事	3.72	4.41**	8.34	138	4.02	4.34**	5.55	99	3.94	4.18**	2.67	107
地域への愛着	3.69	4.30**	7.29	139	4.02	4.35**	4.73	100	3.91	4.15**	3.15	106
積極的交流	3.35	4.04**	7.80	139	3.48	3.89**	5.53	99	3.51	3.81**	3.74	109
地域に役立ちたい	3.33	4.08**	8.93	138	3.82	4.09**	3.98	99	3.56	3.78**	2.91	108
地域行政に関わりたい	2.87	3.30**	5.63	131	3.48	3.70**	3.70	99	3.25	3.50**	3.72	106

という実社会での交流まですべてにおいて，交流する人数が増加するという結果を確認することができた。一方で，e-じゃん掛川では，「ネット上でのやり取り」というオンライン上での交流に関しては交流する人数が増加したのに対して，その他の実社会での交流（「生活面での協力」，「対面での立ち話」，「最小限のつきあい」）に関しては，交流する人数が統計的に有意に減少するという結果であった。この結果からは，地域によっては地域SNSの利用によって近隣住民とのつきあいにネガティブな影響を及ぼし得ることが示唆される。また，わいわいちっごの結果に関しては，「名前を知っている」という緩やかなつきあい状況に関する項目では，有意な結果を確認することができたが，その他の項目に関しては，有意な結果を確認することができなかった。ここでの分析結果に関しても，信頼度に関する分析と同様，設置後経過年数の違いが影響しているものと考えられる。

　第3点目に，地域への関心に関しては（表7-4），3地域SNSともにすべての質問項目において，統計的に有意に地域への関心が増加していることが確認できた。設置年数の短いわいわいちっごにおいても，他の2つの地域SNSと同様の結果が得られていることが前述の2点とは異なる。まず，信頼度について見れば，今回の調査対象は一般的信頼度であり，各人の経験等に基づき醸成されるものであり，その変化には一定の期間を要することが見込まれる。次に，近所とのつきあいについてみれば，自分だけで水準を変えることは困難であり，相手方を見つけ，かつ，つきあいに応じてもらう必要があり，水準の変化には一定期間を要することが見込まれる。これに対して，地域への関心については，前二者とは異なり情報が得られれば自分だけでも水準を変えることは比較

表7-5 地域社会への参加の因子分析

	主成分1	主成分2
地縁活動	0.79	−0.21
PTA活動	0.60	−0.16
地域の子ども	0.70	−0.34
高齢者	0.69	−0.11
障がい者	0.67	−0.02
防犯・防災	0.83	−0.10
環境の維持・改善	0.83	−0.09
イベントや祭り	0.79	−0.15
スポーツ・趣味等	0.70	−0.20
市民・住民運動	0.72	0.42
選挙・政治活動	0.59	0.65
その他の団体活動	0.61	0.53
固有値	6.12	1.16
分散の%	51.03	9.65

的容易である。かつ，わいわいちっごの場合，設置の経緯等から久留米市役所の広報広聴課がコミットして積極的に地域の情報を発信してきたという背景もある。こうしたことから，地域の関心については，設置期間が短いわいわいちっごであっても水準の変化が確認できたものと考える。

地域社会への参加に積極的な利用者の特徴

続いて，ICT を活用した住民参加に関する研究分野である e-participation という視点から，地域社会への参加に積極的な地域 SNS 利用者の特徴を明らかにする。ここでは，社会参加の代理変数として，地域 SNS 利用後における 12 項目の地域活動への参加頻度[(2)]を用いた主成分分析を行ったところ，2 つの成分が検出された（表7-5）。そこで，本章では，第 1 成分の因子得点を，地域社会への参加の代理変数として被説明変数とした。また，説明変数としては，まず，デモグラフィックな要因として，居住年数，年齢，性別，通勤時間，就業形態，配偶者の有無を取り上げた。次に，地域 SNS の利用に関する変数として，1 週間当たりの地域 SNS へのアクセス回数[(3)]，地域 SNS 利用後経過年数[(4)]，地域 SNS 上における友だちの人数を取り上げた。また制御変数として地域

表7-6 地域社会への参加に積極的なユーザーの特性に関する分析結果

従属変数:地域社会の活動への参加因子得点(後)

	Model 1			Model 2		
	推定値	標準誤差	t値	推定値	標準誤差	t値
(切片)	−0.02			0.10		
性別(女性比率)	−0.05	0.13	−0.39			
婚姻	−0.02	0.13	−0.13			
職業(1=フルタイム)	−0.05	0.14	−0.33			
持ち家ダミー(1=持ち家)	−0.06	0.15	−0.39			
居住年数	0.02	0.08	0.28			
年齢	0.10	0.13	0.80			
通勤・通学時間	0.00	0.00	−0.93			
社会参加因子得点(前)	0.83	0.04	20.46	0.83	0.03	24.98
SNS利用頻度				−0.07	0.07	−1.01
SNS登録経過年数				0.02	0.06	0.40
SNSでの友だち数				0.01	0.00	2.58
N	160			177		
R^2	0.77			0.79		
調整済みR^2	0.76			0.79		

SNS利用前の地域活動への因子得点を用いた。これらの変数を対象に本章では,定量的な分析方法として重回帰分析を行った。

　その結果としては,まずModel 1では,地域社会への参加に積極的な利用者の属性を明らかにするために,デモグラフィック変数を対象に重回帰分析を行った(表7-6)。その結果,制御変数として投入した地域活動参加得点(前)において有意な結果が得られたのみで,社会参加に積極的な地域SNS利用者の属性要因は特定できなかった。続いてModel 2では,地域SNSの利用が地域社会への参加に与える影響を確認するために,地域SNSの利用に関する変数を用いて分析を行ったところ,地域活動参加得点(前)を統制しても,SNS上における友だちの人数が,地域SNS利用以後の社会活動への参加に有意な結果が得られた。地域SNS利用前の地域社会活動得点を制御してもなお,SNS上における友だちの数が多いほど,社会活動への参加が高まるということを確認できた。

第7章 地域 SNS の利用実態に関する研究

5 地域 SNS の利用効果

　本章では，地域 SNS の利用実態を単一の地域にとどまらず，複数の地域を対象として調査を行うことで，地域ごとにおける地域 SNS の効果がどのように異なるのかを実証的に明らかにすることと，地域社会への参加に活発な地域 SNS ユーザーの特性を明らかにすることを目的に研究を行った。その結果としては，まず，地域 SNS 利用による他者への信頼感の効果に関しては，SNS の設置後経過年数が長い地域 SNS（お茶っ人，e-じゃん掛川）においては利用者の信頼感を増加させることが確認できた。次に，地域への関心を高める効果については，今回の調査対象である3地域 SNS すべてにおいて効果があることが確認できた。このことは，多くの地域 SNS の設置主体が，地域情報や行政情報の発信に積極的に取り組んでいるため，地域 SNS の設置後経過年数の長短にかかわらず，3地域すべてにおいて地域への関心を高めるという結果につながったものと考えられる。その一方で，近所とのつきあい状況に関しては，地域ごとで結果が異なった。なかでも，e-じゃん掛川での結果は興味深いものであった。ネット上でのやり取りに関しては交流人数が増加するという効果を確認できた一方で，実社会での交流に関する3項目に関しては（「生活面での協力」，「対面での立ち話」，「最小限のつきあい」），地域 SNS の利用前後で比べると，交流人数が統計的に有意に減少するという結果であった。e-じゃん掛川は地域 SNS の利用が活発に行われており，実社会の交流に関しても，地域 SNS を利用することで近隣住民とのつきあい人数が増えるものと想定していた。ところが，今回の結果では，同じく活発な利用が行われているお茶っ人では，近隣住民とのつきあいに関してはすべての項目で交流する人数が増加したのに対して，e-じゃん掛川では，「ネット上でのやり取り」に関しては交流する人数が増加したのに対して，実社会での交流に関する指標として用いた「生活面での協力」，「対面での立ち話」，「最小限のつきあい」の三項目については，交流人数が統計的に有意に減少するという結果を確認することができた。この結果を解

釈するにあたって，掛川市役所の地域SNS担当の自治体職員から聞き取り調査を行った[(7)]。ここで確認できたこととしては，掛川市では，もともと実社会での活動が活発であり，地域SNSがきっかけで新たなつながりができたというよりは，既存のグループの活動を強化するのに地域SNSが利用されているということである。そのため，地域SNSを利用して新たなつながりを作るよりも，これまでのつながりを強化するような利用方法であることが確認できた。このような利用方法の違いが，今回の分析結果に影響を与えているものと考えられる。しかし，このことは，地域SNS利用前後で比較した際に交流人数が変化しないことの説明にはなりえても，交流人数が減少したことの説明にはなりえず，さらなる考察については今後の課題としたい。

　以上のように本章は，先行研究が行っていない地域SNSを対象とした地域間の比較を行ったという点で，学術的に一定の貢献をしたものと考える。一方で，地域SNSの利用による効果に関する研究では地域ごとの比較研究を行えたものの，地域社会への参加に活発な利用者の属性を明らかにすることに関しては地域ごとの比較にまで踏み込めておらず，この点に関しては今後の課題としたい。また，「住民参画システム利用の手引き」では，地域SNS導入の目的として，地域社会への参加と，地方行政への参加という2つを掲げている。今後は，本章で行った地域社会の参加に関する分析に加えて，地方行政への参加という視点からの分析を行いたい。

補論　調査について

質問項目の詳細

・「信頼の度合い」

　「現在のあなたは，一般的に人は信頼できると思いますか？「まったく信頼できない」を0点，「大変信頼できる」を10点とすると何点くらいになると思いますか。いずれかの数字を一つだけ選択して下さい。」

　ここでは，0：「まったく信頼できない」から，10：「大変信頼できる」の

11点尺度で測定した。

・「知り合いとのつきあい」

　以下5つの項目について，「あなたのお住まいの地域内の知り合いで，次にあげる項目に該当する人数を選択して下さい。」という指示のもと回答させた。ここでは，1：「0人」，2：「1人」，3：「2-3人」，4：「4-5人」，5：「6-9人」，6：「10-19人」，7：「20-49人」，8：「50-99人」，9：「100人以上」の9点尺度で測定した。

1．名前（姓のみ，愛称のみを含む）を知っている人
2．お互いに相談したり日用品を貸し借りするなど生活面で協力しあっている人
3．日常的に対面で会って立ち話をする程度のつきあいをする人
4．対面のあいさつ程度の最小限のつきあいの人
5．SNSやブログ，電子メールなどインターネット上でやり取りをする人

・「地域への関心」

　以下5つの項目について，「あなたのお住まいの地域について，どのように感じていますか。各項目について，現在のあなたのお気持ちに最も近いものを選んで下さい。」という指示のもと回答させた。ここでは，地域SNS利用後の地域への関心では，1：「あてはまらい」，2：「どちらかといえばあてはまらない」，3：「どちらともいえない」，4：「まああてはまる」，5：「あてはまる」の5点尺度で測定した。また，地域SNS利用前の地域への関心では，上記の選択肢に加えて，「おぼえていない」を加えた。分析を行う際には，「おぼえていない」を選択した回答者は今回の分析からは除外した。

1．あなたのお住まいの地域のできごとに関心がある
2．あなたのお住まいの地域に愛着がある
3．あなたのお住まいの地域の人と積極的に交流したい
4．あなたのお住まいの地域のために役立ちたい

5．あなたのお住まいの地域の行政（各市役所や県庁の行政）に積極的にかかわりたい

・「地域活動への参加」

　以下12の項目について，「あなたは，現在，次の活動にどの程度参加していますか。各項目の参加度合いを1つずつ選択して下さい。」という指示のもと回答させた。ここでは，地域SNS利用後の地域への関心では，1：「参加したいとも思わない」，2：「参加したことはないが，機会があれば参加したい」，3：「参加した経験がある」，4：「普段参加している」の4点尺度で測定した。また，地域SNS利用前の地域活動への参加に関しては，上記の選択肢に加えて，「おぼえていない」を加えた。分析を行う際には，「おぼえていない」を選択した回答者は今回の分析からは除外した。

1．地縁活動：町内会，自治会，管理組合などの地縁活動。
2．PTA活動：PTA活動
3．地域の子ども：地域の子どもが参加するスポーツ，学習，余暇や社会体験に関する活動
4．高齢者：高齢者の支援に関する活動
5．障がい者：障がい者の支援に関する活動
6．防犯・防災：防犯・防災活動
7．環境の維持・改善：環境の維持・改善や美化に関する活動
8．イベントや祭り：イベントや祭り等の運営等
9．スポーツ・趣味等：スポーツ・趣味・娯楽活動（スポーツ，野外活動，お祭り，美術工芸，音楽，文化，手芸創作，園芸，その他サークル活動）
10．市民・住民活動：市民運動や住民運動
11．選挙・政治活動：選挙や政治に関する活動
12．その他の団体活動：その他の団体活動（商工会議所，農協，業種組合，宗教など）

第7章　地域 SNS の利用実態に関する研究

注
(1) 本章は，中野・田中（2013）に加筆・修正を行ったものである。
(2) 表7-5に示した12の項目（12項目の詳細に関しては「補論　調査について」にまとめた。）それぞれに対して，1：「参加したことはなく，参加したいとも思わなかった」，2：「参加したことはなかったが，機会があれば参加したいと思っていた」，3：「参加した経験があった」，4：「ふだんから参加していた」，の4点尺度で測定した。
(3) 1：「一か月に一日以下のアクセス」から，5：「一週間に6-7日」の5点尺度で測定した。
(4) 1：「6カ月未満」から，5：「4年以上」の6点尺度で測定した。
(5) 地域 SNS 利用前・後における社会参加への効果を検証することが本章の目的であるため，地域 SNS 利用前の地域活動への因子得点を制御変数として用いた。
(6) 重回帰分析を行うにあたり，地域ごとに重回帰分析を行うと回答者数が大幅に減少してしまうため，ここでは3地域を合計したデータを対象に分析を行った。
(7) 掛川市役所の政策部 IT 政策課地域 SNS 事業担当の職員（主査）を対象に，平成25年2月26日，掛川市役所本庁舎2階の打ち合わせホールにおいて，14時から16時30分までの約2時間30分，聞き取り調査を行った。

文献

地域 SNS 研究会 HP，2013（http://www.local-socio.net/2013/02/snssns309_1.html，2013.3.31）。

Hampton, K. N., 2003, "Grieving for a lost network: Collective action in a wired suburb," *Information Society*, 19(5): 417-428.

Hampton, K. and Wellman, B., 2003, "Neighboring in Netville: How the Internet Supports Community and Social Capital in a Wired Suburb," *City & Community*, 2: 277-311.

小林哲郎・加藤健成・片岡千鶴・池田謙一，2004，「インターネット利用は社会参加を促進するか――PC・携帯電話の社会的利用の比較を通して」『平成15年度情報通信学会　年報』39-49。

小林哲郎・加藤健成・片岡千鶴・池田謙一，2007，「地域オンラインコミュニティと社会参加――住民間の集合的オンラインコミュニケーションがもたらすポジティブな帰結」『平成18年度情報通信学会　年報』13-26。

中野邦彦・田中秀幸，2013，「地域 SNS の利用実態に関する報告」『社会・経済システム』no. 34：43-50。

中野邦彦・渡辺春佳・田中秀幸，2011，「地域 SNS の利用実態に関する研究」『第17回社会情報システム学シンポジウム　学術講演論文集』137-142。

志村誠・池田謙一, 2008,「地域オンラインコミュニティが社会的ネットワークに持つ効果の検討――社会的ネットワークの同質性・異質性に着目して」『平成19年度情報通信学会 年報』41-54。

庄司昌彦, 2008,「地域SNSサイトの実態把握, 地域活性化の可能性」(http://officepolaris.co.jp/icp/2007paper/2007014.pdf, 2013.3.31)。

総務省, 2006,『住民参画システム利用の手引き』(http://www.soumu.go.jp/denshijiti/ict/index.html, 2013.3.31)。

総務省, 2010,『情報通信白書平成22年版』(http://www.soumu.go.jp/johotsusintokei/whitepaper/ja/h22/pdf/index.html, 2013.3.31)。

財団法人地方自治情報センター (LASDEC), 2007,『地域SNSの活用状況等に関する調査の実施結果』(https://www.lasdec.or.jp/cms/resources/content/3686/result.pdf, 2013.3.31)。

第8章
自治体ウェブサイトの地域情報化施策の定量的研究

中野邦彦・田中秀幸

1 本章のねらい

　本章では，持続可能な社会経済システムを築き上げるためには住民の参加が欠かせないという視点から，地域総合デザインの一環として自治体のウェブサイト（以下，WS）における情報提供と，住民参加ツールの設置有無に焦点を当てた分析を行う。具体的には，住民の市政への参画（e-participation）という観点から，インターネット上のウェブサイトにおける地方自治体の透明性（情報提供や意見公募）と，住民参加（住民参加のツールの有無）に着目した研究を行う。具体的な分析対象としては，東川やScotの先行研究を参考に，以下の4点を対象として分析を行う（東川ほか2006, Scot 2006）。まず，自治体WSにおける透明性に関して，第1点目として，市政運営の最も基本的方針である施政方針がWS上で公開されているかどうかに着目した。第2点目として，市民の意見を行政に反映させられる制度の1つであるパブリック・コメント制度の設置の有無に着目した。次に，第3点目として，自治体WSにおける住民参加に関して，これまで住民とのコミュニケーションツールとして活用されてきた電子掲示板等の設置に着目した。第4点目として，分析当時に注目を集めていた地域SNSの設置に着目した。以上4点に関して，どのような要因がこれらの情報の掲載や，制度の設置有無に影響を与えているのかを明らかにする。[1]

　本章は，以下，次のように構成される。第2節において，自治体のWS利

用に関する先行研究のまとめを行う。第3節では，分析を進めるにあたっての仮説設定を行う。第4節では，データの説明と分析方法について説明し，第5節では，分析結果を明らかにする。最後に第6節において，全体を通してのまとめと，今後の課題について述べる。

2 自治体ウェブサイトに関する先行研究

本節では，地方政府（地方自治体）のWS利用に関する先行研究を紹介するとともに，本章の位置づけを示す。紙幅の制約により，3つの観点から簡潔に先行研究を整理する。

第1は，地方政府のWSの充実度合いに対していかなる要因が影響を与えているのかについての研究である（Musso et al. 2000, Moon 2002, Urban 2002, Ho 2002, Lim et al. 2007）。第2は，自治体におけるWS内の個別情報に着目した研究である（Bolivar et al. 2007, Scot 2005）。第3は，日本の自治体におけるWSのアクセシビリティに着目した研究である（中村ほか 2004, 総務省 2005, 東川ほか 2007, 風戸ほか 2004, 馬場・福田 2009, 安井 2009）。

以上の通り，地方政府（地方自治体）のWSに関しては，これまでいくつもの先行研究が行われている。ただし，筆者らの知る限り，日本における先行研究では，アクセシビリティの観点からの研究は行われているが，どのような要因が自治体のWSの内容に影響を及ぼしているかの研究は確認することができなかった。そこで，本章では，先行研究では扱われていない自治体WSの内容に及ぼす要因を定量的に分析する。具体的には，日本の市（東京のみ区を含む）を対象として，自治体WSの透明性と住民参加に関してどのような要因が影響を与えているかについての検証を行う。

3 本章の仮説設定

本章を進めるにあたって，(i)地域の情報インフラ状況，(ii)自治体の規模，(iii)

住民活動の活発度合い，(iv)住民特性，の4つの要因に着目し，以下の仮説を設定して分析を進める。

(i)情報インフラに関する仮説

情報インフラの整備が進んでいる地域ほど，住民のインターネット利用の頻度が高く，自治体のWSを閲覧する人の数が多いと見込まれる。このため，情報インフラが整っている地域にある自治体であれば，WS利用に積極的になるとの仮説を設定する。

(ii)自治体の規模に関する仮説

自治体の規模が大きくなれば，市役所の組織体制が充実するとともに，財政的な余力も大きくなることから，WSの利用度合いが高まるとの仮説を設定する。

(iii)住民活動に関する仮説

住民活動が活発な地域ほど，住民の市政に対する関心も高いと見込まれることから，WS利用に積極的との仮説を設定する。

(iv)住民特性に関する仮説

市役所がウェブ情報を発信する場合には，受け手となる住民の特性が影響することが考えられる。そこで，本章では，高齢化人口の比率が高い市ほど，WS利用に積極的ではないとの仮説を設定する。

4　本章で用いるデータ

被説明変数のデータ

被説明変数としては，透明性と住民参加に着目して，各2つ，合計4つの指標を用いた。

透明性の指標としては，第1に，施政方針が公開されているか否かを用いた。データについては，筆者らが，全国の市（東京のみ区を含む。N＝806）のWSを個別に閲覧して，施政方針の掲載の有無を確認した。具体的には，平成21年度の施政方針に限定し，次の名称で掲載されているものを採用した（「施政方針演説」，「市政方針演説」，「市政執行方針演説」，「予算編成方針」，「経営方針」，「施政要旨並びに予算」，「所信表明」）。ただし，「所信表明」については，(a)「施政方針演説」などと同等に扱われ，平成21年度の施政方針について述べているものと，(b)市長就任時に発表されているもので，今後の施政方針（長期的な計画）について述べているものがあった。本章では，継続的に情報提供を行っている(a)に該当するもののみを施政方針を掲載しているものとして扱った。この調査の結果，施政方針が市役所のWSに掲載されている比率は61.2％であった。

透明性に関しては，第2の指標としてパブリック・コメントの有無を用いた。また，住民参加の指標としては，第3の指標として電子掲示板，第4の指標として地域SNSの設置の有無を用いた。第2から第4の指標については，総務省（2009）のデータを用いた。

説明変数のデータ

上記4つの指標に影響を及ぼし得ると想定される要因に関しては，第3節で示した仮説に基づき，それぞれの代理変数を既存の統計データから適用した。

仮説 i の情報インフラに関しては，ブロード・バンド（BB）普及率（契約数÷世帯数（2008年6月末時点））を代理変数として適用し，「電子自治体戦略会議」のホームページ上にある各都道府県ごとの同率のデータを使用した。データの制約から，市単位ではなく県単位の変数となった。

仮説 ii の自治体の規模に関しては，各市の人口を代理変数として用いて，総務省統計局「統計で見る市区町村のすがた2009」（総務省統計局 2009）から，各市の人口総数を使用した。

仮説 iii の住民活動に関しては，NPOに着目して，人口当たりのNPO団体の数を代理変数とした。「NPO法人データベース　NPOヒロバ」に掲載され

表 8-1 基本統計量(N=804)

	平均	標準偏差
BB	52.8209	10.3559
People	11.3372	0.8847
NPO	0.0002	0.0007
Elder	0.2215	0.0528

表 8-2 変数間の相関

	BB	People	NPO	Elder
BB	—	0.3442	0.1574	-0.5147
People	0.3442	—	0.0398	-0.5446
NPO	0.1574	0.0398	—	-0.0503
Elder	-0.5147	-0.5446	-0.0503	—

ている各市に所在する NPO 数を用いた。[2]

仮説 iv の住民特性については，総務省統計局「統計で見る市区町村のすがた 2009」（総務省統計局 2009）を用いて，高齢者の人口比率（65歳以上人口の総人口に占める割合）を代理変数とした。

5 分析結果

本章での定量的な分析方法として，下記の回帰式によるロジスティック分析を行った。[3]

$$log(掲載，設置の有無) = \alpha + \beta_1 BB + \beta_2 People + \beta_3 NPO + \beta_4 Elder$$

ただし，BB：BB 普及比率，$People$：総人口の自然対数変換値，NPO：人口当たり NPO 数，$Elder$：高齢者人口比率

外れ値除外後の説明変数の基本統計量と変数間の相関は表 8-1，および表 8-2 に示す通りである。

透明性に関する指標の分析結果

まず，自治体 WS における透明性という基準で，(1) WS における施政方針の公開と，(2) WS でのパブリック・コメントに着目して，どのような要因が影響を与えるのかについての分析を行った（表 8-3）。

まず，(1)施政方針の公開の結果については，$Elder$ のみが有意な係数となっ

表8-3 透明性に関する指標の分析結果

	(1) 施政方針に関する分析結果			(2) パブリック・コメントに関する分析結果		
	推定値	標準誤差	カイ2乗	推定値	標準誤差	カイ2乗
切片	−0.602	1.517	0.16	10.472	2.216	22.34
BB	−0.003	0.009	0.13	−0.023	0.0101	4.48
People	−0.119	0.104	1.30	−0.947	0.167	32.03
NPO	48.613	103.380	0.22	−832.573	791.257	1.11
Elder	7.185	1.879	14.62	0.796	2.164	0.14
モデル全体の検定：カイ2乗＝39.07，p値＜0.001				モデル全体の検定：カイ2乗＝95.42，p値＜0.001		

た。高齢者人口比率が高いほど施政方針を WS で掲載しない傾向がある可能性があり，仮説ivをサポートする結果が得られた。次に，(2) WS を通じたパブリック・コメントの結果については，People と BB が統計的に有意な変数となった。人口規模が大きな自治体ほど，また，BB 普及率が高い自治体ほど，パブリック・コメントを WS 上に設置する可能性が高いことを示している。この結果は，パブリック・コメントに関して，仮説ii および i をサポートするものである。

住民参加に関する指標の分析結果

次に，住民参加という基準で，自治体 WS 上で(3)電子掲示板と(4)地域 SNS を対象とし，どのような要因が影響を与えるのかについての分析を行った（表8-4）。

(3)電子掲示板に関しては，統計的に有意な変数を確認することができなかった（表8-4(3)）。他の3つの指標では，何らかの説明変数で有意な結果が得られていることと対照的である。この原因としては，電子掲示板は住民参加のツールとしては以前と比較して減少傾向にあるため（表8-5），現在のデータをもとに論じても有意な結果が得られなかった可能性が考えられる。

他方で，(4)地域 SNS の設置の有無に関しては，People と NPO が統計的に有意な変数となった（表8-4(4)）。この結果，人口と，人口当たり NPO 比率の

第8章 自治体ウェブサイトの地域情報化施策の定量的研究

表8-4 住民参加に関する指標の分析結果

	(3) 電子掲示板に関する分析結果			(4) 地域SNSに関する分析結果		
	推定値	標準誤差	カイ2乗	推定値	標準誤差	カイ2乗
切片	5.305	1.992	7.09	7.455	2.197	11.51
BB	−0.004	0.012	0.13	0.017	0.013	1.63
People	−0.231	0.132	3.07	−0.572	0.140	16.67
NPO	1.591	154.025	0	−248.311	128.002	3.76
Elder	−2.770	2.589	1.14	2.561	3.250	0.62
モデル全体の検定：カイ2乗＝3.25，p値0.517				モデル全体の検定：カイ2乗＝27.42，p値，0.001		

表8-5 電子掲示板の設置自治体数の推移

	16年度	18年度	20年度	21年度
首都圏	25	23	24	25
中京圏	9	8	6	7
近畿圏	17	17	17	12
その他	122	94	69	68
合計	173	148	116	112

出所：「地方自治コンピューター総覧」(平成16，18年度)，「地方公共団体における行政情報化の推進状況調査結果」(平成20，21年度)をもとに，筆者が作成。

係数が負であることは，人口規模が大きな自治体ほど，また，人口当たりNPO比率の高い自治体ほど，地域SNSをWS上に設置する可能性が高いことを示している。この結果は，仮説iiとiiiをサポートするものである。

考察

本研究では，自治体のWSにおける透明性と，住民参加に関する制度を対象とした分析を行った。

まず，透明性に関する指標では，「施政方針の公開」において，住民特性としての高齢者人口比率が影響を与えるということを確認することができた。ま

た,「パブリック・コメント」では，BB 普及率と，自治体の人口規模が影響を与えていることが確認できた。このように，透明性に関する指標では，自治体規模，BB 普及率や，高齢者比率などの環境的な要因が影響を与えている。

次に，住民参加に関する指標では，「地域 SNS」に着目した分析において，人口規模に加えて，住民活動の活発さを表す代理変数として用いた人口当たりの NPO 数において統計的に有意な結果を得ることができた。以上のことから，透明性に関する分析においては，自治体における環境的要因のみが影響を与えているのに対して，住民参加に関する分析においては，制度の利用主体である住民活動の活発さが影響を与えていることが確認できた。

6 本章の学問的意義と今後の課題

本章では，自治体の WS 上における透明性と，住民参加に関する制度設置を検証するべく,「施政方針」,「パブリック・コメント」,「電子掲示板」,「地域 SNS」の制度が WS 上に設置されているかどうかに着目をして，どの様な要因が当該制度の設置に影響を及ぼしているかを分析した。

今回の分析の結果からは，透明性に関する指標（施政方針，パブリック・コメント）では，環境的要因のみが影響を与えていることが確認できた。一方で，住民参加に関する指標（地域 SNS）では，環境的要因に加えて，住民活動の活発さを表す指標として用いた人口当たり NPO 数が影響を与えていることが確認できた。本章は，定量的な分析に基づく WS 活用に関する知見を明らかにした点で，地域情報化施策に関する研究に一定の貢献をすることができたものと考える。

本章の今後の課題としては，以下のことが挙げられる。第 1 点目として，説明変数の種類を充実させていくことが考えられる。例えば，自治体に関する指標としては，財務情報，自治体情報化に関する指標や，自治体情報化にかかわる職員数等が考えられる。また，住民に関する指標としては，住民の満足度を表す指標や，自治体への住民団体の働きかけを表す指標となりうる消費者団体

の数,NPO の規模を表す指標(職員数など)を用いることが考えられる。第2点目として,新たな分析対象のテーマとしては,先行研究にならった財務情報のほか,自治体 WS の調査の際に数多く見られた「市民との協働」に着目した分析が考えられる。

注

(1) 本章は,中野・田中(2010)に加筆・修正したものである。
(2) 登記住所に基づく市町村別 NPO 数を用いて,人口当たりの NPO 数を算出した(http://www.npo-hiroba.or.jp/, 2010.4.27)。
(3) 外れ値として説明変数の平均±標準偏差×4 を超えるものを除外した結果,横浜市が除外された。また,伊佐市の人口データが入手できなかったために分析対象から除外した。この結果,分析対象は 804 市になる。

文献

馬場眞知子・福田豊, 2009,「外国人支援から見た地方自治体の Web サイト:多文化共生と ICT」『日本社会情報学会誌』vol. 21, no. 1 : 5-17。

Bolivar, Manuel P. R., Carmen C. Pérez and Antonio M. L. Hernández, 2007, "E-Government and Public Financial Reporting: the Case of Spanish Regional Governments," *American Review of Public Administration*, vol. 37, no. 2 : 142-177.

地域情報研究会, 2005,『地方自治コンピューター総覧 平成 16 年度版』丸井光文社。

地域情報研究会, 2007,『地方自治コンピューター総覧 平成 18 年度版』丸井光文社。

東川輝久・久保貞也・島田達巳, 2007,「自治体の庁内情報化における成熟度モデルの研究」『経営情報研究』vol. 15, no. 2 : 109-128。

Ho, Alfred Tat-Kei, 2002, "Reinventing Local Governments and the E-government," *Public Administration Review*, vol. 62, no. 4 : 434-444.

風戸嘉幸・池田宏明, 2004,「地方自治体ウェブ・サイトのアクセシビリティ」『信学技報 IEICE Technical Report OIS2006-5』25-30。

Komito, Lee, 2005, "e-Participation and Governance: Widening the net," *Electronic Journal of e-Government*, vol. 3, iss. 1 : 39-48.

Lim, J. H. and S. Tang, 2007, "Urban E-government Initiatives and Environmental Decisions Performance in Korea," *Journal of Public Administration Research and Theory*, 109-138。

Moon, M. Jae, 2002, "The Evolution of E-Government among Municipalities: Rhetoric or Reality?," *Public Administration Review*, vol. 62, no. 4 : 424-433.

Musso, Juliet, Christopher Weare and Matthew Hale, 2000, "Desighning Web Technology for Local Governance Reform: Good management or Good Democracy?," *Political Communication*, 17: 1-19.

中村伸・坪井善道, 2004, 「自治体公式HPへのWEB上のアクセシビリティに関する研究——人口20万人以上の自治体のホームページの階層構造を通じて」『2004年度日本建築学会関東支部研究報告集』233-236。

中野邦彦・田中秀幸, 2010, 「自治体ウェブ・サイトに基づく地域情報化施策の定量的研究」『社会・経済システム』31号: 89-94。

Scot, James K., 2005, ""E" the People: Do U.S. Municipal Government Web Sites Support Public Involvement?," *Public Administration Review*, vol. 66, iss. 3: 341-353.

総務省, 2005, 「『公共分野におけるアクセシビリティの確保に関する研究会』報告書」(http://www.soumu.go.jp/menu_news/s-news/2005/051215_1_txt.html, 2009.9.20)。

総務省, 2006, 『住民参画システム利用の手引き』(http://www.soumu.go.jp/denshijiti/ict/index.html, 2010.4.27)。

総務省, 2008, 「地方公共団体における行政情報化の推進状況調査結果」(http://www.soumu.go.jp/denshijiti/chousah20.html, 2010.4.27)。

総務省, 2009, 「地方公共団体における行政情報化の推進状況調査結果」(http://www.soumu.go.jp/denshijiti/chousah21.html, 2010.4.27)。

総務省統計局, 2009, 「統計で見る市区町村のすがた2009」(http://www.stat.go.jp/data/ssds/5a.html, 2010.4.27)。

Urban, Florian, 2002, "Small Town, Big Website?: Cities their Representation on the Internet," *Cities*, vol. 19, no. 1: 49-59.

安井秀行, 2009『自治体Webサイトはなぜ使いにくいのか？——"ユニバーサルメニュー"による電子自治体・電子政府の新しい情報発信』時事通信出版局。

第9章

大災害と地域経済の自立

田中秀幸

1 大災害による経済的影響と本章のねらい

　本章は，大震災が地域経済に及ぼす影響を10年近くの長期的視野の下で考察することを目的とする[1]。具体的には，復旧・復興需要のあり方に焦点を当てて，1995年に発生した阪神・淡路大震災が兵庫県経済に与えた影響を対象として検証を行うとともに，2011年の東日本大震災が被災地の地域経済に及ぼす影響についての含意を考察する。

　さて，東日本大震災の被害額は約17兆円と推計されており，阪神・淡路大震災の1.7倍程度ときわめて大きなものであった（表9-1）。東日本大震災の影響は，被災地にとどまらず，日本経済全体にも影響を及ぼした。図9-1は，NIRA（公益財団法人総合研究開発機構）による「人々の活動状況」指数の推移を示したものである（NIRA 2012）。同指数は，被災地域の生産・消費・流通などの状況に着目して，震災による影響や，その後の復旧・復興状況を示すもので，鉱工業生産指数，公共工事請負金額，大型小売店販売額などの12の指標で構成されている。この図からは，被災地を除く全国で見ても，大震災直後には活動状況が8割程度にまで落ち込み，震災前の9割の水準に戻るのに半年程度，同水準に戻るのに1年程度を要していることがわかる。さらに，被災3県について見れば，震災後1年を経過した後であっても，震災前の8割程度の回復にとどまっている。

表9-1 東日本大震災と阪神・淡路大震災の被害額推計

	東日本大震災	阪神・淡路大震災
建物等（住宅・宅地，店舗・事務所，工場，機械等）	約10兆4000億円（61.5%）	約6兆4000億円（64.6%）
ライフライン施設（水道，ガス，電気，通信・放送施設）	約1兆3000億円（7.7%）	約6000億円（6.1%）
社会基盤施設（河川，道路，港湾，下水道，航空等）	約2兆2000億円（13.0%）	約2兆2000億円（22.2%）
農林水産関係（農地・農業用施設，林野，水産関係施設等）	約1兆9000億円（11.2%）	約1000億円（1.0%）
その他（文教施設，保健医療・福祉関係施設，廃棄物処理施設，その他公共施設等）	約1兆1000億円（6.5%）	約6000億円（6.1%）
総　　計	約16兆9000億円	約9兆9000億円

出所：東日本大震災の被害額については，内閣府（防災担当）（2011）に基づき，阪神・淡路大震災については，兵庫県（2011）に基づき，筆者作成。（ ）内の数値は構成比。

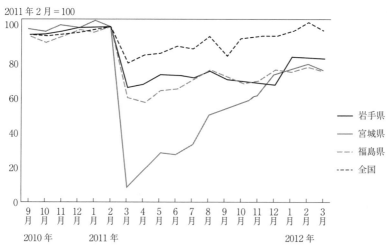

図9-1 被災3県の人々の活動状況指数の推移

出所：NIRA（2012）に基づき筆者作成。

第9章　大災害と地域経済の自立

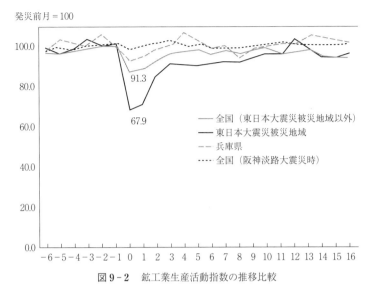

図9-2　鉱工業生産活動指数の推移比較
出所：経済産業省，東北経済産業局および兵庫県の鉱工業生産活動指数データに基づき筆者作成。

　図9-2は，「人々の活動状況」指数を構成する指標のうちの1つである，鉱工業生産指数を取り出して，東日本大震災と阪神・淡路大震災の発災後の推移を比較したものである。縦軸は，発災前月を100として指数化し，横軸は，発災した月を0として，その後の経過月数を示したものである。これを見ると，東日本大震災による生産活動への影響の大きさがわかるだけでなく，阪神・淡路大震災の発災後，半年たらずで生産水準が回復した兵庫県に比べて，東日本大震災の被災地域は，生産水準の回復に1年も費やしていることがわかる。
　次節では，大震災後に，東日本大震災と比較すれば比較的早期に生産活動水準が回復した兵庫県の経済活動に着目して，長期的に見て，どのような推移をたどったかについて確認する。

2　阪神・淡路大震災後の兵庫県経済の推移

　半年たらずの内に生産活動水準が回復した兵庫県経済ではあったが，長期的

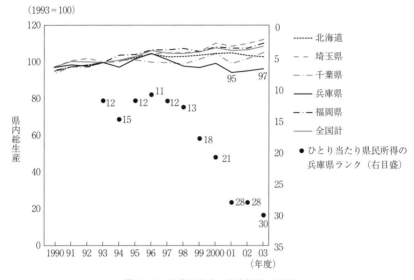

図9-3　県内総生産の年度推移の比較

出所:内閣府・県民経済計算・県内総生産(実質)に基づき筆者作成。

に見ると，震災直後数年の復旧・復興期を経たあたりから停滞してしまった。図9-3は県内総生産とひとり当たり県民所得の動向で，それを示している。折れ線グラフは，1993年度の県内総生産の水準を100として，その後の動向を示したものである。比較のために，全県の合計に加えて，1993年当時の県内総生産が同規模の道県の推移も示している（1995年基準が適用される2003年度まで）。震災後の1995年度から1997年度までの3年間は，兵庫県の同指数が100を超えていた。しかし，1998年度に100を割り込んで以降，1993年度の水準に戻ることはなく，2001年度に95まで落ち込んで2003年度でも97であった。97という指数は，すべての都道府県の中で最低の水準であり，震災後8年程度を経過した時点で，兵庫県は最も経済成長できなかった県（経済の減少幅が最大の県）となってしまった。これにともない，兵庫県のひとり当たり県民所得の水準も相対的に低下し，震災前の1993年度は全都道府県中12位だったものが，2003年度には30位にまで下がった。このように，阪神・淡路大

震災は，長期的に見ても兵庫県経済に大きな打撃を加えた可能性が高い。なぜ，このような状況になってしまったのか。さまざまな要因が考えられるが，本章では，復旧・復興需要のあり方に焦点を当てて考察を進める。具体的には，被災地域以外への需要の流出と，時系列的に見た需要の前倒しの影響を検証する。

3 被災地域以外への復旧・復興需要の流出

まず，被災地域以外への復旧・復興需要の流出について明らかにしていく。林敏彦は，最終需要の増加分を復興需要と見なした上で，52％が県外からの供給によってまかなわれたことになると説明している（林 2011：189-192）。最終需要に基づく分析も重要であるが，原材料や部品などの中間需要も含めて分析することも必要である。このためには，産業連関表を用いた分析が重要となる。芦谷恒憲は，兵庫県産業連関表を用いて，同県経済の構造変化を詳細に分析している（芦谷 2005）。芦谷によれば，県境を跨いだ取引構造が，大幅な入超から収支均衡へと変化したことが指摘されている。本章では，同じく兵庫県産業連関表のデータ（1990, 1995, 1997, 2000 年）を用いて，県内の復旧・復興需要がどのように手当されていたかについて，影響の大きな項目に焦点を当てて整理していく。

図 9-4 は，県内の中間需要と最終需要を合計した県内需要の推移を示したものである。この図が示す通り，震災の復旧・復興期にあたる 1995 年と 1997 年は，県内需要が 1990 年と比較して，それぞれ 4.1 兆円と 3.9 兆円増加したが，2000 年には震災前（1990 年）と同水準に戻っている。

図 9-5 は，1995 年と 1997 年の県内需要増をどのように補っていたかを示したものである。この図を見れば，発災直後の 1995 年には，輸出・移出減（2.3 兆円）が需要増全体（4.1 兆円）の半分以上を占めていることがわかる。輸入・移入増も 1.1 兆円と一定の割合を占めており，兵庫県外からの財・サービスの調達も県内需要増に応えるものではあった。しかし，それ以上に，震災前は県外に輸出・移出していたものを県内需要に振り向けることによって，復

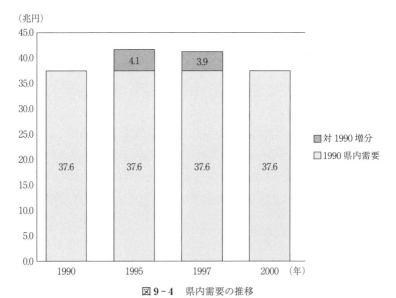

図9-4　県内需要の推移

出所：兵庫県産業連関表に基づき筆者作成。

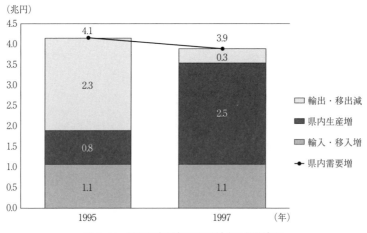

図9-5　対1990年増加需要に対する供給内訳

出所：田中（2012）。

第9章 大災害と地域経済の自立

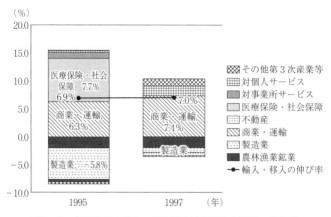

図9-6 対1990年の輸入・移入増の伸び率と各部門の寄与度
出所：兵庫県・産業連関表に基づき筆者作成。

旧・復興需要増に対応していたのである。これに対して，1997年になると，県内生産増（2.5兆円）が県内需要増の3分の2近くを占めるようになる一方で，輸出・移出減の割合はきわめて小さくなっている。図9-5からは，発災直後は，県内生産増が困難ななか，兵庫県外からの輸入・移入に頼るほか，県外輸出・移出分を県内需要に振り向けることにより対応しなければならないが，発災後2年を経過すれば，県内の生産体制の回復・増強が可能となり，県内生産増で対応が可能になることがわかる。阪神・淡路大震災の場合，遅くとも発災後2年程度で兵庫県内の生産体制を整えることができていたのである。

図9-5では，輸入・移入増の額は，1995年も1997年も1.1兆円と安定している。この期間に，輸入・移入の構造に変化はなかったのだろうか。それを示したものが図9-6である。これは，対1990年の伸び率を対象に，その寄与度を示したものである。1995年に増加で最も寄与度が高いものは，医療保険・社会保障の7.7％である。これには，兵庫県外からの医療支援や社会福祉法人などによる援助活動が反映していたことが考えられる。この部門の輸入・移入増は一時的なものであり，1997年には震災前の水準に戻っている。これに対して，商業・運輸部門は，1995年のみならず1997年においても高い寄与度を

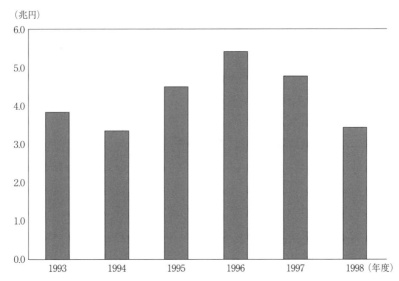

図9-7　兵庫県で施行される元請建設工事額の推移
出所：国土交通省・建設工事施工統計に基づき筆者作成。

維持している。なぜ、そのようなことになるのか。同部門の中間需要の内訳のうち、建設部門のウェイトが高いことから、それが影響していた可能性がある。産業連関表では、建設部門そのものは、県内で工事等が行われるために、県外の業者が受注したとしても、輸入・移入としては表れない。しかし、県外業者が建設工事を施工する場合には、原材料などを県外の卸売業者・運輸業者を利用して手配・運搬することが考えられる。商業・運輸部門の寄与度が一貫して高いのには、兵庫県内の建設を県外の業者が受注することが影響していた可能性がある。

図9-7は、建設工事施工統計に基づき、受注企業の所在地がわかる元請建設工事を対象として、兵庫県で施行された同工事額の推移を示したものである。1995年度から1997年度の3年間、震災前の1993年度の水準を超えていたことがわかる。次の図9-8は、対1993年度の伸び率の寄与度を兵庫県内所在企業と同県外所在企業に分けて示したものである。この図からは、震災直後の

第9章　大災害と地域経済の自立

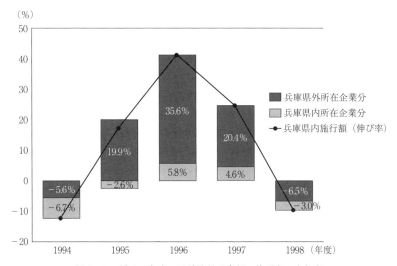

図9-8　対1993年度の元請建設工事額の伸び率の寄与度
出所：国土交通省・建設工事施工統計に基づき筆者作成。

1995年度には兵庫県内所在企業は増加分を受注することができなかったこと，そして，1995年度から1997年度の元請建設工事額の増分のほとんどを兵庫県外企業が受注していたことがわかる。図9-6と図9-7を併せると，震災からの復旧・復興需要のうち，少なくとも建設関係については，兵庫県外所在企業が受注し，それを通じて兵庫県外に同需要が流出したと考えられる。

　阪神・淡路大震災の復旧・復興需要の兵庫県外への流出についてまとめると，まず，震災直後は県内の産出を増加させることは困難であったが，2年程度で需要増の多くに対応可能な水準にまで引き上げることができた。他方で，建設工事については，増加分の多くを兵庫県外企業が受注したこともあり，商業や運輸部門を通じて復旧・復興需要の域外への流出につながったおそれがある。被災地においては，一日も早い復旧・復興が望まれる。また，復旧・復興にともなう需要増は，地域経済の再生にも寄与することが期待されるところである。しかし，被災地域では短期間のうちに需要増に対応することは困難である。このため，被災直後に復旧・復興需要が集中した場合には，需要増に見合うだけ

の地域経済への効果を期待することが困難になる。次節では，この点を，より長期の経済的な動向に基づき考察する。

4 復旧・復興需要がその後の経済に与える影響

　阪神・淡路大震災の後に，兵庫県経済が厳しい状況に陥ったことは，図9-3で見た通りである。本節では，復旧・復興需要が後年に及ぼした影響を考察するにあたり，公的資本形成に着目する。第1の理由は，兵庫県・県民経済計算にある生産項目別生産額で見ると，生産部門のうち建設業が，最盛期には1993年度比で1.6倍と最も増加率が高い一方で，その後，急速に落ち込んでいるからである。公的資本形成は，需要面から見て建設業部門の生産に影響を与えることから，考察の対象としてふさわしい。第2の理由は，政策変数として操作可能なことにある。社会経済情勢に応じて公共事業などを行う必要があるものの，投資の時期を調整することはある程度可能である。本章の考察が今後の政策立案，遂行の参考になり得ることを踏まえて，公的資本形成を対象とした。

　図9-9は，県民経済計算データに基づき，1990年代初頭に公的資本形成が同程度の県の公的資本形成の推移を比較したものである。埼玉県と千葉県は，1990年代半ば頃から公的資本形成がゆるやかに減少傾向であるのに対して，兵庫県では，震災からの復旧・復興が中心的に行われた1995年度から1997年度にかけて大幅に増加する一方，2000年度以降は，その反動として大幅に減少した。

　震災直後の数年間に，公的資本形成をこのように急激に増加させることは，前節で見た通り，兵庫県外への需要の流出につながるとともに，後年度の反動減を招き，長期的に見た場合に，経済活動にマイナスの影響を与える。そこで，政策変数である公的資本形成を制御することで，長期的に見た地域経済への影響をどの程度緩和できるかについて簡単な試算を行った。具体的には，震災直後の1995年度の公的資本形成の額を，震災前の最大水準である1.9兆円に抑

第9章　大災害と地域経済の自立

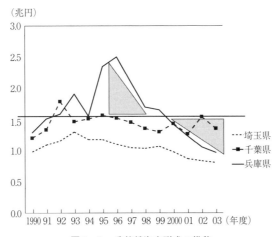

図 9-9　公的総資本形成の推移
出所：内閣府・県民経済計算に基づき筆者作成。

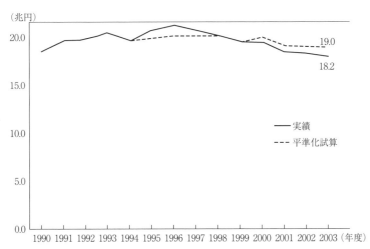

図 9-10　兵庫県の公的総資本形成平準化による県内総生産の試算と実績の比較
出所：田中 (2012)。

え，2003年度にかけて実績値と総額が変わらないように減少させることとした。この試算にあたっては，産業連関表を用いて波及効果を反映した（田中 2012a）。試算結果は，図9-10 に示す通りで，2003年度の兵庫県の県内総生産は 19.0 兆円となり，実績値を 4 ％以上上回ることが確認された。図9-10 では産業連関表にあわせて名目ベースで試算しているので，実質ベースの図9-3 とは単純に比較できないが，4 ％の改善幅を同図にあてはめれば，2003 年度の実質値で見て震災前の 1993 年度の水準を維持できていた可能性はある。

阪神・淡路大震災の後，1997年度頃までの復旧・復興期の後には，兵庫県経済は長期的に停滞の方向にあった（図9-3）。しかし，本章の試算からは，もし，政策変数である公共事業の施行を兵庫県の震災前の執行能力の範囲にとどめていれば，兵庫県経済の規模が実績ほど縮小することを回避できた可能性があることが示唆された。

5　東日本大震災被災地経済への含意

第3節と第4節を通じて，阪神・淡路大震災が兵庫県経済に与えた影響を考察した。その結果，まず，生産活動の回復が比較的早期に進んだ場合であっても，震災直後には，域内だけでは復旧・復興の需要を十分にまかないきれずに，域外に同需要が流出してしまうことが示されるとともに，同震災の場合は2年程度で供給体制が整ってきたことを明らかにした。次に，公共事業に着目して，震災直後に公共事業を集中的に行うことは，域外への流出のみならず，事業執行の前倒しを通じて，長期的に見て後年の経済に深刻な影響を及ぼす可能性があることを示した。

東日本大震災は，表9-1で見た通り，あらゆる資本に対して莫大な損害を与えたという点で，すでに地域経済に対して深刻な影響を及ぼしている。こうした被害から，一日も早く地域経済，社会を立て直すことは急務である。しかし，阪神・淡路大震災の例で見た通り，被災地の復旧・復興事業は，短期的に見ても長期的に見ても，すべてが被災地経済にプラスの影響を与えるとは限ら

ない。復旧・復興事業に限って見ても，地域経済に与える経路は多様であり，かつ，需要面でみても供給面で見ても種々の制約があるために，さまざまな要素・要因が複雑に影響しあうからである。こうした状況の中で，持続可能な地域経済・社会を実現するよう復旧・復興事業を進めるには，ミクロの観点とマクロの観点を併せ持った，さまざまなシナリオを描き出し，その中から何らかのシナリオを選択できるようにすることが必要ではないかと考える。

東日本大震災の被災地経済の復旧・復興をいかに実現していくかのシナリオの考察・提示は，本章の範囲を超えている。そのため，本章では，シナリオの検討に関係し得るいくつかの論点を，主にマクロの観点から例示したい。

まず，供給制約の問題である。表9-1にあるように阪神・淡路大震災の1.7倍もの被害額が発生していることを踏まえれば，復旧・復興に必要な事業も巨額なものになることは当然である。しかし，被災地では，その需要を十分に受け入れきれていないおそれが高い。例えば，復興庁の記者発表（2012年6月29日）によれば，2011年度東日本大震災復旧・復興関係経費全14.9兆円のうち，同年度内に支出できたのは9.1兆円（61％）に過ぎず，4.8兆円（32％）が翌年度に繰越となっている。1.1兆円の不要額と合わせて考えると，被災地のみならず，日本全体の執行可能量を超えた事業が予定されていたおそれがある。

日本政府の平成24年度一般会計歳出の公共事業（4.6兆円）の3倍以上の事業の執行を短期間のうちに実施することは，地域経済に対して，相当の歪みを生じさせるおそれがある。例えば，公共事業請負金額の推移を見ると（図9-11），阪神・淡路大震災の公的総資本形成とは比較にならないほど高い水準が続いている。それにもかかわらず，図9-2の鉱工業生産指数で見たように，阪神・淡路大震災と比較して，被災地の生産の水準増に結びつくのに時間がかかっている。復旧・復興需要の被災地域以外への流出および長期的に見た需要の反動減による被災地経済の停滞について，東日本大震災の場合，阪神・淡路大震災以上に注意することが必要である。

建設工事の供給制約に関しては，建設作業員の人手不足も問題となっている

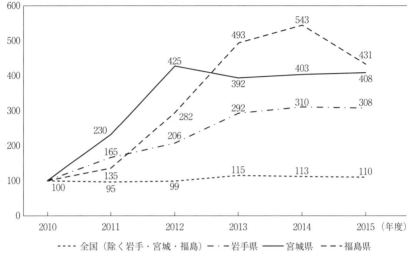

図 9-11　公共工事請負金額の推移

出所：公共工事前払金保証統計に基づき筆者作成。

が（日本経済新聞 2012），この問題は建設技能労働者を育成するだけで対応できるものではない。河野憲嗣は，復興作業者が利用できる宿泊供給能力を推計し，観光客需要のクラウディングアウトの問題を提起している（河野 2012）。この例は，供給制約の問題は部門を超えて相互に影響しあうことを示している。建設事業を通じた被災地経済への効果と，観光事業を通じた地域経済への効果をどのようにバランスをとっていくのか，長期の時間軸を据えた複数のシナリオを創り出し，その中から何を選択するかが重要となるのである。

　供給制約としては，長期的には人口動態の影響も重要である。経済的付加価値を形成するためには，人的資本の影響が大きいからである。日本の将来推計人口によれば，総人口の減少と人口構成の変化を通じて，15 歳から 64 歳のいわゆる生産年齢人口は減少を続け，2010 年に 8200 万人だったものが 2060 年には 4400 万人へと 46％も減少すると推計されている。このように，日本全体として趨勢的に生産年齢人口は減少する方向にあるが，大震災は被災地の同人

第9章 大災害と地域経済の自立

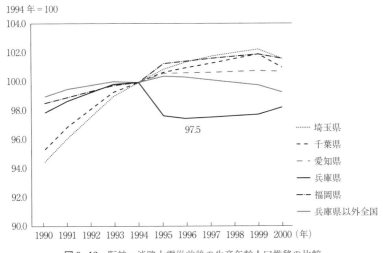

図9-12 阪神・淡路大震災前後の生産年齢人口推移の比較
出所:総務省統計局「人口推計」(長期時系列データ・都道府県,毎年10月1日現在,年齢(3区分)別人口)に基づき筆者作成。

口減少をさらに加速する可能性がある。実際,阪神・淡路大震災が発生した1995年に大幅に減少して,その後,震災前の水準に戻っていない(図9-12)。日本全体の生産年齢人口のピークは1995年で,全国的にはその後減少局面に入っているものの,兵庫県と同程度の経済・人口規模の県は,1990年代末まで増加傾向にあったことと対照的である。

東日本大震災後の人口動態について,宮城県と福島県を対象にしてこの両県を除く全国の推移と比較する。生産年齢人口(15-64歳)は,宮城県は全国とほぼ同様の推移に対し,福島県の減少幅が大きい(図9-13(1))。年少人口(0-14歳)では,その差がさらに顕著で,2014年時点で福島県の年少人口は震災前の2010年から13%減少している(図9-13(2))。東日本大震災は高齢化・人口減少局面に移行した後に発生しており,阪神・淡路大震災の際の被災地の場合と単純に比較は困難であるが,福島県では労働力供給も被災地経済に影響を及ぼす可能性が高い。

需要面については,日本政府の財政に余裕がないおそれが高い点を指摘して

221

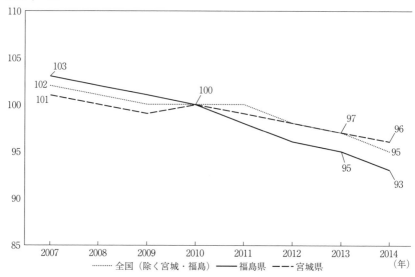

図 9-13(1) 東日本大震災以降の生産年齢人口推移の比較
出所:総務省統計局「人口統計」に基づき筆者作成。

おきたい。図 9-14 は，国債発行などの政府債務残高の増加を国内の金融資産でまかなえる期間について，簡単な推計に基づき示したものである。現時点で，すでに，国内の金融資産の 3 分の 2 程度が政府債務にあてられている。預金を取り崩す方向に作用する高齢化の進展などを踏まえると，今後，国内の金融資産がある程度のボリュームで増加すると見込むのは困難である。そこで，国内の金融資産が横ばいに推移すると仮定すると，国債等の政府債務増加余地は，2014 年時点で 500 兆円程度になる。歳出面では，最大の増要因である高齢化にともなう社会保障関係費の増加を抑制することは困難であることを踏まえると，今後も歳出増は避けられず，現在の財政構造を前提とすると毎年 40 兆円以上の財政債務増が必要となり，今後も政府債務残高の増加は避けがたい。

　グラフが交わる時期を過ぎると，財政支出に必要な政府債務を国内の金融資産だけでまかなうことが難しくなり，海外からのファイナンスに頼らざるを得ない。そのような状況になると，政府支出の自由度は現在よりも大幅に制約さ

第9章　大災害と地域経済の自立

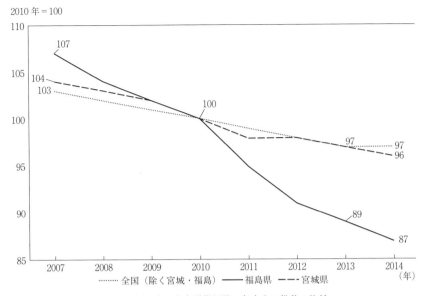

図 9-13(2)　東日本大震災以降の年少人口推移の比較
出所：総務省統計局「人口統計」に基づき筆者作成。

れるおそれが高まる。図 9-14 は，2020 年代後半にそうした事態に直面する可能性のあることを示している。東日本大震災からの復旧・復興には時間を要することは見込まれるが，政府財政による需要に依存できる期間はそれほど長くないおそれがあることには留意が必要であろう。なお，思い切った金融緩和によって経済成長を実現することにより，日本が直面する財政問題も解決可能であるとの主張もあり，その場合には，必ずしも図が示すような事態にならない可能性があることは付言しておく。

　大震災の被害は，被災地経済に長期的に大きな影響を及ぼす。このため，復旧・復興事業を進めるにあたっては，長期的視野が必要になる。それに加えて，各種の要因が相互に影響しあうことから，複数の復旧・復興シナリオを描き，それに基づき，どのような政策や制度を遂行するかを決定していくことが重要になってくる。本章では，阪神・淡路大震災の兵庫県経済に与えた影響を前提に，東日本大震災後の復旧・復興シナリオづくりに影響し得る論点を，供給面

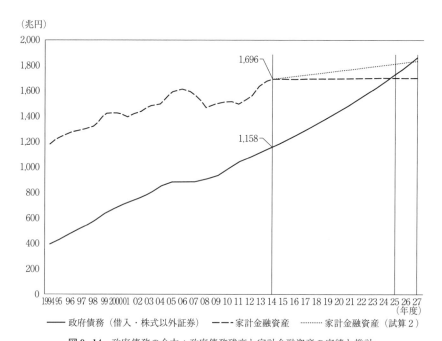

図9-14 政府債務の余力:政府債務残高と家計金融資産の実績と推計

注:家計金融資産(試算2)は、2006年から2014年の家計金融資産の年平均成長率を2015年以降に適用したケース。
出所:国民経済計算に基づき筆者作成。推計の一部は小黒・小林(2011:31-33)を参考に筆者が推計。

と需要面からいくつか例示した。

6 大震災が地域のマクロ経済に与える影響

　本章では、大震災が地域経済に及ぼす影響を10年近くの長期的視野の下で考察した。まず、阪神・淡路大震災の場合には、復旧・復興需要が被災地域以外に流出すること、被災地でも数年で供給体制が整えられたこと、そして、復旧・復興需要の短期的な集中が需要の前倒しとなり、長期的には地域経済の停滞につながったおそれがあることを示した。また、政策変数である公共事業の執行の時期を調整することで、長期的に見た地域経済の停滞をある程度緩和する可能性があることを明らかにした。

第 9 章　大災害と地域経済の自立

　次に，阪神・淡路大震災が被災地経済に対して長期的に影響を及ぼしたことを踏まえて，東日本大震災からの復旧・復興においては，長期的視野の下で複数のシナリオを創造し，それを選択することの必要性を主張した。その上で，経済活動に影響を与え得る論点を，供給面と需要面に分けていくつか例示した。

　本章は，大震災が地域経済に及ぼす影響について，マクロ領域を中心にいくつかの側面から分析を行ったが，必ずしも，すべてをカバーできているわけではない。例えば，公共事業の実施という点では，地方財政への影響も重要な要素である。今後の研究課題としては，大震災の地域経済への影響を社会システムの問題として捉え，残された要因分析を進めるとともに，東日本大震災の復旧・復興に関する複数のシナリオを提示することが必要である。

注
(1)　本章は，田中（2012b）に加筆修正したものである。

文献
芦谷恒憲，2005，「兵庫県産業連関表から見た阪神・淡路大震災による経済構造変化」『産業連関』vol. 13, no. 1：45-56。

林敏彦，2011，『大災害の経済学』PHP 研究所。

河野憲嗣，2012，「東日本大震災復興復旧事業における宿泊施設の需給ギャップ分析」日本経済政策学会第 69 回全国大会特別論題，2012 年 5 月 26-27 日，椙山女学園大学。

日本経済新聞，2012，「建設工事の請負比が一段高――人手不足，深刻さ増す」（2012 年 7 月 21 日付朝刊）。

NIRA，2012，「データで語る被災 3 県の現状と課題 II――東日本大震災復旧・復興インデックス（2012 年 6 月更新）」。

小黒一正・小林慶一郎，2011，『日本破綻を防ぐ 2 つのプラン』日本経済新聞社。

田中秀幸，2012a，「東日本大震災の経済的側面――経済構造変化と財政難の日本を背景に」『東日本大震災の科学』東京大学出版会。

田中秀幸，2012b，「大震災が地域経済に及ぼす影響に関する考察」『計測自動制御学会　システム・情報部門学術講演会 2012 講演論文集』（CD）：361-366。

第10章

自立的な地域社会存続の可能性
―― 地域の就業構造と中間層の関係 ――

田中秀幸

1 グローバルな経済状況の変容と本章のねらい

　本章は，グローバル化が進展する中で厳しい経済環境に直面する地域社会における価値創造のあり方を考察する。まず，その前提として考慮しなければならないのが，グローバルな経済環境の変化である。貿易自由化と金融自由化の進展により，20世紀の末頃からグローバル化の問題が指摘されてきた。それに加えて，情報通信技術の大幅な進歩とその利用が社会のすみずみまでに浸透することにより，21世紀の社会経済活動はますますフラットになってきている。高度なサプライチェーンの構築や脱物質化もあって，金融のみならずあらゆる取引がほとんど国境を意識することなく活発に行われている。さらに，BRICsなど新興国のめざましい経済成長が，世界規模の市場環境を変化させている。

　20世紀後半の製造業を中心として経済活動が回っていた時代には，先進国の国内市場は，分厚い中間層を中心とする旺盛な消費が実現し，事業活動の対象として意味のあるものであった。ここでの中間層とは，中位の所得階層に属する世帯や消費者などを指す。日本のいわゆる大企業の多くは，このような国内市場を前提に成長することが可能であった。しかし，グローバル化が本格化した現在は，『ビッグの終焉』（Mele 2013 = 2014）の時代になっている。すなわち，グローバル経済では，国内市場に適応した大企業（ビッグ）では不十分で

あり，新興国を含めた巨大な世界市場を対象としたスーパービッグでなければ生き残ることはできなくなっている。ビッグの時代には，1つの国内でもビッグ数社がある分野の事業活動を行うことができた。しかし，今や，ある分野で事業活動できるのは，全世界で数社の企業に限られている。

　グローバル経済下のスーパービッグの時代には，従来の消費の中心であったいわゆる中間層が薄くなる。その理由の1つは，グローバルなサプライチェーンを通じて世界中から調達が可能になったことにより，製造等の拠点が世界中に分散するとともに，賃金水準は新興国，あるいはその周辺国の水準に平準化するように働くからである。このため，先進国では，従来のいわゆる中間層の仕事の場が失われるとともに，賃金水準に下方圧力がかかる。また，資金が実体経済から金融活動にシフトすることにより，金融資本に富が集中することも，中間層を減らすことに影響している。いわゆる分厚い中間層が実現していた時代には，ある程度の高度な知識や技能を習得した多くの人が，ある程度の高所得を得ることができた（田中 2014）。しかし，スーパービッグの時代には，世界で活躍できるほどのきわめて高い能力を持った一部の人に富が集中し，中間的な所得の階層が減り，低所得層に押しやられる状況にある（Picketty 2014，ライシュ 2011）。

　スーパービッグの時代には，大都市部以外の日本の地域経済は厳しい状況に直面する。大企業（ビッグ）を前提とした経済構造は維持できない一方で，スーパービッグとして世界的に活動するには大都市の高度な集積が必要になるからである。こうした困難な状況を乗り越えるためには，グローバル経済をすべての前提とするのではなく，その場所でなければならないローカルな特徴に着目することの重要性が指摘されるようになっている（藻谷・NHK広島取材班 2013，冨山 2014）。2014年4月から開催されている経済産業省「日本の『稼ぐ力』創出研究会」では，日本経済を「グローバル経済圏」と「ローカル経済圏」に2つに区分して，「一国二制度」的なアプローチで検討が進められている（2014年6月第4回「中間論点整理（案）」）。

　筆者としても，日本の地域経済が自立できるよう，いわゆる「ローカル経済

圏」に着目することは重要だと考える。ローカル経済圏に関しては，従来の製造業だけではなく，現実社会の人を対象とするサービスである，医療・福祉，運送，小売，観光などのローカル型サービス業が注目される。他方で，これらのサービス業においては，低賃金などが指摘されることもある。自立的な社会の実現には，社会的な負荷を高めるおそれのある富の偏在を避け，できるだけ中間層の厚みを増すことが望ましいと考える。果たして，ローカル経済圏で注目されるサービス業は，現状において分厚い中間層の実現に貢献できるであろうか。本章では，以下，近年の地域経済のデータに基づき，これらのサービス業が中間層に与える影響を検証するとともに，その結果を踏まえ，将来に向けての課題を考察する。

2 地域社会の中間層の分析に用いる

本章では，中間層の厚さを比較するために，世帯所得の階層に基づくジニ係数を用いる。ジニ係数は，所得分布の格差を図る指標であり[2]，後述する通り中間層の厚みを反映している。また，前述のサービス業等の影響を図るための変数として，業種別の従業者数の比率を用いる。表10-1は，国税庁が公表している民間給与実態調査統計（2012年分）に基づいて，今回の分析対象となる業種を中心に平均給与と給与階層に基づき筆者が作成したジニ係数を示したものである。従来の地域経済を支えてきた製造業の平均給与は全業種合計よりも高く，ジニ係数も低い。一方で，ローカル経済圏の業種として注目される，医療，福祉や宿泊業，飲食サービス業，卸売業，小売業は，平均給与が低く，ジニ係数が高い傾向にある。本章では，都道府県の就業構造が異なる中，就業構造と世帯所得に基づくジニ係数との間にいかなる相関関係があるかを検証する。

本章の分析で用いるデータの第1は，総務省統計局が公表している「平成24年就業構造基本調査」の都道府県編である。このなかの「世帯単位で見た統計表」第80表の14段階の所得別世帯数（一般・単身世帯総数）を用いた。ただし，対象の世帯主の年齢を59歳以下に限定して，いわゆる現役世代の世帯

表10-1 業種ごとの平均給与とジニ係数

	平均給与（千円）	ジニ係数
宿泊業，飲食サービス業	2,348	0.39
卸売業，小売業	3,562	0.39
医療，福祉	3,780	0.35
運輸業，郵便業	4,211	0.28
建設業	4,308	0.30
製造業	4,724	0.33
金融業，保険業	6,104	0.35
業種合計	4,080	0.36

の所得格差を分析対象とした。その理由は，退職した世代では，雇用されている場合であっても雇用と中間層との関係を測ることが困難になるためや，退職後の世帯ではジニ係数が高くなる傾向にあり，退職世代を含めた全世代を対象にしたジニ係数に基づく分析では地域による高齢化の差異の影響を受けるためである。それでもなお，対象の世帯として一般・単身世帯総数を用いる点には留意が必要である。世帯所得は世帯人員数などの影響を受けるからである（田中 2014）。本章では，後述の通り業種別の従業者数を用いて就業構造を扱うが，従業者数については一般と単身世帯の区分がない。そこで，本章では所得階層と従業者数の関係を検証するために，前述の留意点はあるものの，所得階層の対象世帯は一般・単身世帯総数とした。なお，この場合でも，世帯主の年齢を59歳以下にしていることから高齢者の単身世帯は除外されており，世帯構成の影響をある程度は緩和している。

以上の前提の下で，59歳以下の世帯主の所得別世帯数に基づき，都道府県ごとにジニ係数を算出した。図10-1では，ジニ係数が最も高い福岡県（.41）と最も低い三重県（.34）の所得階層別の分布を比較している。[5]から[9]（400万円から899万円）までの中位の所得階層（この場合の中間層）の割合は，ジニ係数の低い三重県の方が上回っている。すなわち，三重県の方が中間層の厚いことがわかる。

本章で用いるデータの第2は，総務省統計局が公表している「平成24年経済センサス-活動調査」である。「事業所に関する統計──産業横断的集計（事

第10章 自立的な地域社会存続の可能性

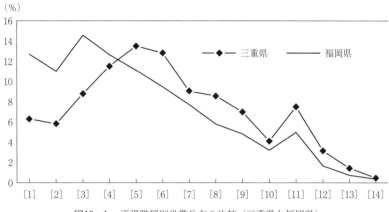

図10-1 所得階層別世帯分布の比較(三重県と福岡県)

注:図1の所得階層,図3の給与階層(単位:万円)
[1]100未満,[2]100-199,[3]200-299,[4]300-399,[5]400-499,[6]500-599,[7]600-699,
[8]700-799,[9]800-899,[10]900-999,[11]1000-1249,[12]1250-1499,[13]1500-1999,[14]2000以上

表10-2 基本統計量　　　　　　　　　　　　　　　　　　(N=47)

		従業者数シェア						
	ジニ係数 (Gini)	卸売業,小売業(Com)	製造業 (Manu)	医療,福祉(Hlth)	宿泊業,飲食サービス業	建設業	運輸業,郵便業	金融業,保険業
平均	.371	20.8%	18.1%	12.4%	9.6%	7.7%	5.6%	2.6%
標準偏差	.018	1.3%	5.3%	2.4%	1.1%	1.4%	0.8%	0.4%
最大	.406	23.3%	27.6%	17.0%	13.7%	10.4%	7.9%	4.8%
最小	.340	18.5%	6.2%	7.4%	8.0%	5.1%	4.4%	2.0%

表10-3 変数間の相関

	Manu	Com	Hlth	Gini
Manu	1			
Com	−0.812	1		
Hlth	−0.551	0.468	1	
Gini	−0.702	0.638	0.529	1

業所数,従業者数)」第12表の全事業所を対象とする総数にある従業者数を用いた。都道府県ごとに全従業者数に占める当該業種の従業者数の比率を従業者数シェアとした。

表10-2では,本章で用いる変数の基本統計量を示している。また,表10-3では本章での分析に関連の高い変数を対象に,変数間の相関を示したものである。以下では,これらの変数に着目して,地域の就業構造と所得格差(中間層の厚み)の関係を検証していく。

3 地域の就業構造と所得格差に関する検証結果と考察

まず,従業者数シェアとジニ係数の関係を業種ごとに確認した。図10-2(1)(2)(3)は,その中でも決定係数(R^2)が比較的高かった3業種の分布を図示したものである。平均給与が比較的高い〈製造業〉(図10-2(1))では,従業者数シェアが高い都道府県ほどジニ係数は低くなる一方で,平均給与が比較的低い〈卸売業,小売業〉(図10-2(2))と〈医療,福祉〉(図10-2(3))では,同シェアが高い都道府県ほどジニ係数が高くなる関係にあることがわかる。

そこで,ジニ係数を被説明変数とし,業種の従業者数シェアを説明変数とする重回帰分析を行った。その際,〈金融業,保険業〉については,分布状況を踏まえて従業者数シェアが平均+標準偏差の値を超える4都県にダミー変数を付した。表10-2にある説明変数を用いて探索的に分析を行った結果,(1)式の場合に調整済決定係数が最も高くなった。

$$Gini_i = \alpha_i + \beta_1 Manu_i + \beta_2 Hlth_i + \beta_3 Fdummy_i \quad (1)$$

ただし,$Gini_i$はi県のジニ係数,$Manu_i$と$Hlth_i$はそれぞれi県の〈製造業〉と〈医療,福祉〉の従業者数シェア,$Fdummy_i$は〈金融,保険業〉従業者数シェア高ダミー

重回帰分析の結果は,表10-4に示す通りである。〈製造業〉の従業者数シェアが高いほどジニ係数が下がる一方で,〈医療,福祉〉の同シェアが高いほど同係数は高くなっている。

民間給与実体統計調査データに基づく給与階層別の分布(図10-3)を見る

第**10**章　自立的な地域社会存続の可能性

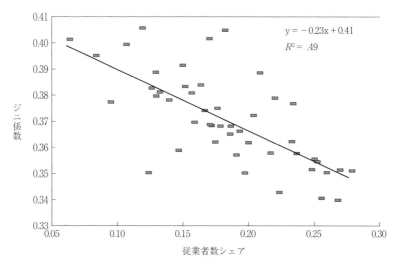

図10-2(1)　都道府県のジニ係数と従業者数シェアの分布（製造業）

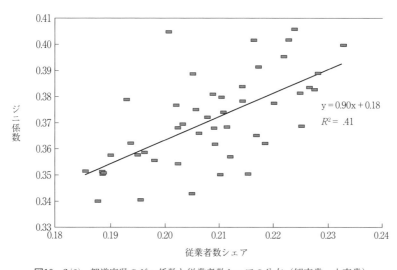

図10-2(2)　都道府県のジニ係数と従業者数シェアの分布（卸売業，小売業）

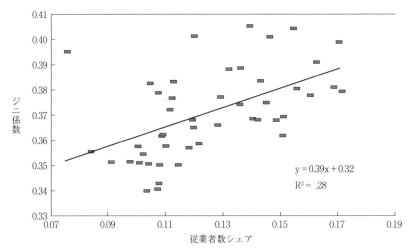

図10-2(3) 都道府県のジニ係数と従業者数シェアの分布（医療，福祉）

表10-4 重回帰分析の結果

	係数	標準誤差	t値
α	0.3744 ***	0.0156	24.07
β_1	−0.0015 ***	0.0004	−3.79
β_2	0.0017 **	0.0008	2.12
β_3	0.0216 ***	0.0062	3.46

注：Adj.R^2：.600，***：$p<.01$，**：$p<.05$，N=47

と，〈医療，福祉〉は年収が200万円から400万円の階層に分布が集中しているのに対して，〈製造業〉は年収が500万円から1000万円の階層で給与階層別の分布の割合がより厚くなっている。業種の賃金構造の差異が，地域の就業構造を通じてジニ係数の差異につながっている可能性が示唆される結果である。以下では，〈製造業〉と，〈医療，福祉〉の業種に分けて，結果に基づく考察を行う。

まず，〈製造業〉について考える。この業種は世界的なサプライチェーンに組み込まれる中，厳しいグローバル競争にさらされている。このため，現在の賃金構造がいつまで維持されるかわからない。しかし，少なくとも2012年時

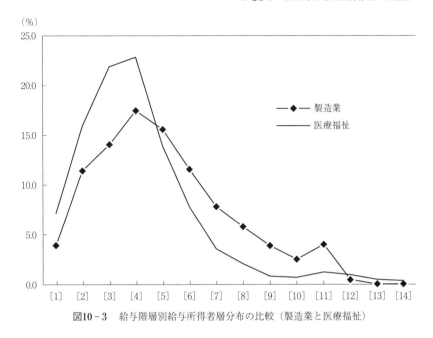

図10-3　給与階層別給与所得者層分布の比較（製造業と医療福祉）

点では，同業が地域の中間層を支えていた可能性はある。例えば，製造業の水準が低い高知県（2012年製造製品等出荷額全国47位，ひとり当たり同出荷額全国46位）でも，パルプ・紙・紙製品や電子部品などの製造業部門は移輸出超過となって地域経済を支えている。当面，地域の中間層を維持していくためには，製造業は重要な業種であると考える。

次に，〈医療，福祉〉部門について考察する。この業種はローカル経済圏を支える業種として期待されるローカル型サービス業である。同業種は，その場所でなければ提供できないサービスを扱っており，グローバル経済圏からの影響を受けにくいことが期待される。しかしながら，これらの業種の低い給与水準が大きな問題となり得る。少なくとも，現在の業種ごとの賃金構造のまま，製造業から医療，福祉などのローカル型サービス業にシフトした場合には，地域の中間層解体を進めるおそれがある。日本のサービス業の生産性は，アメリカなどと比較して低いことから，改善の余地があるといわれる（冨山 2014）。

地域のサービス業の生産性改善も期待されるところであるが，その成果を賃金に反映することが必要である．そうでなければ，ローカル経済圏においても，一部の富裕層に富が集中することにともなう需要飽和経済の問題（塩沢 2010）が顕在化し，地域経済の持続可能性が危ぶまれる．

4 自立的な地域社会存続の可能性に対する含意

　本章では，社会経済活動のグローバル化が進展し，所得の二極化により中間層が解体するおそれがあることに着目して，自立的な地域社会存続の可能性について考察を行った．具体的には，地域の就業構造と中間層の関係について，近年の日本の地域経済を対象に検証を行った．その結果，地域社会においても，中間層は製造業への就業によって支えられてきた可能性を明らかにした．また，ローカル経済圏を支える産業として期待される，医療，福祉等のローカル型サービス業に関しては，現状のままでは，その分野の就業増は中間層を解体するおそれがあることを示した．

　地域経済への対応を考える際に，グローバル経済圏とローカル経済圏に分けて，後者に適した経済のあり方を考えることも重要である．しかし，医療，福祉等のローカル型サービス業の賃金水準が低く，一部に富が集中するままで同サービス業への移行を進めては，グローバル経済圏で顕在化している需要飽和経済の問題を繰り返すことになってしまう．同サービス業の生産性の改善の成果を賃金水準の上昇につなげるなど，中間層の充実に向けて取り組むことが，持続可能な地域経済の実現のために必要だと考える．

　本章では，地域の就業構造と所得格差の相関関係を検証したにとどまっており，これらの要素の因果関係や中間層のあり方に影響を与え得るほかの要素については十分に扱っていない．また，分析対象を59歳以下の勤労世代に限定するなどして，地域社会の高齢化の影響は本章では直接の考察の範囲外としている．今後はこれらの残された課題に取り組む必要がある．

注

(1) 本章は，田中（2015）に加筆修正したものである。
(2) ジニ係数の値が大きいほど集団内の格差が大きい。

文献

Mele, Nicco, 2013, *The End of Big : How the Internet Makes David the New Goliath*, st. Martin's Press. (＝2014，遠藤真美訳『ビッグの終焉——ラディカル・コネクティビティがもたらす未来社会』東洋経済新報社。)

藻谷浩介・NHK広島取材班，2013，『里山資本主義——日本経済は「安心の原理」で動く』KADOKAWA。

Piketty, Thomas (Translated by Arthur Goldhammer), 2014, *Capital in the Twenty-First Century*, Belknap Press.

ライシュ，ロバート，2011，雨宮寛・今井章子訳『余震——そして中間層がいなくなる』東洋経済新報社。

塩沢由典，2010，『関西経済論——原理と議題』晃洋書房。

田中秀幸，2014，「家計消費構造の変容——日本経済の需要飽和に関する一考察」『社会・経済システム』no. 35：111-126。

田中秀幸，2015，「自立的な地域社会存続の可能性——地域の就業構造と中間層の関係」『社会・経済システム』no. 36：47-52。

冨山和彦，2014，『なぜローカル経済から日本は甦るのか——GとLの経済成長戦略』PHP研究所。

索　引
（＊は人名）

あ行

＊秋山三枝子　78
アドボカシー　88, 89
アドボカシー・ジャーナリズム　89
＊アリストテレス　2
e コミュニティ形成支援事業　136, 151, 156, 165, 185
e-participation　184, 186, 189, 197
医師不足　103-105
＊市村雅幸　92
医療崩壊　103
ウェブシティさっぽろ　22, 25, 28, 36
＊ヴェブレン, T.　4
ウェルビーイング　3-6, 8-10, 12-14, 16
＊宇沢弘文　4
エウダイモニア　2
SNS　135, 137, 138
NPO　22, 35, 38, 147
NPO PRESS　86
＊大島誠　78, 80, 81

か行

＊神島裕子　3
企業間ネットワーク　25, 34, 37, 38
共感　53
行政の文化化　50, 51
共通善　96
協働紙面　71, 76, 89, 95, 96
金融資本　12
くびき野 NPO サポートセンター　72, 84-86
経済協力開発機構（OECD）　1, 5, 6, 8, 10, 13
経済的資本　11, 16
結束型（bonding）ソーシャル・キャピタル　162, 165-167, 173, 179
権力監視　96
幸福　2
＊コールマン, J.　24
コールマン・レント　24, 37
＊コグー, B.　24
国連開発計画（UNDP）　1, 5, 6
コンビニ受診　122, 124, 133

さ行

札幌スタイル　22, 25, 37
札幌スタイル事業　26, 27
産業連関表　211
事業評価　154
自然資本　11, 12, 16
指定管理者制度　51, 52
ジニ係数　229, 230, 232
資本　11
資本アプローチ　10
市民自治　49, 63
社会関係資本　11, 14, 16
社会的共通資本　4, 5, 16
就業構造　229, 230, 232, 234, 236
住民参加　198, 202, 204
住民参画　138, 144, 149, 157, 158
需要飽和経済　236
準拠集団　58
上越タイムス　72, 78, 79
職能　61, 62
所得格差　232
人工資本　12
人的資本　11, 13, 16
信頼　14
＊鈴木東民　81
＊スロスビー, D.　15
生産関数　11

239

生産要素　11
制度資本　16
制度主義　4
政府債務残高　222
＊セン，A.　1, 3, 8
潜在能力　2, 3, 16
潜在能力アプローチ　1, 6, 8
ソーシャル・キャピタル　138, 162, 164-166, 169, 173, 177-180
ソーシャル・グルーミング　152
ソーシャル・メディア　7, 96, 161, 162, 169, 173, 175-180

た 行

地域医療連携室　106-108, 119-121
地域SNS　135, 138, 139, 144, 154, 158, 183, 184, 204
地域価値　1, 2, 10, 16
地域経済　207, 215, 216, 224, 228, 229, 236
地域コミュニティ　162, 163, 167, 174-180
地域ブランド　21-24, 35
地域社会への参加　186, 189, 191
地球環境　7
地方行政への参加　186
地方自治　50
中間層　227-229, 236
Twitter　135
＊塚本三夫　82
透明性　198, 200, 203, 204
特定保健指導　112

な 行

＊西口敏宏　24
人間開発　6
人間開発指標（HDI）　6
人間の中心的な潜在能力　4
＊ヌスバウム，M.　3
＊ネトル，D.　2

は 行

＊バート，R.　24

パートナーシップ・サポートセンター　75
バート・レント　24
博物館法　50
橋渡し型（bridging）ソーシャル・キャピタル　162, 165-167, 173, 176, 178, 179
パブリック・アクセス　73
阪神・淡路大震災　207, 209, 213, 218, 219
PRサポーター　93, 94
東日本大震災　207, 209, 218, 219, 221
被災地経済　219, 223, 225
Facebook　135
復旧・復興需要　207, 211, 215, 216, 223
ブランディング政策　25
＊ブルデュー，P.　14
文化資本　14-16
平成の大合併　90
Better Life Index（BLI）　8-10
編集権　81, 82, 96, 97

ま 行

無形資産　11

や 行

＊山田護　78, 81, 92
有形資産　11
ようこそさっぽろ　22, 25, 28
より良い暮らしイニシアティブ（Better Life Initiative）　8

ら 行

レント　32
レント分析　23, 24, 34, 38
労働　11
ローカル経済圏　228, 229, 235, 236

わ 行

わかやまNPOセンター　97
わかやま新報　97

《執筆者紹介》（執筆順，＊は編著者）

＊田中秀幸（たなか・ひでゆき）はじめに・序章・第1章・第5章・第6章・第7章・第8章・第9章・第10章
- 1963年　愛知県出身
- 1986年　東京大学経済学部卒業
- 1994年　米国タフツ大学フレッチャー法律外交大学院修了，Master of Arts（IR）
- 現　在　東京大学大学院情報学環教授
- 主　著　『コンテンツ産業論』（共編著）東京大学出版会，2009年。
  『東日本大震災の科学』（共著）東京大学出版会，2012年。

杉山幹夫（すぎやま・みきお）第1章
- 1964年　札幌市生まれ
- 1989年　信州大学農学部卒業
- 現　在　和歌山大学産学連携・研究支援センター教育研究アドバイザー／和歌山大学国際観光学研究センター客員特別研究員／株式会社サン広告社シニアプロデューサー
- 主　著　「自治体のブランディング政策と地域企業ネットワークの比較研究」（共著）『社会・経済システム』30，2009年。
  「自治体のブランディング政策と地域企業ネットワーク」（共著）『経済政策ジャーナル』6(2)，2009年。

石崎明日香（いしざき・あすか）第1章補論2
- 1979年　北海道生まれ
- 2002年　北海道大学文学部人文科学科卒業
- 現　在　札幌市北区保健福祉部保健福祉課保健支援係

渡部春佳（わたなべ・はるか）第2章
- 1987年　愛媛県生まれ
- 2012年　東京大学大学院学際情報学府修士課程修了，修士（社会情報学）
- 現　在　津田塾大学・芝浦工業大学非常勤講師／新宿自治創造研究所非常勤研究員
- 主　著　「自治体文化政策の民営化に関する考察——政令指定都市における文教施設に対する指定管理者制度運用を事例に」『社会・経済システム』36，2015年。

畑仲哲雄（はたなか・てつお）第3章
- 1961年　大阪府生まれ
- 2013年　東京大学大学院学際情報学府博士課程修了，博士（社会情報学）
- 現　在　龍谷大学社会学部准教授
- 主　著　『地域ジャーナリズム——コミュニティとメディアを結びなおす』勁草書房，2014年。
  『新聞再生——コミュニティからの挑戦』平凡社，2008年。

小林　伶（こばやし・れい）**第 4 章**

　　1984 年　和歌山県生まれ
　　2010 年　東京大学大学院学際情報学府修士課程修了，修士（社会情報学）
　　現　在　東京大学大学院学際情報学府博士課程
　　主　著　「日本における患者の医療情報収集行動――がん患者と胃・十二指腸潰瘍患者の比較」
　　　　　　『東京大学大学院情報学環紀要　情報学研究』89，2015 年。

中野邦彦（なかの・くにひこ）**第 7 章・第 8 章**

　　1983 年　青森県生まれ
　　2015 年　東京大学大学院学際情報学府博士課程修了，博士（社会情報学）
　　現　在　島根大学地域未来戦略センター助教
　　主　著　「地域 SNS への地方自治体職員の関与実態に関する考察」『社会情報学』2(3)，2014 年。
　　　　　　「地域 SNS の利用実態に関する研究」『社会・経済システム』34，2013 年。

コミュニケーション・ダイナミクス①
地域づくりのコミュニケーション研究
——まちの価値を創造するために——

2017年3月10日　初版第1刷発行　　　　　　　〈検印省略〉

定価はカバーに
表示しています

編著者　　田　中　秀　幸
発行者　　杉　田　啓　三
印刷者　　大　道　成　則

発行所　株式会社　ミネルヴァ書房
607-8494 京都市山科区日ノ岡堤谷町1
電話代表　(075)581-5191
振替口座　01020-0-8076

Ⓒ 田中秀幸ほか, 2017　　　　　　太洋社・新生製本

ISBN978-4-623-07847-9
Printed in Japan

コミュニケーション・ダイナミクス（全3巻）

体裁：Ａ5版・上製・各巻平均300頁

① 地域づくりのコミュニケーション研究
　　─まちの価値を創造するために─
　　　　田中秀幸　編著

② 高齢者介護のコミュニケーション研究
　　─専門家と非専門家の協働のために─
　　　　石崎雅人　編著

③ メディア・コンテンツ産業のコミュニケーション研究
　　─同業者間の情報共有のために─
　　　　樺島榮一郎　編著

―――――― ミネルヴァ書房 ――――――
http://www.minervashobo.co.jp